서울역사
중점연구 13

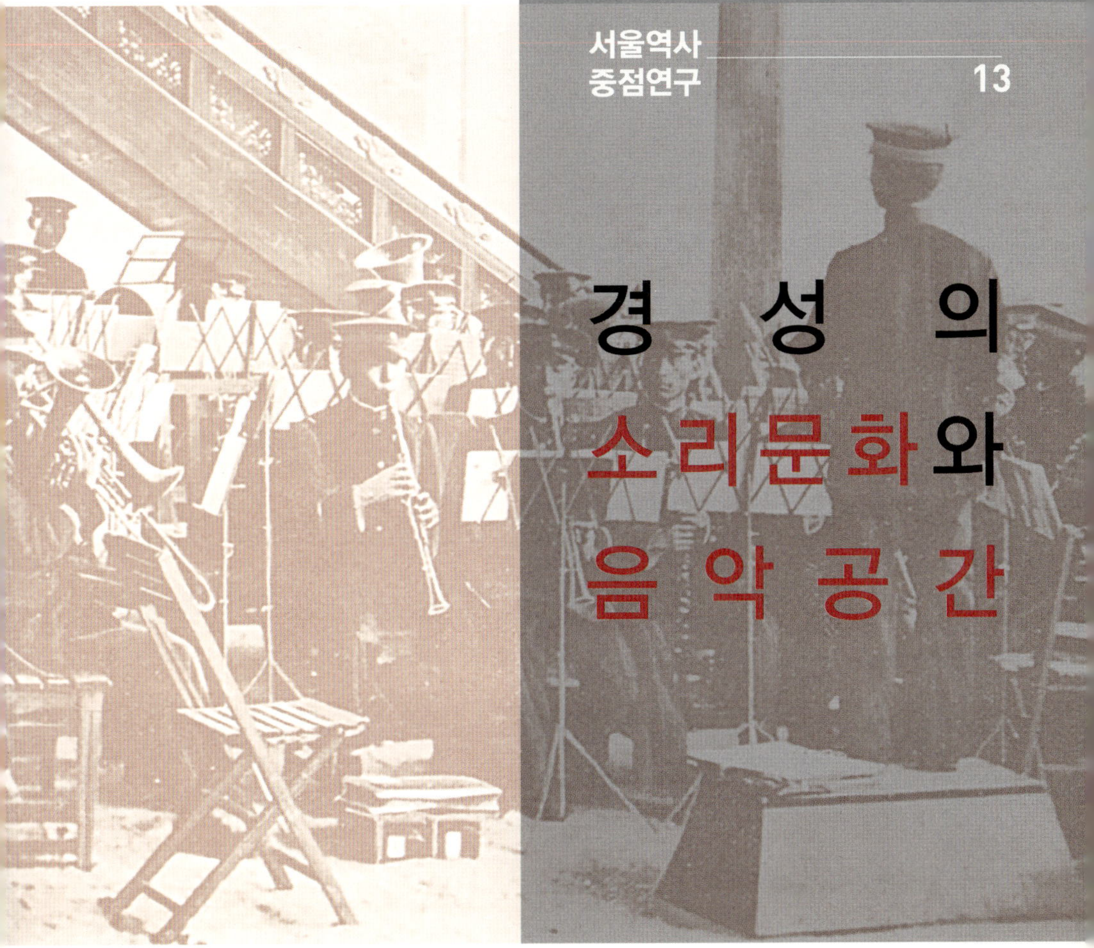

경성의 소리문화와 음악공간

서울역사편찬원

발간사

'언어가 끝나는 곳에서 음악이 시작된다.'라는 말이 있듯이, 음악은 언어로 표현할 수 없는 인간의 감정과 생각을 전달하는 중요한 매개체입니다. 동시에 음악은 아름다움을 추구하는 인간의 창조적 활동으로 평가받기도 합니다. 이러한 이유로 음악은 인류의 역사와 동시에 시작되어 줄곧 우리의 일상 속에 함께하고 있습니다. 일제강점기라는 이민족에 의한 지배를 받는 시기에도 서울의 사람들은 음악을 창작·연주·기획·청취하였습니다.

서울역사편찬원에서는 이러한 측면에 주목하여 '일제강점기 경성의 음악활동'에 초점을 맞춘 연구를 진행했습니다. 그리고 그 결과물로 이번에 《경성의 소리문화와 음악공간》을 발간하게 되었습니다. 그간의 문화예술공간에 관한 연구들이 연극과 영화에 천착 혹은 연주회장이라는 단순한 장소로서의 기능만 주목했던 것과는 달리, 음악공간에 참여한 구성원들과 음악 내용을 포괄적으로 검토하여 일제강점기 다양한 사회문화적 양상을 읽어보고자 하였습니다.

이 책은 총론과 각론에 해당하는 6편의 논문으로 구성되어 있습니다. 각론에서는 일제강점기 서울 내 서로 다른 공간 속에서 이루어진 '음악하기'를 검토하고 있습니다. 먼저 과거에는 상상할 수도 없었던 경복궁·창덕궁 등지에서 궁중음악이 대중에게 소비되는 양상을 살펴보았습니다. 또한 종로 YMCA 회관에서 계몽과 민족이라는 기치하에 개최된 음악회도 분석해 보았습니다. 이와 더불어 개항 이후부터 서울에 온 외국인 선교사 집단들의 음악활동 역시 경성의 소리문화에서 한 축을 담당하고 있었음을 밝혀 보았습니다. 경성공회당, 부민관, 각종 극장 등 일제강점기 새롭게 형성된 음악공간을 통해 경성인들의 음악활동이 식민지배라는 특수한 상황 속에서 변주되는 양상을 다루었습니다.

서울의 공간이 확장되고 서울의 인구가 증가함으로써 보다 다채로운 음악이 연주되고 있는 만큼, 서울 음악의 역사를 이 한 권의 책으로 모두 이해하기는 어려울 것입니다. 다만 본 연구서의 발간을 토대로 향후 서울 속 다양한 음악활동에 대한 관심을 통해 후속 연구들이 이어지기를 기대합니다.

끝으로 이 책이 나오기까지 수고를 아끼지 않은 집필자 선생님들과 서울역사편찬원의 연구원 그리고 심사자와 토론자 등 여러분의 도움에 깊이 감사드립니다. 앞으로도 새로운 서울 역사 발굴을 위해 많은 연구자와 시민 여러분의 관심을 부탁드립니다.

2022. 6.

서울역사편찬원장 이상배

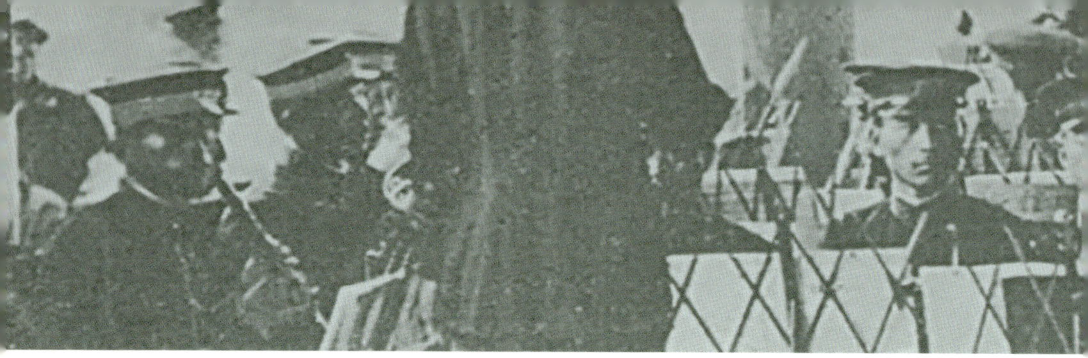

차 례

총론

경성의 소리문화와 음악공간

신혜승 이화여자대학교 강사

일제강점기 조선인들의 삶에서 음악은 어떤 역할을 하였을까? 그들에게 음악의 의미는 무엇이었을까? 이 책은 그동안의 음악 연구에서 주로 수행해 왔던 인물 중심, 작품 중심의 방식이 아닌 '공간'을 중심으로 한 '음악하기musicking'[1]의 양상에 주목하고 있다. 즉 경성의 여러 공연장의 실체와 역할을 새롭게 조망하면서 소리문화공간에서 이루어지는 여러 관계들을 통해 근대 경성의 모습을 새롭게 서술하고자 했다. 세계 모든 대도시가 그렇듯이 경성에도 다양한 사운드가 공존했다. 다양한 장르의 음악이 여러 공간에서 울렸고, 한 공간에서 열린 음악공연도 하나의 장르가 아닌 여러 장르의 음악으로 울려 퍼졌다. 한 예로, 1910년대의 주요 음악회장으로 각광받았던 기독교청년YMCA회관은 학생들의 창가, 이왕직양악대의 공연, 경

1 '음악하기'는 크리스토퍼 스몰(Christopher Small)이 제시한 용어 'musicking'을 번역한 것으로, 창작이나 연주 뿐 아니라 청취, 관람, 기획 행위를 포함한 음악과 연관된 모든 활동을 의미한다(크리스토퍼 스몰, 조선우·최유준 역, 《뮤지킹, 음악하기(Musicking: the Meanings of Performing and Listening)》, 효형출판, 2004 참조).

성 주재의 각국 영사 부인들의 음악회가 열렸던 공간이다.[2]

따라서 음악공간으로서 경성을 이해하고 상상하기 위해서는 한 공간에서 여러 장르의 음악이 연주되었고, 하나의 장르의 음악이 다양한 공간에서 연주되었던 것을 고려해야 한다. 또한 식민지가 아니라면 전혀 예상치 못했을 음악연주가 개최되기도 했다는 점도 인지하고 있어야 한다. 예를 들면, 이전에는 상상하기 힘들었을 이왕직아악부의 아악연주가 대중의 공간이 된 창경궁과 경복궁에서 연주되었고, 조선신궁 예제 후 음악으로도 동시에 존재했던 사실을 발견할 수 있다. 서울의 주요 교회들, 정동 및 연동 일대의 기독교계 학교, 탑골공원의 음악당 그리고 손탁호텔, 조선호텔 등도 다양한 음악회가 개최되었던 주요 공간이었다. 한편, 조선인이 밀집한 종로의 YMCA 회관과 일본인 생활지역인 남촌에 위치한 경성공회당, 1935년 태평로에 건립된 부민관은 전문적 서양음악연주회를 자주 개최하던 장소로 거론되지만, 서양음악 연주회 못지않게 판소리 명창대회와 같은 조선음악 연주회도 열렸던 공간이었다.

다른 한편으로는 부민관과 동양극장을 필두로 1930년대 중반 이후 경성 각지에 신설되거나 재정비된 극장들은 다양한 음악장르가 공존하는 공간인 동시에, 조선인과 재조일본인의 취향이 만나는 공간이기도 했다. 이 시기 극장 무대에 오른 악극이나 어트랙션attraction은 다양한 음악장르를 결합한 형태였고, 관객 구성 역시 남촌과 북촌이라는 민족적 구획을 넘나드는 양상을 보여주었다.[3] 따라서 경성에서의 음악문화와 일상을 이해하기 위해서는 식민지 권력에 의해 구획되기는 하였으나 결국 그 경계를 넘나

2 《每日申報》 1914년 12월 24일; 《每日申報》 1916년 10월 20일 · 11월 4일.

3 이화진, 〈전쟁과 연예: 전시체제기 경성에서 악극과 어트랙션의 유행〉 《한국학연구》 36, 2015; 이상우 외, 《전쟁과 극장: 전쟁으로 본 동아시아 근대극장의 문화정치학》, 소명출판, 2015, 361~363쪽.

들며 활동했던 인물들의 활동 양상에 대한 이해가 전제되어야 한다. 따라서 종로와 본정本町 주변에 형성된 공연장을 중심으로 살펴보는 것을 포함하여, 조선인들에게 '음악회'라는 신문물이 소개되는 과정과 함께 근대음악의 탄생과 그 향유 양상들을 면밀하게 검토할 필요가 있다.

지금까지 문화예술 '공간'에 대한 관심은 연극·영화 연구자 중 일부의 관심사로 접근되었을 뿐 음악계에서는 별로 주목받지 못했다. 그러나 최근 다양한 시각에서 도시 공간을 바라보는 연구 성과가 축적되면서,[4] 음악 연구에서도 음악공간이 갖는 여러 의미들이 연구 주제로 등장하기 시작했다.[5] 연주회장을 비롯한 다양한 음악공간은 단순히 장소로서의 기능만이 아닌, 그 안에서 실제로 참여한 사회구성원과 음악내용을 확인할 수 있고 이를 통해 다양한 사회문화적 양상들을 읽어낼 수 있다는 점에서 매우 중요한 요소로 인식되고 있는 것이다. 다시 말해 음악공연장은 사회적 네트워크의 한 지점으로서 근대성이 발현되는 중요한 공간적 의미를 지닌다.

4 도시사적 입장에서 경성의 도시공간을 연구한 연구물로는 손정목, 《(일제강점기) 도시사회상연구》, 一志社, 1996; 전우용, 《청계천: 시간, 장소, 사람》, 서울학연구소, 2001; 권오만, 《종로: 시간, 장소, 사람》, 서울학연구소, 2002; 김기호 외, 《서울 남촌: 시간, 장소, 사람》, 서울학연구소, 2003; 장규식, 《서울, 공간으로 본 역사》, 혜안, 2004; 김백영, 《지배와 공간: 식민지도시 경성과 제국 일본》, 문학과지성사, 2009; 손정목, 《손정목이 쓴 한국 근대화 100년: 풍속의 형성, 도시의 탄생, 정치의 작동》, 한울, 2015 등이 있다.

5 문화 및 음악공간을 다룬 논문으로는 황병주, 〈근대 미디어로서의 극장과 식민지시대 문학 장의 동학: 식민지기 공적 공간의 등장과 공회당〉《大東文化硏究》 69, 2010, 261~307쪽; 김순주, 〈식민지시대 도시생활의 한 양식으로서 '대극장': 1930년대 경성부민관을 중심으로〉《서울학연구》 56, 2014, 1~36쪽; 김호연, 〈부민관에 대한 소고〉《國文學論集》 16, 1999, 409~422쪽; 송방송, 〈부민관을 통해 본 일제말기의 음악상황〉《진단학보》 80, 1995, 177~206쪽 등을 들 수 있다.

이에 이 책은 그동안의 연구 성과를 참조하면서 여전히 연구의 사각지대에 놓여 있었던 일제강점기 경성의 음악문화와 소리공간에 대해 다각적인 접근을 해 보고자 시기별·장소별로 쟁점들을 나누고 이를 각각 상세히 들여다보는 데 집중하고자 했다. 각 연구들에서 강조하고 있는 내용과 주요 쟁점은 다음과 같다.

제1장 〈일제강점기 궁궐 안팎의 음악: 이왕가의 음악을 중심으로〉에서 이수정은 일제강점기 궁중음악이 국가 음악으로서 기능을 상실하고, 궁궐 안팎에서 변화되어 가는 양상을 고찰하였다. 국권을 상실하면서 국가 의식과 음악은 대부분 폐지되었고, 일부는 이왕가를 위한 왕실 의식으로 축소 재편되었다. 이왕가의 궁중음악은 종묘제례악과 연회음악으로 한정되었고, 일부 음악은 궁궐이라는 장소를 벗어나 극장, 행사장 및 일제에 동원되면서 변화되었다는 점을 고찰하였다. 이왕직아악부는 경복궁 박람회장, 창경궁 벚꽃 놀이장, 경학원經學院, 조선신궁, 부민관을 비롯하여 본고에서 언급하지는 않았지만 조선총독 관저, 라디오방송 출연 등 정치적이며 대중적인 활동을 이어갔다. 특히 저자는 과거 궁궐에서만 존재하던 음악이 대중에게 향유된 역사적 순간이 일제에 의해 주도된 제국의 행사장에 강제적으로 동원되었다는 사실에 주목하고 있다. 이제 궁중음악은 과거 궁 밖에서 한 번도 볼 수 없었던 의식음악이 아닌 감상용 음악이 되었고, 대중의 음악회장에서 왕이 아닌 청중을 향해 연주하게 되었다. 이때부터 이왕직아악부의 음악은 '궁궐'이 아닌 '공공장소'에 맞도록 재편되어 입장권만 사거나 행사장에 가면 누구나 쉽게 들을 수 있게 되었다. 그동안 국악계에서는 이왕직아악부에 대해 일제강점기라는 암울했던 시기임에도 음악 전통을 잘 계승하고 보존했다는 긍정적 평가를 해 왔다. 그러나 이 시기에 일어난 궁중음악의 큰 변화를 외면하고 그 시대에 대한 평가와 반성이 제대로 이루어지지 못한 것은 역사적으로 자랑스러운 일이 아

니다. 일제가 가장 집요하게 관리 감독했던 이왕가에서 음악은 전근대와 근대, 봉건과 식민지 현상이 중첩된 복잡한 정치 상황을 여실히 보여주고 있다.

제2장 〈1910~1920년대 YMCA 음악회에서 상상한 '민족'〉에서 김은영은 한국의 초기 음악회의 풍경을 1903년에 창설된 황성기독교청년회(YMCA)를 통해 고찰하였다. 저자는 YMCA의 음악회에 담긴 역사적 의미를 다음과 같이 보고 있다. 첫째, 조선인이 밀집한 북촌 지역의 종로에 위치한 YMCA 회관은 식민지 조선 대중을 상대로 계몽운동을 전개하고자 한 계몽의 공간이자 '공'적 공간으로, YMCA는 당대 사회에서 요구하는 시대정신을 제시하고자 했다는 점에 주목했다. 둘째, YMCA는 음악적으로 한국 근대음악의 실험장으로 우리나라 최초의 전문음악인으로 기록되는 피아니스트 김영환과 바이올리니스트 홍난파가 YMCA 학관學館 출신이었으며 1세대 양악인洋樂人 김인식·김형준·이상준, 조선정악전습소와 경성악대의 주요 활동공간이기도 했다. 셋째, 3·1운동 이후 YMCA는 문화 운동의 중심지로 음악회는 당대의 문화론을 반영하고 있다. 1914년부터 시작된 제1차 세계대전과 1917년 러시아혁명은 한국의 민족운동에도 큰 영향을 주었으며 이후 문화 엘리트 사이에서 유포되고 있던 개조론, 상호부조론, 동정론, 기독교 사회주의와 같은 경향들이 음악회에 그대로 재현되고 있다. 비록 이러한 소극적 문화운동만으로 식민지 갈등을 근본적으로 해결하는 데에는 한계가 있었지만 명성 있는 음악가들까지 당대의 사회적 요청에 적극적으로 호응하고 있는 점은 매우 주목할 만한 현상이다. 그러나 이러한 흐름도 1925년을 정점으로 급속도로 위축되며 전시체제기에 이르면 자신들에게 닥칠 기회 박탈의 두려움을 체감하면서 제국의 논리를 내면화하는 한계를 보인다고 평가했다.

제3장 〈외국인 선교사들의 활동과 다성적多聲的 음악 공간의 형성〉에

서 김사랑은 개항 이후 대한제국과 일제강점기라는 역사적 조건 속에서 서울을 다양한 외부의 문화를 포섭할 수밖에 없었던 최전선으로 보고, 특히 1885년부터 1920년대 초반까지 선교사들의 음악 관련 활동을 검토하였다. 먼저 저자는 내한 초기부터 선교 기지mission compound가 세워졌던 정동에서 선교사를 비롯한 외국인 커뮤니티 '서울유니언'이 운영했던 공간에 주목하고, 선교사들이 각종 공연을 통해 미국 중산층으로서의 문화 정체성을 재현하며 자부심과 정서적 안정감을 찾고자 했을 뿐 아니라 다음 세대와 그 정체성을 공유하였다고 보았다. 이러한 문화적 정체성은 계몽운동이라는 명분하에 대외적인 음악 공연 활동으로 이어졌는데, 이 과정에서 선교사들은 근대화와 서양음악의 발전을 결코 분리시킬 수 없었던 한국인들에게 '세련된' 문화적 감각을 지닌 조력자로 자리매김할 수 있었다. 한편, 선교사들의 문화정체성은 학교 공간에서도 교육과정에 반영되었으나 그 전유의 양상은 여학교와 남학교가 다르게 드러났음을 확인하였다. 이화, 정신 등의 여학교는 미국식 음악하기를 통해 여성이 자아정체감과 공동체성을 형성하는 공간이었으나, 선교사들의 '모성적' 여성관으로 여학생이 창작보다 연주하는 역할로 스스로를 제한하는 결과를 빚기도 했다. 이에 반해 배재와 경신 등의 남학교는 자유로운 학풍 속에서 학생들이 애국가 운동에 참여하며 민족 공동체를 감각적으로 체험하고 각종 음악부 활동으로 엘리트이자 교양시민이라는 정체성을 형성하는 공간이 될 수 있었다. 저자는 위와 같이 서울유니언을 통해 드러난 선교사들의 음악문화 정체성이 여러 공연 무대와 사립학교 등의 공간에 투영되었지만 음악 활동의 목적과 맥락에 따라 공간마다 서로 다른 의미로 전유되었다는 점을 부각시킨다. 즉 다양한 공간을 통해 선교사들에 의해 들어온 새로운 사운드는 자아정체감과 취향을 형성하기도 하고 근대화에 대한 열망을 부추기거나 충족시키기도 하며 문명화된 민족을 상상하기도 하는 근대 시민을 탄생시켰던 것이다.

제4장 〈모던 열풍 속 혼종의 음악공간, 경성공회당〉에서 신혜승은 1920~30년대 조선인들 삶의 현실을 일본인 거류지역이었던 남촌에 위치한 경성공회당의 음악회들을 통해 들여다보고자 했다. 이를 위해 먼저 편중적인 개발로 화려한 외관을 갖추게 된 남촌의 모습이 가지고 있는 의미를 산책이라는 문화적 행위를 통해 규명해 내고자 했고, 식민권력의 공간정치 하에서 정치·경제적으로 타자화 된 조선인들의 삶에 나타난 일상의 반전을 음악회 문화를 통해 밝혀내고자 했다. 저자는 특히 음악공연의 초기 형태와 그 이후의 변화 양상을 살피면서 1920년대 중반을 전후로 경성공회당을 통해 나타나는 서양음악과 전통음악에 관한 연주의 흐름을 집중적으로 모색했다. 서양음악의 영역에서는 1923년에 있었던 해외 유명 연주자들의 내한공연 이후, 조선인 음악가들의 활약이 펼쳐지게 되는 상황과 조선인들의 음악 수준이 단순히 흉내만 내는 데에서 벗어나 1930년대에 이르면 국제적 수준에 이르게 되는 과정을 추적하였다. 전통음악의 영역에서는 연주방식의 변화가 일어남과 동시에 음반, 라디오의 등장으로 청중의 층이 더 넓어지게 되고, 특히 판소리가 음악회의 주요한 장르로 자리 잡게 되면서 더욱 많은 관심과 인기를 얻게 되는 상황을 생생하게 그려냈다. 이 과정에서 전통음악과 서양음악은 서로 영향을 주고받으면서 새로운 차원의 음악문화를 만들어 내게 되는데, 이 새로운 음악문화는 일제가 이식하려고 했던 음악문화와는 다른 차원의 문화적 힘을 얻게 되면서 식민지 조선음악이라는 독특한 정체성을 보여주게 된다. 저자는 논문에서 다양한 음악이 연주되고 향유되었던 경성공회당이 근대성 경험의 공간, 심미적 체험의 공간으로서만이 아니라, 은유를 통한 정치적 표명, 예술을 통한 경계 허물기를 실현시키는 '사이 공간'으로 기능을 하고 있었던 점을 부각시켰다. 즉 이곳은 조선적이며 일본적이고 서구적인 모든 것들이 혼

종되는 사이의 공간으로 문화 간의 위계질서가 허물어지는 공간이었던 것이다.

제5장 〈부민관을 통해 본 경성의 조선양악계: 태평양전쟁 이전까지〉에서 이경분은 태평양전쟁 이전 시기 부민관을 통해 경성의 조선양악계를 포착해 내고 있다. 지금까지 일제강점기 한국근대음악사연구에서 조선 양악계에만 국한되었던 시야를 넓혀서 일본인의 음악활동을 일부분 함께 고려하여 접근하였다. 먼저 1935년 부민관 개관 초기 일본인 양악공연이 대강당을 선점하는 현상을 살펴보고, 이런 현상이 중일전쟁의 발발과 '황기 2600년 기념해' 그리고 신체제운동 시기에 어떻게 변화하는지 분석하였다. 분석의 결과는 첫째, 개관 초기부터 시작되었던 일본 측의 부민관 선점 현상은 1939~1940년에 더욱 심화되었는데, 그 배경에는 부민관의 상업화와 오락화 및 흥행우선주의가 있었다. 특히 '황기 2600년 기념해'인 1940년 부민관 대강당에서 음악공연의 흥행은 일본에서 온 대규모 유명 가극단과 전문교향악단 그리고 일본의 전통예능을 대표하는 유명 가부키와 노가쿠 공연이 기여한 바가 컸다. 부민관 대강당에는 일본전통예능의 특수 장치인 하나미치가 설치되어 있었는데, 지금까지 한국근대음악연구에서 간과되어 왔던 것이 사실이다. 부민관의 하나미치는 일본인의 문화적 요구가 관철된 것으로서 시각적으로도 일본인에게 친숙함을 주는 장치라 할 수 있다. 둘째, 중일 전쟁이 깊어가는 1939년과 1940년 부민관에서 흥행사업이 활기를 띠는 것에는 전쟁과의 교묘한 공생관계가 있었다. 경성에서 이슈가 된 부민관의 인기 공연은 주로 일본인 및 외래연주자와 연주단체였는데, 조선양악공연과는 비교하기 힘들 정도로 입장료가 높았다. 부민관의 흥행으로 벌어들이는 사용료, 입장료 수익은 전쟁 시기 조선총독부에 할당되는 세금 증액과 군사비 확충에 기여할 수 있었다. 셋째, 조선총독부나 재조일본인 양악계는 조선양악계의 음악적 관점에서 별 관심

이 없었지만, 이전보다 강력한 일원적 '신체제 운동'이 시작되었을 때, 조선음악계의 협조가 절실하게 되었다. 이에 평간문수라는 영향력 있는 유학파 성악가를 내세워 음악계의 내선일체를 효과적으로 실행하는 조선음악협회를 조직하면서 조선인과 일본인이 함께 부민관 무대에 서는 일이 잦아졌고, 1941년 홍행 분위기가 감소하면서 조선양악계의 부민관 활동도 다시 활발해졌다. 결국, 태평양전쟁 이전까지 음악공연을 통해 본 부민관은 일본양악계의 권위를 드러내는 공간, 일본 전통 예능을 제대로 공연할 수 있는 무대, 전쟁 시기 군사비 확충을 위해 경제적 이익을 창출해낼 수 있는 흥행 공간이었으며 동시에 이중적인 문화 공간이었다.

마지막으로 제6장 〈일제강점기 경성의 극장과 대중음악: 통제와 균열〉에서 이은진은 악극이라는 장르를 중심으로 일제강점기 경성의 극장문화를 살펴보고 있다. 저자는 일제가 외화 상영을 규제하기 시작한 1934년 이후 민족에 따라 분리되어 있던 극장이 각자의 취향에 따라 선택할 수 있는 공간으로 변화되었다는 사실을 근거로, 당대 조선인 대중의 취향이 외화, 특히 서양영화를 선호했다는 점을 지적한다. 또한 영·미 영화와 음악을 엄격하게 금지한 1942년 이후 극장에서 미국 버라이어티쇼의 영향을 받은 어트랙션이라는 장르가 홍행한 것 역시 이러한 서양영화에 대한 대중적 요구가 반영된 것이었음을 밝히고 있다. 어트랙션의 유행은 위문연예대의 레퍼토리에도 영향을 미쳐서 위문연예대에서도 재즈풍 음악과 버라이어티쇼 형태의 레퍼토리를 선보였다. 저자는 이러한 서구적 버라이어티쇼에 대한 취향이 1920년대 말부터 유행한 소녀악극단과 1930년대에 활동한 음반사 전속 악극단의 공연 레퍼토리를 통해 성립된 것임을 관찰하면서, 일제당국이 표면적으로는 재즈음악을 금지하면서도 극장의 흥행과 효과적인 국책선전을 위해 서구적 근대성을 열망하는 대중의 취향에 부합하는 재즈풍 음악을 허용할 수밖에 없었음을 지적한다. 한편, 태평양전쟁 발발 이후 '건전오락'을 더욱 강조하기 시작한 일제의 정책을 이용하여 오히려 '조선성'을 부각시킨 악극이 제작되기도 했다. 라미라가극단과 반도가극단은 건전오락이라는 명분을 내세워 전통설화와 민요를 바탕으로 한 조선적인 악극을 제작했고, 조선성을 내세운 이 악극들은 일본에 속한 지역으로서의 '향토적 조선성'을 기대했던 일본적 오리엔탈리즘 취향과 국책선전이라는 일제 당국의 목적에 부합함으로써 조선어 공연의 명맥을 유지할 수 있었다. 이러한 사실들을 기반으로 저자는 일제강점기 공연문화에서 큰 비중을 차지했던 악극이, 정치적, 상업적 욕망과 대중의 근대적, 민족적 욕망들이 충돌하고 교섭함으로써 일제의 통치 권력에 타협하는 동시에 그 틈새에서 균열을 만들어내는 장르였음을 밝히고 있다.

이상과 같이, 본 연구진은 사회문화적 의미와 정치적 전략을 내포하고 있는 경성의 여러 공연장을 다양한 주체와 욕망이 상호작용하는 공간으로 바라보며 6편의 논문을 완성하였다. 먼저, 조선의 국가음악이 일제강점기 이왕가의 음악으로 격하되면서 전근대와 식민지 모습을 대중에게 공개하였던 현실을 다루었다. 이어 조선인 거류지역이었던 북촌 종로의 기독교청년회관에서의 음악회가 민족담론이 유포되는 계몽의 공간이자 새로운 음악문화가 생성되는 근대적 공간이었다는 점에 주목하였으며, 일본인 거류지역이었던 남촌에 위치한 경성공회당이 실상은 사이 공간으로서 고착화 되어 있지 않은 역동적인 공간이었음을 음악회 문화를 통해 도출해냈다. 다른 한편으로는 주로 미국 중서부 출신 중산층이었던 선교사들에 의해 유입되고 유통된 음악이 외국인 커뮤니티 공간과 교회를 비롯한 각종 공연장, 남·여 사립학교 등 공간의 맥락과 이해관계에 따라 서로 다른 정체성을 드러내며 재현되고 전유되었음을 밝혀내었다. 이어 아시아태평양전쟁 이전까지 부민관 음악회를 통해 경성의 조선양악계의 현황을 재조일본인과 외래 일본인 음악활동과의 관계 속에서 조망해 내었다. 더불어 경성의 극장에서 향유된 대중음악 문화가 일제의 정책적 통제와 끊임없이 교섭하면서 균열을 만들어낸 양상을 악극을 중심으로 고찰하였다.

본 연구는 음악문화가 이루어지는 일상을 이해하기 위해 반드시 필요한 '음악하기'에 대한 구체적 내용, 즉 음악회가기 · 연주하기 · 기획하기 등을 다루어야 한다는 문제의식을 바탕으로 시작되었지만 여전히 수용자의 입장이 충분히 드러나지 못했다는 한계를 가지고 있다. 보다 면밀한 1차 자료들의 확보와 분석을 통해 미처 다 채워지지 못한 이 부분의 연구는 차후 연구주제로 진전되기를 기대해 본다.

제1장

일제강점기 궁궐 안팎의 음악: 이왕가의 음악을 중심으로

이수정(한국학중앙연구원 연구교수)

1. 머리말
2. 허물어진 궁궐과 해체된 궁중문화
3. 궁궐 내 행사장의 궁중음악
4. 궁중 밖의 궁중음악과 친일음악 활동
5. 맺음말

1. 머리말

조선의 수도인 한양은 권력의 중심지로서 왕실과 국가를 상징하는 궁궐과 행정부 및 궁·묘·원·단 등 국가 기반 시설이 집중되어있다. 일제강점기 이후 조선 왕실 소유의 궁궐과 조선의 공공시설은 파괴 및 해체되었고 그 자리에 조선총독부, 경성부청, 박물관, 동물원, 식물원 등이 건설되었다. 경성에 시구市區 개정과 〈건축물취체규칙〉이 시행되며 도로가 확장되고 가옥이 정비되는 등 도시 윤곽이 크게 변했다. 이러한 경성의 변화에 대해 건축, 역사, 사회, 종교, 문화 각 분야에서 연구가 이루어졌지만, 궁궐 안에서 행해졌던 궁중의례와 음악에 어떠한 변화가 있었는지 주목한 연구가 많지 않았다.

일제는 조선의 표상인 궁궐과 부속시설은 함부로 파훼했지만, 조선 왕실은 유지하였다. 조선 왕실을 이왕가李王家라 격을 낮춰 부르고 고종황제를 이태왕李太王, 순종황제를 이왕李王이라 칭하였으며, 이를 관리하기 위해 이왕직李王職이라는 기관을 새로 설치하였다. 일제는 이왕직을 일본 궁내성宮內省 산하에 두어 일본 왕실 구성원으로 편입시켜 관리하였다. 소속은 궁내성이지만 일본과 조선이 거리가 떨어져 있어 궁내성이 직접 관리하기 어려운 부분이 있으므로, 실질적인 감독은 조선총독부에서 담당케 하였다. 이로써 이왕가는 궁내성과 조선총독부의 이중적인 관리 감독 하에 유지될 수 있었다.

대한제국이 국권을 상실하면서 조선시대부터 이어오던 국가 의례는 모두 폐지되었다. 이왕가를 유지하는 정책을 폈기 때문에 관련 의례만 남겨두었다. 한일병합 전부터 국가 의례를 재편하였으며, 이왕직이 시작될 무렵에는 이왕가를 위한 최소한의 의례만 남았다. 또 국가 의식음악을 담당하던 장악원이 해산되고, 초기 이왕직에는 이왕직아악대李王職雅樂隊(이하

아악부)와 대한제국에서 근대 의례를 도입하며 새로 만든 이왕직양악대李王職洋樂隊가 의식에서 음악을 담당했다.

새로 만들어진 양악대와 달리 아악부는 조선시대에서부터 축적되어 정착된 의례와 연주 관행이 있었다. 그런데 일제 강점으로 인하여 의례가 재편되면서 연주 공간, 연주 대상이 급변함으로써 음악 내적 변화가 시작되었다. 아악부의 궁중음악은 예악禮樂과 음양오행의 원리에 따라 제도화된 연주방식을 떠나, 새로운 공간에 맞도록 악기편성이나 곡목을 선택하고 제한된 시간 내에 연주하도록 편곡했다. 게다가 1926년 순종까지 승하한 뒤로는 역사상 처음으로 왕이 없는 궁중에서 궁중음악을 연주하는 상황이 되었다.

궁중악대는 왕실을 위해 연주할 기회가 축소되자, 궁궐을 벗어나 여러 장소에서 활동했다. 경복궁 박람회장·창경궁 벚꽃 놀이장·조선총독관저·조선신궁·부민관·라디오방송 출연 등 대중적 또는 정치적인 장소에 동원되는 양상을 보였다. 그리고 이때부터 왕이 아닌 일반 관중을 의식한 무대 음악으로 재구성돼, '궁중'이 아닌 '공공장소'에 맞도록 음악적으로 재편되었다. 대중은 입장권을 사서 궁궐에 마련된 행사장에 가면 궁중음악을 만날 수 있었다.

이러한 일제강점기 궁중음악계의 상황에도 불구하고 국악계에서는 "이왕직아악부는 조선시대 장악원의 '음악 전통'을 20세기에 전승하는 핵심적인 역할을 했다."[1]는 시각이 지배적이다. 또 아악부의 활동에 대해 "궁중음악이 과거의 의례에서 독립하여 고유한 음악성을 지닌 고전적 예술음악으로 재창조되는 계기를 마련"한 것으로서 "시대의 흐름에 적응했다."

1 국립국악원, 《역대국립음악기관연구: 신라 음성서에서 국립국악원 개원까지》, 2001, 331~332쪽.

는 평가도 있다.[2] 일제강점기 관속 기관인 아악부가 권력에 굴복하여 지휘에 따르는 것은 어쩌면 당연했으며, 또 당시 사회가 근대적인 변화를 겪고 있었으니 그 추세를 거스를 수 없었을 것이다. 아악부가 현대까지 궁중음악의 연주 전통을 이어온 전승공로에 대한 인정이 필요하지만, 아직까지 아악부와 소속 음악인의 친일행적이나 역할 등에서 드러난[3] 부정적인 측면은 외면한 채, '전통' 이데올로기에 사로잡혀 소극적이고 안일한 해석을 하고 있다. 이러한 점은 일제강점기에 일어난 변화의 실상을 제대로 파악하지 못하게 하는 요인이 되었고, 현대국악계에 풀리지 않는 문제를 남겨주었다.

따라서 본고에서는 지금까지 일제강점기 궁중음악을 전통의 지속과 현대적 계승 관점에서 바라보았던 기존 시각에서 벗어나 식민권력이 이중으로 관할한 유일한 음악 단체인 아악부가 새로 조성된 음악 공간에서 어떤 활동을 했는지 파악하여, 이때 만들어진 궁중음악의 실대를 개략적으로 살펴보고자 한다. 먼저 일제가 식민지배를 위해 해체한 궁궐과 궁중음악계의 상황이 어땠는지, 변화된 궁중 의식과 음악의 내용은 어땠는지, 궐내에서 보호되던 궁중음악이 궐 밖으로 나가며 생긴 변화는 무엇인지 등을 살펴보고자 한다. 이러한 접근을 통해 궁중음악에 중첩되어있는 전근대, 근대, 식민지 현상을 제대로 이해할 수 있기를 기대한다. 일제강점기 궁중음악계를 고찰하려면 아악부와 양악대를 모두 고찰할 필요가 있지만, 본 연구에서는 아악부의 활동을 주요 대상으로 삼고자 한다.

2 송혜진, 《청소년을 위한 한국음악사(국악편)》, 두리미디어, 2007, 281~282쪽.

3 이수정, 〈황화만년지곡연구〉 《온지논총》 46, 2016a; 이수정, 〈조선신궁 예제와 이왕직아악부〉 《이화음악논집》 23-1, 2019a; 이수정, 〈이종태의 해방전후 음악활동 고찰〉 《음악과 현실》 61, 2021.

2. 허물어진 궁궐과 해체된 궁중문화

궁궐은 공적인 통치행위가 진행되는 곳이자 국왕이 거주하는 일상 공간으로 국가와 왕실의 건재함을 상징한다. 이에 일제는 강점 이전부터 조선왕조 관련 건물과 표상을 장악하여 지배권을 보여주었다. 1906년 궁궐 출입을 제한하는 궁금령宮禁令을 제정하고[4] 궁궐 내 인원을 1만 명을 삭감하는 조치함으로써 관리되지 못한 궁궐은 폐허로 변하였다. 왕실 관련 재산을 정리한다는 명목으로 재산정리국을 만들어,[5] 국가 및 왕실 소유 재산과 궁궐 및 전국에 산재한 묘전궁릉원단묘廟殿宮陵園壇墓 시설과 토지를 정리하였다. 특히 경복궁과 경희궁, 창경궁 등 한양에 밀집된 아름다운 전당누각殿堂樓閣 4,000여 칸을 철거하였고, 이 과정에서 생긴 자재와 목재는 민간에 판매하였다. 일제는 이렇게 조성한 재산과 편취한 건물로 식민지 조성 기반에 활용하였다.[6]

경복궁은 시정5주년 기념 물산공진회를 개최할 부지를 확보한다는 이유로 훼손하였다. 경복궁 담장을 허물고 흥례문 등 주요 건물을 경매로 넘겼다.[7] 또 1917년에 창덕궁 내전에 화재가 발생하자, 교태전·강녕전·인지당·동행각·서행각 등 경복궁에 남아있던 전각을 해체하여 이 재목

4 《고종실록》 권47, 고종 43년 7월 6일.

5 《순종실록》 권1, 순종 즉위년 11월 27일, "布達第一百六十二號 帝室財産整理局官制 (중략) 第一百六十六號 各宮事務整理所와 供進所를 廢止ᄒᆞ고 內需司龍洞宮 於義宮 明禮宮 壽進宮 毓祥宮 宣禧宮에 屬ᄒᆞᆫ 土地ᄂᆞᆫ 帝室財産整理局에서 管理케 ᄒᆞ고 供進所에서 管掌ᄒᆞᆫ 御供事務ᄂᆞᆫ 典膳司에셔 掌理케 ᄒᆞ고 祀典事務ᄂᆞᆫ 掌禮院에셔 掌理케 ᄒᆞᄂᆞᆫ 件".

6 홍순민, 〈일제의 식민침탈과 경복궁 훼손: 통치권력의 상징성 탈취〉 《문명연지》 5-1, 2004, 13쪽.

7 〈경복궁내건물경매기〉 《매일신보》 1914년 7월 7일.

으로 창덕궁 대조전과 희정당을 지었다. 이렇게 되자, 경복궁에서 볼만한 건물은 근정전·사정전·수정전·천추전·집옥재·경회루만 남게 되었다. 그리고 경복궁의 정문인 광화문도 건춘문 북쪽으로 옮겨버렸다. 광화문이 1926년 완공될 조선총독부 청사를 가린다는 이유였다. 담장 없이 민낯이 드러난 경복궁 앞에는 거대한 조선총독부 청사가 들어섰고, 서울의 중심인 광화문과 그 일대 궁궐의 윤곽은 크게 훼손되었다.[8]

경희궁 역시 전각 대부분을 헐어 냈다. 전각을 헐어 낸 공간에 경성중학교를 지어서 경희궁은 궁으로 기능하지 못할 정도로 축소되었다. 특히 정문인 흥화문을 떼어다가 이토 히로부미[伊藤博文]를 추모하는 사찰인 박문사博文寺 정문으로 사용했다.

창경궁도 1907년부터 전각이 해체되었다. 국권 피탈 과정에 수많은 궁인宮人이 해고되면서 궁궐을 관리하지 못하고 방치되어 폐허로 변했다. 일제는 이렇게 황폐해진 궁궐을 개발하여 순종을 위로하고 내중에게도 이익이 되는 시설이 필요하다는 명목으로 가장 먼저 창경궁을 해체하였다. 창경궁이 어떻게 변화되어 갔는지 아오야기 쓰나타로[青柳綱太郎]의 《최근경성안내기》를 통해 살펴볼 수 있다.

> 얼마 전 이왕가에서는 낡은 궁궐을 헐고 폐허가 된 성곽을 철거하고 가시나무 숲으로 변한 황폐한 땅을 개발하여 정비하였다. 명정, 환경, 경춘, 통명, 양화 등 각 궁전을 박물관으로 정했다. 광해군 6년에 지은 보루각 터를 동물원 부지로 하였다. 과거시험장이나 행사장으로 사용하던 영화당 앞부터 성종이 일찍이 농사의 고단함을 풀던 전답을 식물원 부지로 정하였다. 이미 박

8 송인호 등, 〈일제강점기 박람회의 개최와 경복궁의 위상변동〉《서울학연구》 55, 2014, 111~112쪽.

물관 진열품을 수집하고 동물원을 개장할 준비를 하고 있다. 1909년 9월에 황실정원사무국의 직제 발표가 있었다. 박물관·동물원·식물원에 관한 사무를 관장하는 부서의 규정에 따라 고미야[小宮] 차관이 이곳의 총장이 되고, 스에마쓰 구미히코[末松熊彦]가 부장이 되었다.[9] (중략) 그 후 항상 미술품을 감상할 수 있게 되고, 동물원에서 신기하고 진귀한 새를 감상할 수 있게 되었다. 조선인들도 매우 고상한 취미를 함양할 수 있게 되었다.[10]

과거시험 등 중요한 국가행사장으로 사용되던 역사 깊은 창경궁에 1909년부터 박물관, 동물원, 식물원 같은 시설을 지어 이제 누구든 입장권 한 장만 사면 왕이 거닐던 산책로를 걸을 수 있게 되었다. 창경궁은 신기한 동물과 식물을 구경하고, 봄에는 벚꽃놀이, 가을에는 국화꽃 전시회도 즐길 수 있는 곳으로 변모하였으며, 이러한 것이 있는 창경궁은 '고상한 취미를 함양'할 수 있는 근대시설로 인식되었다.

창경궁을 개발하여 일상적으로 공개하는 관광지가 되자 대중은 이 공간에 열광했다. 창경궁은 벚꽃이 만개한 봄이면 밤낮으로 문을 열고 밀려든 관람객에 발 디딜 틈도 없이 붐볐다 한다. 예외적으로 1919년부터 1922년에는 창경궁의 문을 열지 않았다. 당시 이왕직에서는 고종 국상 기간이기 때문에 근신하기 위해 문을 닫는다고 발표하였다. 게다가 이 시기는 콜레라와 스페인독감 같은 전염병이 세계적으로 창궐하여 조선 사회에

9 고미야 미호마쓰[小宮三保松]는 1907년 궁내부 차관과 1908년 재실재산정리국 장관을 역임한 인물이고, 스에마쓰 구미히코[末松熊彦]는 1908년 궁내부 사무관과 1911년 이왕직 사무관, 1914년 이왕직박물관 주임을 역임하였다.

10 아오야기 쓰나타로[青柳綱太郎] 저, 구태훈·박선옥 편역, 《100년전 일본인의 경성엿보기》(원본 조선연구회, 《最近京城案內記》, 1915), 재팬리서치, 2010, 158~159쪽.

도 심각한 위협이 되었는데, 마침 창경궁이 순종의 거처인 창덕궁과 가깝기 때문에 순종의 안위를 위해야 한다는 것도 폐쇄 이유 중 하나였다. 그리고 3·1운동의 기세가 점차 확산되자, 많은 인파가 모이는 것을 금지했던 일제의 탄압정책도 이유였던 것 같다. 창경궁이 문을 닫자 언론에서는 '보는 이 없이 피어서, 아끼는 이 없이 떨어지는 창경궁의 사쿠라'[11] 소식을 계속 전하였다. 창경궁 꽃소식을 전하는 속에는 아직 조선 왕실이 잘 유지되고 있음을 알려 사회적 이슈를 잠재우려는 의도가 보인다.

이후 1920년대가 되면 창경궁에 전기시설이 들어와 야간에도 문을 열게 되었다. 영화 상영회, 라디오 청취회, 레코드 청취회, 연주회, 전시회 및 공연 등이 전등 불빛 아래서 다채롭고 화려하게 펼쳐지자 대중은 벚꽃이 피든 지든 창경궁을 방문하고자 하였다. 이처럼 창경궁은 낙후되고 힘없는 조선과 발전된 일본 문화가 대비되는 장소가 되었다.

궁궐 안에서만 연행되던 궁중문화도 변화에 직면했다. 원래 궁중 의례는 오례五禮의 원칙에 따라 지정된 장소에서 정해진 시간에 거행한다. 정전에서 진행하는 연례와 회례, 종묘·원구·사직·문묘 등에서 지내는 제례 등은 모두 법도에 맞게 짜여있다. 1908년 국가 제사 의식과 관련된 내용을 담은 '향사이정享祀釐正'이 발표되었다. 국가의 제사 의식을 축소하거나 폐지하고 일부 제례는 제향 횟수를 줄이거나 간소하게 한다는 내용을 담고 있다. 이에 따라 종묘, 문묘, 원구, 사직 등의 중요한 국가 제사만 남겨두고 대부분 폐지되었다. 제사가 폐지됨에 따라 의례가 거행되던 묘와 사당 등 부대시설과 부지는 국유화되어 흔적도 없이 사라지게 되었다.[12]

11 《매일신보》 1919년 4월 23일.

12 나라에서 제를 지내던 선농단·선잠단의 神位는 사직단으로 옮겨 배향했고, 산천단·산천 악독단·우사단·사한단·옥추단·칠사사현사·여단·성황단·마조단·무열사·정충단·선무단·정무단·대보단·만동묘·숭의묘·동관묘·남관묘·북관묘

대한제국은 1910년경부터 외교와 군사 실권을 잃으면서 관련 의례가 폐지되었고, 1911년 이후로는 원구·사직을 비롯한 모든 국가의례가 폐지되었다. 국가 소유의 건물 및 부지를 조선총독부에서 인수하면서 대부분 파괴했지만[13] 성균관과 문묘는 조선총독부에서 직접 운영하였다. 조선총독부에서는 성균관을 경학원으로 개편했는데, 이는 유림세력을 장악하여 유교 사상을 통치정책에 활용하기 위함이다. 그리고 성균관에서 가장 큰 행사인 문묘제례를 폐지하지 않고 남겨두었다. 해마다 봄가을에 지내는 문묘제례를 조선총독부에서 직접 관리하였다. 문묘제례를 지낼 때에는 문묘제례악文廟祭禮樂과 일무佾舞가 반드시 수반되는데, 이 음악과 일무는 오직 아악부에서만 연주할 수 있었다. 경학원의 요청이 들어오면 이왕직에서는 아악부원과 악기를 보내 음악과 일무를 제공하였다. 조선은 국권을 잃으면서 공간을 잃었고, 의식을 개최할 수 있는 권리도 잃게 되었다.

궁중문화는 의례가 폐지되자 의례에 수반되는 음악도 회복하기 어려울 정도로 근간이 파괴되었다. 하지만 일부 궁중의례와 음악은 이왕직에서 승계하면서 연주전통을 유지할 수 있었다. 일제는 궁궐은 파훼하였지만, 대한제국 황실을 유지하는 정책을 폈다. 왕실을 관리하고 예우하려면 비용과 인력에 대한 부담이 있음에도 불구하고 존치한 이유는 아마 없애는 것보다 큰 이익이 있다고 보았기 때문일 것이다. 일제는 순종을 이왕李王 또는 조선왕朝鮮王이라고 했는데, 이 신분은 일본 천황가의 방계 친족에 해당하는 지위이다. 일제는 조선 왕가를 일본 천황가에 편입시키고자 일본 황실 관련 법규인 〈황실전범皇室典範〉을 개정하고,[14] 관리를 위해 이왕직李王職

및 지방 關廟 제사는 완전히 폐지했다. 관련 시설과 토지는 국유화했다(《순종실록》 권2, 순종 1년 7월 23일).

13 《순종실록》 부록 권2, 순종 4년 2월 20일, "圜丘壇社稷署建物及敷地 竝引繼于總督府"

14 《황성신문》 1910년 8월 27일.

을 설치했다.

이왕직 관제에 "이왕직은 궁내대신의 관리에 속하며 왕족과 공족의 가무를 관장한다[李王職ハ宮内大臣ノ管理ニ屬シ王族及公族ノ家務ヲ掌ル]"[15]라고 하여 일본 궁내성에 소속되었음을 알 수 있다. 이왕직은 '이왕가의 일[家務]'을 맡아보는 관리기관이지만, 고종과 순종은 이왕직의 업무에 권리를 행사할 수 없었다. 이왕직 내규에 따라 적절한 예우와 의전을 보장받았다.

이왕가 관련 의전은 장사계掌祀係와 장시계掌侍係가 담당했는데,[16] 장사계는 '아악에 관한 사항', 장시계는 '향연·의식이나 빈객접대'가 주된 업무였다. 아악과 제사 관련 업무가 중심인 장사계와 왕족의 신변 보호와 의전 업무가 중심인 장시계에는 행사에 필요한 연주 악대가 각각 소속되어 있었다. 장사계에 소속된 아악부는 조선시대 장악원의 궁중음악 연주단을 승계한 것이고, 장시계에 소속된 양악대는 대한제국에서 서구식 의전을 위해[17] 새로 설치한 서양식 군악대의 전통을 승계한 것이다.

일제강점 이후 이왕가에서 개최할 수 있는 의례는 연회와 제례 중 몇 종에 불과했다. 연회의 경우는 왕실 가족의 생일, 궁궐 후원에서 열리는 원유회, 일본을 오가는 왕자와 옹주 및 일본 왕족 등을 위한 환송, 환영회

해당 기사는 매우 특이하게 "皇室典範의 增補 ○○○○되는 同時에 ○○皇室 待遇에 關ᄒᆞ야 皇室典範을 增補하고 追加法 身位令을 發表ᄒᆞ리라더라."라고 작성하였다. 원문에 ○를 표기하였는데, 아마 불편한 말을 생략한 것 같다. ○ 부분을 추론해 보자면 '한일합병되는 동시에 조선 황실 대우에 관하여' 정도가 될 것 같다. 일본은 필요에 따라 〈황실전범〉을 여러 번 개정하였다.

15 이왕직서무과인사실, 〈이왕직관제〉《이왕직직원록》, 1911, 1쪽.

16 《순종실록》 부록 권2, 1911년 2월 1일, 〈本職事務分掌規程〉.

17 대한제국의 계천기원절·국가간 조약 체결·각국 공사와 영사 영접·외국인 영접 및 고종 만수성절·황태자 천추성절 등 황실 행사에서 활동하였다(이정희, 《대한제국 황실음악》, 민속원, 2019, 361~362쪽).

정도이다. 망국의 책임이 있는 이왕가의 연회는 떠들썩하고 화려하게 벌이지 않고 내부에서 소규모로 진행하였다. 다만 고종의 환갑연, 순종의 오순연五旬宴과 망육순연亡六旬宴 같은 생신 연회는 대중에게도 알리고 대한제국 시절의 관원을 초청하는 등 특별히 크게 열었다.

1913년 9월 8~10일에 열린[18] 고종의 환갑연을 예로 살펴보자. 조선의 장악원에서 주관하던 화려하고 웅장한 궁중 연회와 비교 불가한 상황이지만, 내용과 형식 면에서 이전과는 전혀 다른 행사였다. 연회 첫날은 순종의 문안 인사를 받고, 아침 식사를 할 때 아악부에서 가곡歌曲 〈이수대엽二數大葉〉을 연주했다. 정오에는 석조전에 나가 조선총독부, 군사령부, 이왕직, 종친, 중추원 등의 주요 인사의 배알拜謁을 받았다. 점심식사 장소는 돈덕전으로 옮겼는데, 양악대가 양악을 연주하는 가운데 샴페인과 부케, 양식 요리가 나왔다. 저녁 식사 때는 다시 가곡 〈농弄〉과 〈락樂〉이 연주되었다. 당일 축하연회는 두 차례 열렸다. 점심 연회는 조선정악전습소와 아악부가 합동으로 궁중정재 〈항장무〉·〈포구락〉·〈선유락〉·〈무고〉·〈장생보연지무〉·〈향령무〉·〈춘앵전〉·〈검기무〉·〈가인전목단〉·〈헌선도〉·〈수연장〉·〈승무〉를 공연하였다. 저녁 연회는 기생이 출연하여 가곡, 가사, 세악, 현악합주, 잡가, 가야금산조를 연주하였다. 야간에는 활동사진 상영회도 있었다.

이처럼 고종의 환갑연회는 조선식과 서양식이 혼용되었다. 음악은 궁중음악뿐 아니라 정악과 민간음악, 서양음악을 가리지 않았으며, 이왕직 아악부와 양악대 및 민간 연주자와 기생까지 참여했다. 특히 무용은 전통

18 고종의 환갑은 원래 1912년 9월 8일이다. 1912년 7월 30일 메이지 천황이 사망하자 일본 왕실과 강제로 친족 관계를 맺은 관계로 大喪의 예를 행하게 되어서 제 때에 환갑연을 지내지 못하고 다음 해인 1913년에 한 것이다.

적인 궁중정재도 공연했지만, 〈검기무〉·〈승무〉 같은 민간무용도 포함되어[19] 전통적인 왕의 생신연에서 볼 수 없는 방식으로 진행되었다.

또 이왕가의 다른 연회에서는 양악대의 가장무도회, 민간인 신분인 기생의 민간음악인 민요와 산조 연주, 일본의 공연단체인 덴카쓰좌[天勝座]의 기술奇術과 레뷰 공연(1911 중화전, 1913 인정전),[20] 김영환의 피아노 연주(1918) 등이 열렸다. 특히 덴카쓰는 전기조명을 사용하여 이왕가의 이화문梨花紋을 비추며 춤을 추거나, 우의무羽衣舞 같은 일본 신무용을 선보였다. 이처럼 이왕가의 연회는 전통적인 궁중음악뿐 아니라 민간음악과 서양음악 및 일본의 공연문화가 혼용되는 양상이었다. 이왕가의 연회에는 정치·사회·문화적 변화가 반영되었다.

한편 양악대는 이왕직 내에서 별다른 활동을 하지 못했다. 이왕직에서 의례를 최소한으로 진행하였기 때문에 양악대가 참여할 수 있는 행사는 매우 적었고 더욱이 시구식 연회는 거의 열리지 않았다. 연회가 열리더라도 여러 공연물이 혼종되는 양상이어서 양악대의 역할과 입지는 매우 모호하게 되었다. 양악대는 고종과 순종의 생신 연회 연주, 야간 연회에서 가장무도, 일본 왕실 귀빈방문 행사 연주, 고종 국장에서 애도음악 같은 것을 연주했다. 양악대의 이왕직 내에서 활동은 일 년에 한두 번에 불과했지만, 대신하여 정기적으로 탑골공원과 창경궁에서 시민 위안 연주를 하거나, 1915년 조선물산공진회에 동원되어 연주하는 등 대외 활동은 꾸준히 했다.[21] 그러나 이러한 활동은 다른 연주단체나 일본군악대에 의해 대체될

19 이수정, 〈이왕직아악부의 조직과 활동〉, 한국학중앙연구원 박사학위논문, 2016b, 109~110쪽.

20 이주희, 〈쇼쿄쿠사이텐카츠의 춤 전개 양상연구: 1911년에서 1935년까지의 경성공연을 중심으로〉《무용예술학연구》 34, 2011, 197~198쪽.

21 이수정, 〈이왕직양악대의 활동이 근대음악사회에 끼친 영향〉《음악과 현실》 57,

수 있었기 때문에 양악대를 유지할 명분이 점차 약해지게 되었고, 마침내 1919년 예산 부족을 이유로 해산되었다.

이왕가의 제례는 매우 단순하게 바뀌었다. 수많은 궁중 제례는 모두 폐지되고, 오직 왕실의 조상을 모시는 종묘제례만 지낼 수 있었다. 식민지하에 지내는 제례 의식이라 참여 인원, 제사 시간 등 많은 변화요인이 있었지만, 일 년에 4번 춘향春享·하향夏享·추향秋享·동향冬享, 즉 사향四享은 반드시 지냈다. 다만 국상國喪 같은 사건이 발생했을 때는 원칙적으로 종묘제례가 중지되는데, 고종과 순종 국상 때 제향이 중지되었다. 그리고 메이지 천황이 사망하자 궁내성에서 요청하여 1912년 추향은 지내지 못하였다. 일본 천황과 이왕가가 친족 관계로 묶였다는 이유였다.

일제강점기 궁중음악의 양상을 조선과 비교할 수는 없을 것이다. 아악부로 개편되면서 조직과 인원이 대폭 축소되었기 때문에 최소한으로 의례를 진행하였다. 종묘제례에 인원이 축소되었으니 악기편성이 단출해졌고, 일무는 고립아악수(임시채용 무용수)를 채용하였다. 이런 변화 이외에 악곡 명칭이나 의복·무구舞具 등에 이르기까지 전방위인 변화가 있었다. 잘 알려져 있듯이 종묘제례에 사용되는 연주곡은 〈보태평지곡〉과 〈정대업지곡〉이다. 이 두 곡은 세종 때 창작된 곡으로 1464년세조 10부터 종묘에서 사용한 이래 현대에도 그 전통을 이어 연주되고 있다. 그런데 일제강점기 이 곡의 명칭을 〈보태화지곡保太和之曲〉과 〈향만년지곡享萬年之曲〉으로 변경하였다.

종묘제례를 이왕가의 조상을 모시는 제사라고 의미를 축소하여 생각할 수도 있지만, 조선에서 종묘는 국가의 기강이 잘 유지되고 있음을 표상하는 의미도 있었다. 따라서 종묘의 변고는 나라에 위중한 일이 생기는 경

2019b, 29~30쪽.

우에 해당한다. 따라서 종묘에서 사용하는 음악의 곡명이 변했다는 것은 아마 국가 정통성에 변화가 생겼다는 것을 방증한다고 할 수 있다. 일제는 종묘 내부의 건물에는 손대지 않아 외관이 유지되었지만, 겉에서 보이지 않는 내부에 담긴 의미에 대해서는 일찍부터 은밀하게 변형 및 왜곡시키려는 시도를 해왔다.

종묘는 일제강점기에 대중에게 개방되지 않아 종묘제례는 광복 이후까지 일반인이 접할 수 없었다. 그러나 종묘제례악은 1926년부터 조선신궁에서 열린 예제例祭에서 해마다 공개 연주되었다. 제4장에서 자세히 논의하겠지만, '조선아악봉주朝鮮雅樂奉奏'라는 이름으로 여러 궁중음악과 함께 공개되었다. 다른 궁중음악도 이곳에서 처음 공개되기도 하였지만, 연례악은 경복궁 공진회나 창경궁 벚꽃놀이장, 극장 등에서 연주된 바 있었다. 그러나 종묘제례악은 종묘를 벗어나 연주되는 것이 처음이고, 대중 앞에서 연주된 것도 처음이다. 특히 조선 역대 왕을 기리기 위한 음악을 일본신을 위한 의식에서 참배객을 끌어모으기 위해 홍행물로 사용하도록 조치한 것이니 지독한 방식의 모욕이었다.

3. 궁궐 내 행사장의 궁중음악

현대인은 궁중음악을 연주회, 드라마, 영화, 동영상 콘텐츠 등을 통해 쉽게 듣고 배울 수도 있지만, 20세기 이전 대중은 궁중음악을 듣지도 보지도 함부로 배우지도 못했다. 궁중음악이 궐 밖에서 연주된 적이 거의 없었기 때문이다. 아마 당시 대중에게 궁중음악은 서양음악보다 더 낯선 음악이었을 것이다. 대중이 처음 궁중음악을 만났던 곳은 일제에 의해 쇠락한 궁궐, 행사장으로 변질된 궁궐이다. 이 장에서는 궁궐의 궁중음악을 살펴볼 것인데, 이때의 궁궐은 궐문이 강제로 열려 행사장으로 변질된 궁궐을 말한다. 정궁에 해당하는 창경궁과 경복궁 외에 성균관을 포함하였다. 성균관을 궁궐이라 할 수는 없지만, 궁중의례 중 가장 중요하게 여겼던 문묘 제례를 살펴보고자 여기에 포함하였다.

1) 창경궁 벚꽃 놀이장의 궁중음악

창경궁은 고종의 3년상이 끝난 1922년 봄 다시 문을 열었다. 1924년부터 경성전기주식회사에서 일루미네이션 조명 장치를 설치하여 야간에도 꽃을 볼 수 있었다. 이른바 '창경원 밤벚꽃놀이[夜櫻]'라 하였는데, 여기에 아악부까지 출연한다는 소식이 들려[22] 세간에 이목을 끌었다. 벚꽃 구경을 위해 전국에서 '관앵회觀櫻會'가 조직되고, '탐춘探春' 관광객이 몰려들었다. 봄이면 벚꽃 열차가 운행되고 창경궁에서 라디오 현장중계가 이루어졌다.[23] 신문과 잡지에 연일 벚꽃 개화 상황과 창경궁 탐방 기사가 보도되었다. 대중은 이곳에서 아악부가 연주하는 궁중음악과 편종·편경·축·어 같은 궁중 악기를 만나게 되었다. 그 모습이 어떠했을지 아래의 기사들을 통해 짐작해 볼 수 있다.

> 창경원에는 금년에도 역시 京電에서 여러 가지로 휘황찬란한 전등 조명을 설치하야 여흥으로 이왕가의 조선 아악과 및 양악을 연주할 터이며 동물원 앞 광장에는 여러 가지 활동사진도 영사도 하고 또 휴식소에는 라디오의 설비까지를 하리라는데[24]

22 〈廿日頃から綻び初めて卄四日頃はまつ盛り, 南山公園では尺八大演奏會 昌慶苑は京電大雪洞の不夜城〉《경성일보》 1924년 4월 12일.

23 〈라디오〉《조선일보》 1937년 4월 24일.

24 〈꼿밧! 불밧! 창경원 야앵〉《조선일보》 1929년 4월 18일.

奏樂이 있다. 아악의 장춘불로지곡이 연주되었다. 음조가 애연하니 인생의 장춘불로 못됨을 설어함인가 神樂이 그치면 느끼운 하소연 은근한 속살거림 꿈같은 이야기가 젊은 청춘의 가슴에 울린다. 청아한 양악도 들린다. 오버춰곡이 연주된다. 이는 쎄미라미스라는 이름 천한 병사가 극히 귀한 왕후를 연모하는 애타는 정화를 작곡한 것이다.[25]

雅樂을 보니 東京쯤 앉아서 텔레비전으로 라듸오를 듣는 것 같다. (중략) 아악이 끗이 나며 그 무대에서는 「ユカタ」 친구가 새빨간 부채를 들고 나와서 춤을 추는지 노래를 하는지 妖術을 부리는지 어릿광대 노릇을 하고 있다.[26]

이왕직에서 주관한 창경궁 행사는 아악부와 양악대가 조선아악과 서양음악을 연주하였다. 원래 조선의 궁중음악은 궁궐 너른 마당에서 진행되는 행사나 의식에 백그라운드 음악으로 쓰였다. 악기의 수가 많고 주변 소음이 크지 않았기 때문에 음악감상에 지장이 없었을 것이다. 그런데 창경궁의 상황을 보면 소음과 여러 음악이 뒤섞여 고즈넉한 정취가 없었던 것 같다.

창경궁에서 처음 입장객을 맞이했던 1910년대는 이왕직양악대가 공연했다. 주로 행진곡·왈츠·가보트·미뉴엣·오페라 서곡과 일본 음악과 중국 음악 소품 등으로 경쾌하고 가벼운 곡으로 선곡했다. 양악대는 벚꽃 개화 기간뿐 아니라 창경궁 정기개장일에도 공연했다.[27] 위 인용문의 '오

25 〈花雲人海의 昌慶苑에 夜櫻으로 展開된 歡樂劇, 暗行記者가 본 各色場面〉《동아일보》 1929년 4월 22일.

26 〈醉眼에 빗치인 昌慶苑 夜櫻의 짜스風景, 文字로 그린 漫畵〉《별건곤》 28, 1930. 일본에 텔레비전이 들어온 것은 1938년경이다. 유카타[ユカタ]는 일본 전통의상이다.

27 1918년 5월 17일 오후 1~4시 〈나푼레온行進曲〉·〈箏曲少段〉·〈序曲 凱旋의 聲〉·

버취곡 세미라미스'는 로시니 오페라 〈세미라미데 서곡〉을 말하는 것 같은데, 이왕직양악대는 1919년 고종 국장 이후 해산되었기 때문에 이때에는 일본군악대가 담당했을 것이다.

양악대가 해산된 이후 창경궁 공연을 아악부가 담당했다. 1922년부터 창경궁이 재개장했는데, 아악부의 출연 기록은 1924년경부터 보인다.[28] 앞서 언급했듯이 1924년 창경궁에 전기가 들어와 야간에도 문을 열었는데, 이때부터 아악부가 출연했다. 아악부의 창경궁 공연은 남아있는 자료가 없어서 어떤 곡을 연주했는지 알려지지 않았다. 야외공연이라 따로 프로그램 북을 만들지 않고 곡명을 종이에 써서 기둥에 붙여 소개하는 방식이라 남아있는 것이 없다.

다음의 그림은 '창경원 음악당'이라 불린 잔디밭에 임시로 지은 가설무대로, 연주곡목은 무대 왼편 기둥에 순서지를 붙여 안내하고 관람객은 주변에 앉거나 서서 관람하여야 했기 때문에, 음악에 집중할 수 있는 장소는 아니다. 이곳에서 대중은 임금의 거처하던 궁궐에서 임금이 듣던 음악을 들었다. 그리고 대중은 창경궁에 들어선 근대건축물과 일본을 상징하는 벚꽃에 둘러싸여 있었다. 전근대 신분 사회에서 아직 벗어나지 못했던 대중에게 이 장소는 모든 것이 새로운 첫 경험이었고 일본의 근대를 실감하게 하는 곳이었을 것이다.

〈圓舞曲 南方의 薔薇花〉·〈劇曲 데로-바트〉·〈후아데리曲〉·〈佳한 헤레네娘子〉·〈가보트曲 秘密의 愛〉; 1918년 5월 26일 오후 1시 〈行進曲 가루王〉·〈長唄 黑髮〉·〈序曲 세미라미쓰〉·〈圓舞曲 가루멘〉·〈劇曲 蝙蝠〉·〈마리늣트曲 아-드女王의 箏曲〉·〈과데리曲 핼맨 娘子〉; 1918년 6월 23일 〈行進曲 후레데릿구 親王〉·〈長唄 黑髮〉·〈序曲 野의 獸狩〉·〈와릇쓰곡 活潑한 寡婦劇曲 후오스트〉·〈가데曲 헤루미멘孃〉·〈支那의 歌曲 大好就飯〉(이수정, 앞의 글, 2019b, 46~50쪽).

28 〈廿日頃から綻び初めて廿四日頃はまつ盛り, 南山公園では尺八大演奏會 昌慶苑は京電大雪洞の不夜城〉《경성일보》 1924년 4월 12일.

창경원 야외 음악당에서 이왕직아악부의 〈우림령지곡(雨林鈴之曲)〉 연주 모습
출처: 《매일신보》 1930년 4월 14일.

이후 창경궁은 아악부의 궁중음악 연주도 있었지만, 조선 기생과 일본기생의 무용, 양악연주단 연주, 영화상영, 기술공연단의 묘기, 지쿠젠비와[筑前琵琶] 연주, 합창단 공연 등이 추가되면서 인기를 끌었다.[29] 태평양전쟁 중에는 국민 대합창회가[30] 열려 벚꽃 아래서 수만 명이 시국가요를 부르는 장소로 이용되었다.

29 〈いろんな趣向をこらして今夕から開かれる昌慶苑の夜櫻〉《경성일보》 1930년 4월 12일.

30 〈櫻花下에 國民合唱 來廿四日, 昌慶苑서 野外音樂會公開〉《매일신보》 1943년 4월 20일.

2) 경복궁 박람회장의 궁중음악

경복궁에서 두 번의 박람회가 열렸다. 1915년 시정5주년기념 조선물산공진회(이하 공진회)와 1929년 시정20주년기념 조선박람회이다.[31] 박람회는 일반적으로 사회산업의 발전을 자랑하고 진흥을 꾀하기 위한 목적으로 온갖 물품을 모아 전시했다. 제국과 식민지의 처지를 대비하여 보여주려는 의도로 '시정施政'이라는 말을 붙여 조선총독부 스스로 안정적 식민통치를 자축하고 정당성을 과시하는 행사였다. 경복궁은 이 두 번의 박람회에 부지로 사용되느라 심각하게 파괴되었다. 공진회는 광화문 안쪽의 약 7만 2,000평에서 열렸고, 조선박람회는 지금의 국립민속박물관 부근 약 1만 평에서 열렸다.

공진회는 '조선 물산을 수집 진열하고 산업개량 진보의 실적을 명시해서 일반 조선인의 분발심을 환기하고', '신구시정新舊施政의 비교 및 대조를 밝혀서 조선 민중에게 신정新政의 혜택을 자극하게 한다'는[32] 목적으로 개최되었다. 박람회에서는 전시공간을 비롯해 관람객의 흥미를 끌 장소와 이슈를 만들었다. 관람객이 즐길 음악당, 연예관, 조선연극장, 오락장, 군함전시장, 씨름장, 곡마, 동물원, 미로관 등 오락공간을 마련했으며, 개장 첫날에 조선과 일본 예기 500여 명이 행렬하여 장안의 화제가 되는 등 상업적인 목적과 노골적인 정치선전이 이루어지는 공간이었다.

공진회에서는 다양한 목적의 공연이 펼쳐졌는데 특히 연예관과 음악당의 공연이 주목된다. 연예관에서는 경성의 권번과 유곽 소속[33] 기생의 공연이 있었다. 조선 측 기생은 다동 기생조합, 광교 기생조합, 신창 기

31 이외에 시정 30주년기념 조선대박람회는 1940년 청량리 일대에서 개최되었다.

32 朝鮮總督府, 《朝鮮彙報》 1915년 9월, 3쪽.

33 〈花柳界 兩券遊廓の奮發〉《경성일보》 1915년 9월 11일.

① 공진회 포스터

② 공진회 연예관

③ 연예관 경성검예기연(京城檢藝妓連)

④ 경회루 계단 아래에서 연주하는 이왕직양악대

⑤ 공진회 음악당에서 연주하는 이왕직양악대

시정5년주년기념 조선물산공진회 풍경

출처: ①~④ 始政五周年記念朝鮮物産共進會京城協贊會殘務財扱所,《始政五周年記念 朝鮮物産共進會 京城協贊會報告》, 1916; ⑤ 부산시립박물관.

생조합 소속 기생이 참여했다. 다동 기생조합은 경성에 진출한 서도와 남도 지역 출신 기생이 주축이 되었기 때문에 민간 가무에 장점이 있는 단체였다. 공연 종목은 〈무애무〉·〈만수무〉·〈승무〉·〈무고〉·〈아박무〉 같은 궁중정재를 비롯해 민속무용을 공연했다. 광교 기생조합은 과거 관기官妓 출신 기생이 다수 소속되어서 궁중 여악女樂과 정재에 특기가 있었다. 〈봉래의〉·〈서민안락무〉·〈장생보연지무〉·〈수연장〉·〈헌선도〉·〈무고〉·〈향령무〉·〈무산향〉·〈사선무〉·〈육화대〉 등 궁중정재 작품을 공연했다. 특히 광교 기생조합은 공진회를 기념하는 정재呈才와 창사唱詞를 새로 창작했는데, 내용은 일제의 정치적 욕망을 찬양하고, 천황을 아유阿諛하였으며 식민지 조선의 현실을 외면하고 태평성대를 호도하는 내용이었다.[34] 관기 출신이 주축이 되었기 때문에 다른 기생조직보다 궁중 여악과 정재 레퍼토리를 많이 확보하고 있었다. 식민권력에 편승하는 정치력을 드러낸 광교 기생조합은 결성되어 1947년 해산하기까지 통폐합되거나 와해되지 않고, 안정적으로 유지된 유일한 기생조직이다.

한편 야외 음악당에서는 이왕직양악대가 매일 출연했다. 월·수·금(정오~4시), 화·목(오후 6~9시), 토·일(1~5시)에 공연했다고 하는데,[35] 9월 11일부터 10월 30일까지 50일간 하루도 빠짐없이 4시간씩 공연하는 고된 일정이었다. 공진회 당시 연주 프로그램은 확인할 수 없었지만, 공진회가 열리기 직전까지 탑골공원에서 다음 〈표 1〉과 같은 곡목을 연주했다.

34 강혜정, 〈일제강점기 정재 침탈 양상고찰: 광교기생조합의 공진회 정재창사를 중심으로〉《민족문화연구》88, 2020, 352쪽.

35 〈주악시간결정〉《매일신보》1915년 9월 12일.

〈표 1〉 이왕직양악대 탑골공원 연주곡목

1915년 8월 26일	1915년 9월 9일
日本陸軍分列行進曲	日本軍艦行進曲
端貝 冲中白帆	長唄 黑髮
序曲 세미라미스	序曲 이에베도도노王
舞曲 汝는 單獨인 者	舞曲 게로후레夫와 게로후아孃
카데레리曲 學生歌	射手의 짜테리레曲
端貝 紀伊之國	長唄 越後獅子
序曲 野獸射手	도루바도루劇曲
讚美曲 救世主위리고마리아	凶牙利舞蹈曲第六
가로부曲 輕率흔血	까로부曲 妖怪
君が代	君が代

출처: 이수정, 앞의 글, 2019b, 46~50쪽.

양악대의 탑골공원 연주회는 〈육군분열행진곡〉·〈군함행진곡〉같은 일본 군가로 시작하여, 일본전통음악을 밴드로 편곡한 곡, 오페라 서곡,[36] 춤곡 등 경쾌한 합주곡으로 구성하였다. 마지막 곡은 일본국가인 〈기미가요[君が代]〉로 끝맺고 있었다. 공진회에서도 이러한 레퍼토리에서 크게 벗어나지 않았을 것으로 생각된다.

음악학자 이혜구李惠求는 "1915년경 내가 양악대의 연주를 들었을 때 대규모의 합주가 신기했다. 특히 커다란 나발, 튜바를 어떻게 부느냐가 나의 관심사였다. 한 곡이 끝나면 음악을 쉬고 연주곡목을 쓴 '메꾸리めくり'를 넘겼다. 그 나발과 북의 활발한 음악에 마음이 끌렸다."[37]라고 양악대의 연

36 세미라미스-로시니 〈세미라미데(Semiramide)〉, 이에베도도노왕-Adolphe Charles Adam 〈이베에톳토 왕(Le Roi d'Yvetot)〉, 야수사수-Carl Maria von Weber 〈마탄의 사수(Der Freischütz)〉, 게로후레夫와 게로후아孃-Alexandre Charles Lecocq 오페라 부파 〈Giroflé-Girofla〉, 도루바도루劇曲-G.Verdi 〈일트로바토레(Il Trovatore)〉, 凶牙利舞蹈曲第六-J. Brahms 〈헝가리무곡 6번(Hungarian Dance No.6)〉로 추정된다.

37 이혜구, 《만당음악편력》, 민속원, 2007, 16쪽.

주 모습을 전하고 있다. 처음 접한 음악도 새로웠고 악기도 볼 수 있어 좋았다고 한 것처럼, 양악대는 당시 대중에게 인기가 있었다. 이러한 볼거리가 있었던 공진회는 120만 명이 입장하여 큰 성공을 거두었다.

1929년에 열린 조선박람회는 식민통치 20년이 지나는 시점에 개최된 행사로 공진회와는 다른 목적이 있었다. 공진회가 일본의 선진문물을 보여주고 조선의 후진성을 드러내는 것에 목적이 있었다면, 조선박람회는 일본의 식민통치 성과가 우수했다는 것이 드러나길 원했다. 따라서 조선박람회에서는 전시관의 외관이나 전시 내용이 조선식과 조선색을 가지되 현대적인 모습이 드러나도록 구성하였다.[38]

한편 이왕직에서는 1928년 순종 국장의 마지막 순서인 부묘祔廟가 끝나면서, 조선왕조가 완전히 막을 내렸다. 이왕직의 행정은 동경에 머무는 영친왕 쪽으로 옮겨졌고, 경성 이왕직에서 직접 모셔야 할 왕족은 순종비 순정효황후만 남게 되어 왕실 내부행사는 거의 없어졌다. 따라서 주인없는 왕실에 대한 개입이 자유로웠고, 조선색을 드러내려는 조선총독부는 이왕직도 행사에 참여하게 했다.

조선박람회 역시 흥행을 위해 다양한 볼거리를 제공하였다. 공진회 때보다 큰 규모의 볼거리와 호화로운 프로그램이 마련되었다. 흥을 돋우기 위해 각국 거리를 조성하고 외국인이 등장하였으며, 야외연예관에서는 묘기와 줄타기 공연을 펼쳤다. 특히 조선박람회에서는 〈조선박람회가〉를 새로 제정하여 홍보에 활용했는데, 숙명여학교에 재직 중이던 음악가 김영환이 작곡하였다.

38 염복규, 〈조선박람회 전시관과 양식에서 보이는 제국과 식민지, 수도와 지방〉《인문논총》 75-4, 2018, 130~134쪽.

조선박람회에서 가장 주목받은 공연은 연예관에서 열린 기생의 공연이다. 조선에서 유명한 조선권번, 한남권번, 경성권번 기생과 일본의 본권번本券番과 신정권번新町券番 예기가 번갈아 출연하였다. 이들이 공연하는 연예관 입장권은 별도로 추가 구매했다.

조선측 권번에서는 한국무용, 일본무용, 일본악기 연주와 노래, 서양악기 연주와 춤 등 다양한 레파토리를 선보였다. 한국무용으로 〈춘앵전〉·〈무산향〉·〈무고〉·〈학무〉·〈장생보연지무〉·〈육화대〉·〈사고무〉같은 궁중정재와 〈검무〉·〈입무〉 같은 민속무용을 추었고, 특별히 〈조선박람회기념무〉라는 창작 무용까지 만들어 공연했다. 또 일본 춤인 〈내지무內地舞〉, 레뷰(revue), 취주악을 연주하면서 추는 〈취악대 무용〉, 일본 현악기인 사미센[三味線] 연주 등 다채로운 작품을 선보였다.

일본측 권번은 〈조선십경朝鮮十景〉[39]이라는 신무용을 창작하여 공연했다. 조선박람회 개최를 기념하기 위해 조선의 명소 10곳의 풍경을 묘사한 무용 작품으로, 본권번과 신정권번에서 번갈아 가며 한 장면씩 선보인 초호화공연이었다.

공진회 때와 비교하면 기생의 공연 규모는 커지고 종목은 다변화되었다. 이는 1920년대 후반부터 기생업 전반에 변화가 일어나면서, 기생예술계에 변화가 일어난 상황과 무관하지 않다. 기생예술은 대중예술이나 매체의 발달과 밀접한 관계가 있었기 때문이다. 1927년 경성방송국이 개

39 조선박람회를 축하하기 위해 일본 예기들이 새로 만든 신무용으로 기네야 사키치[杵屋佐吉]가 작곡한 곡에 조선의 명소 10곳을 정해 무용으로 구성하였다. 제1경 부산부두의 일출, 제2경 조선신궁의 夏曉, 제3경 의주 統軍亭의 遠望, 제4경 인천 월미도의 야경, 제5은 경주 불국사의 회고, 제6경 평양 목단대의 환상, 제7경 북한산 설경, 제8경 조선박람회의 성관, 제9경 금강산 가을단풍, 제10경 경성 창경원의 벚꽃이다.

① 박람회 포스터

② 연예관

③ 조선권번의 무용

④ 본권번의 〈창경원앵화〉(위)와 신정권번의 〈북한산의 설경〉(아래)

1929년 조선박람회 풍경

출처: ① 대한민국역사박물관; ②·③ 조선총독부, 《朝鮮博覽會紀念寫眞帖》, 1930, 98쪽;
④ 서울역사아카이브.

호산학교음악대(위)와 아악부(아래)의 연주장면

출처: 門田房太郞, 《朝鮮博覧会記念写真帖》, 朝鮮博覧会京城協賛会, 1929, 21쪽.

아악부의 〈봉황음〉 연주 장면

출처: 〈아악부의 연주〉 《경성일보》 1929년 9월 16일.

국하고, 1928년 유성기음반 기술의 발전으로 전기녹음을 하면서 기생예술은 권번을 넘어, 극장, 유성기, 방송을 통해 유통되어왔다. 따라서 과거 전통무용과 음악만을 전수했던 '기생=전통 가무'라는 관계는 깨지고, '기생=대중예술 일반'의 관계가 성립되었다.[40] 더욱이 박람회라는 공공장소에서 기생문화를 인정하고 홍보하는 장이 마련된 것이다. 과거 조선에서 기생은 특권계급의 향유대상이었는데, 이제 기생은 돈만 있으면 다양한 방식으로 소비하고 향유할 수 있는 상품으로 환원되었다. 기생 집단이 박람회를 통해 대중화하는 효과를 얻은 것이다. 또 박람회 무대를 통해 권번의 든든한 조직력뿐 아니라, 이들이 다양한 종류의 예능을 갖춘 예술가집단으로 독자적인 영역을 구축하였음을 확인하게 되었다. 박람회에서 기생예술이 다변화되었음을 분명하게 보여주었다.

조선박람회장 내 경회루 맞은편에 마련된 야외음악당에서는 서양음악과 아악의 무료공연이 있었다. 주중에는 일본 육군 호산학교 음악대(이하 호산학교 음악대)의 서양음악 연주, 주말에는 아악부의 아악연주가 있었다. 호산학교 음악대는 주로 행진곡, 오페라 서곡, 창가, 무용곡, 왈츠 등을 연주했다.[41] 매주 일요일에는 아악부에서 하루 2회 공연을 했다.

〈표 2〉의 아악부의 《조선아악곡목》 프로그램 북에는 연주순서와 해설, 악기 소개로 구성되어 있다. 기존의 야외공연에서 보이는 '메꾸리'를 넘기는 방식에서 벗어나, 프로그램 북을 제작하였다. 음악을 홍보하고 알리는데 효과적이었을 것 같다.

40 권도희, 〈20세기 기생의 음악사회사적 연구〉《한국음악연구》 29, 2001, 334쪽.

41 〈朝博の潤ひ, 大音樂堂, 戸山學校と朝鮮雅樂も演奏〉《조선신문》 1929년 8월 10일. 돌격행진곡, 오페라 파우스트, 왈츠 青天, 黑髮 본곡 / 스페인창가, 무용곡 あすの朝博(《경성일보》 1929년 10월 10일 · 11일; 〈廿日音樂堂ブロ〉《조선신문》 1929년 10월 20일).

〈표 2〉 조선박람회 이왕직아악부의 공연 내용

<table>
<tr><th colspan="2">1929년 9월 29일 공연프로그램[42]</th></tr>
<tr><td>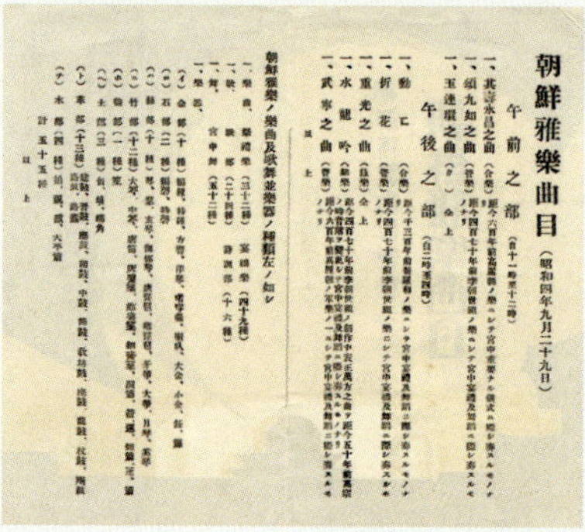</td><td>오전부(11-12시)
一. 기수영창지곡(합악) 약 600년 전 고려조 음악으로 궁중의 중요 의식에 연주했다.
一. 송구여지곡(관악) 약 470년 전 이조 세조 음악으로 궁중연례와 무도(舞蹈)에 연주했다.
一. 옥련환지곡(관악) 위와 같다.

오후부(2-4시)
一. 동동(합악) 약 1200년 전 신라조 음악으로 궁중연례와 무도에 연주했다.
一. 절화(관악) 약 470년 전 이조 세조 음악으로 궁중연례와 무도에 연주했다.
一. 중광지곡(현악) 위와 같다.
一. 수룡음(세악) 약 470년 전 이조 세조 창작곡 중 표정만방지곡을 약 50년 전 고종 때에 음계를 변경하고 궁중 연례와 무도에 연주했다.
一. 무령지곡(관악) 약 600년 전 고려조 군악의 하나이다. 궁중연례와 무도에 연주했다.</td></tr>
</table>

42 프로그램북 우측은 곡 소개, 좌측은 악기 소개이다. 곡 소개 부분은 다음과 같다. "朝鮮雅樂曲目(昭和四年 九月 二十九日) 午前之部(自十一時 至十二時) 一. 其壽永昌之曲(合樂) 距今六百年前 高麗朝ノ樂ニシテ宮中重要ナル儀式ニ際シ奏スルモノナリ 一. 頌九如之曲(管樂) 距今四百七十年前 李朝世祖ノ樂ニシテ宮宴禮及舞蹈ニ際シ奏スルモノナリ一. 玉連環之曲(〃) 仝上 午後部(自二時 至四時) 一. 動動(合樂) 距今千二百年前 新羅朝ノ樂ニシテ宮宴禮及舞蹈ニ際シ奏スルモノナリ 一. 折花(管樂) 距今四百七十年前 李朝世祖ノ樂ニシテ宮宴禮及舞蹈ニ際シ奏スルモノナリ 一. 重光之曲(絃樂) 仝上 一. 水龍吟(細樂) 距今四百七十年前 李朝世祖ノ創作中表正萬方之曲ヲ距今五十年前高宗ノ時 音階ヲ變更シテ宮宴禮及舞蹈ニ際シ奏スルモノナリ 一. 武寧之曲(管樂) 距今六百年前 高麗祖ノ軍樂ノ一ニシテ宮宴禮及舞蹈ニ際シ奏スルモノナリ". 해당 자료는 동국대학교 배연형 선생께서 제공한 자료를 필자가 번역한 것이다. 자료를 제공해주신 배연형 선생께 감사드린다.

1929년 10월 13일 공연프로그램[43]

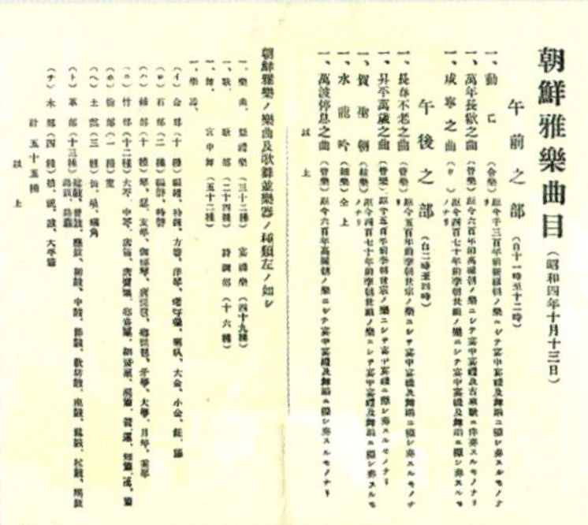
朝鮮雅樂曲目（昭和四年十月十三日）

午前之部

一、動々

一、萬年長歡之曲

一、成寧之曲

午後之部

一、長春不老之曲

一、昇平萬歲之曲

一、賀聖朝

一、水龍吟

一、萬波停息之曲

以上

朝鮮雅樂ノ樂曲及歌舞並樂器ノ種類左ノ如シ

오전부(11-12시)

一. **동동(합악)** 약 1200년 전 신라조 음악으로 궁중연례와 무도에 연주했다.

一. **만년장환지곡(관악)** 약 600년 전 고려조 음악으로 궁중연례와 고악가(古樂歌)에 반주했다.

一. **함령지곡(관악)** 약 470년전 이조 세조 음악으로 궁중연례와 무도에 연주했다.

오후부(2-4시)

一. **장춘불로지곡(관악)** 약 500년 전 이조 세종의 음악으로 궁중연례와 무도에 연주했다.

一. **승평만세지곡(관악)** 약 500년 전 이조 세종의 음악으로 궁중연례에 연주했다.

一. **하성조(현악)** 약 470년 전 이조 세조의 음악으로 궁중 연례와 무도에 연주했다.

一. **수룡음(세악)** 위와 같다.

一. **만파정식지곡(관악)** 약 600년 전 고려조 음악으로 궁중연례와 무도에 연주했다.

연주곡목을 살펴보면 영산회상 계통인 〈중광지곡〉·〈함녕지곡〉, 여민락 계통 〈승평만세지곡〉, 보허자 계통 〈장춘불로지곡〉·〈송구여지곡〉, 낙양춘 계통 〈기수영창지곡〉, 취타 계통 〈만파정식지곡〉·〈무령지곡〉, 가곡 계통 〈만년장환지곡〉·〈수룡음〉 등 아악부에서 연주 가능한 연례악곡은 거의 선보였다.[44] 사실 음악은 연주장소에 따라 음향이 달라지는데, 소규

43 《조선아악곡목》 프로그램, "朝鮮雅樂曲目(昭和四年 十月 十三日)".

44 〈廿日音樂堂プロ〉《조선신문》 1929년 10월 20일, "10월 20일 공연프로그램 오전 1. 기수영창지곡 2. 송구여지곡 3. 절화. 오후 1. 봉황음 2. 태평춘지곡 3. 회팔선 4. 유초신지곡".

모로 섬세하게 연주하는 방중악房中樂 편성인 〈중광지곡〉, 〈수룡음〉 같은 곡을 떠들썩한 야외에서 공연했다면 감동이 적었을 것 같다.

그런데 이 프로그램 북은 원곡 명칭을 거의 사용하지 않고 대부분 아명雅名을 사용하였는데, 이 점은 일제강점기 아악부의 특징적인 현상이었다. 아명 사용은 아악부 기간 중 특히 증가했는데, 곡의 역사성을 과장하거나 혼란스럽게 하여 본질을 정확하게 제공하지 않고[45] 연주와 곡명이 일치하는지도 불분명하며, 또 해설 역시 연도나 설명에 오류가 많다.[46]

한편 별도의 입장료를 받는 연예관에서 기생이 공연한 반면, 아악부는 야외에서 무료로 자유롭게 감상할 수 있도록 배치하였다. 아악부를 홀대하는 듯한 인상이 있는데, 창경궁이나 조선신궁 등에서 연주된 궁중음악이 대중의 돈과 흥미를 잡아끄는 요소가 되지 못한다는 사실을 경험했기 때문인 것 같다. 경복궁 야외음악당이라는 공간은 이왕가와 궁중음악이 처한 사회적 위치를 말해주는 곳이라 할 수 있겠다. 예악 사상이 중시되던 궁중음악에서 예禮는 사라지고 악樂만 가져온 경복궁의 연주에서 이제 궁중음악의 의미가 완전히 달라졌음을 알 수 있다.

3) 성균관 대성전의 문묘제례악

일제강점기가 되면서 문묘제례는 조선총독부의 소관이 되었다. 조선총독부는 유림세력을 포섭하고자 조선에서 가장 방대한 조직과 영향력을 가지고 있던 성균관을 장악하였다. 성균관을 경학원으로 개편하여 사회교화 조직으로 활용하였고, 문묘제례는 직접 관리했다. 일제는 문묘제례에서 '공

45 송방송, 《증보 한국음악사》, 민속원, 2007, 558~559쪽.

46 궁중음악의 생성연도는 대부분 불분명하다. 예를 들어 〈기수영창지곡〉(낙양춘)은 10~11세기 고려에 들어온 송나라 詞樂에서 유래하였고, 〈동동〉은 작자 미상의 고려가요이다.

1932년 문묘제례 모습

출처: 〈經學院文廟 秋季釋奠 총독도 참배〉《매일신보》 1932년 9월 4일.

비고: 위는 대성전 앞마당의 8일무와 참례자가 보인다. 사진 아래는 조선총독 우가키 가즈시게[宇垣一成], 가와시마 요시유키[川島義之] 사령관, 권중현(權重顯) 자작이 월대 위에 앉아있다.

자와 그 제자를 기리는 것은 전적으로 종교상 섭심攝心의 대상이므로 이왕가의 공식행사에 넣는 것은 옳지 않다'[47]는 이유로 강탈하였다. 조선 총독이 직접 참석했으며, 대성전 월대 위에 총독 고정석이 마련되었다. 대성전은 경성 시내 학생이나 일반 대중의 교육 참관 장소로 개방했으며, 결혼식장으로도 제공하였다. 유림과 이왕가에서는 이러한 결정을 따를 수밖에 없었다.

47 조선총독부, 〈향사이정에 관한 건-입안이유〉《경학원향사관계서류》, 1911(국가기록원, CJA0004745).

조선총독부는 문묘제례 거행 날짜를 양력으로 고정하고, 거행시간은 한밤중이 아닌 오전(9~10시)으로 옮겨 90분 정도 소요되도록 간략하게 구성했다. 거행 방식을 축약시켰기 때문에 음악, 악기, 일무, 복장 등에 변화가 있었다. 문묘제례를 행사처럼 거행하면서 예禮는 사라지고 식式만 남게 되었다.

1912년 문묘제례 순서[48]

일. 진설(陳設)

이. 착석(着席)

삼. 식을 행함

1. 사배(四拜)
2. 전폐례를 행함
3. 초헌례를 행함
4. 아헌례를 행함
5. 종헌례를 행함
6. 음복례를 행함
7. 첨향례를 행함 — 총독 이하 순차로 행함
8. 사배 — 재위자(在位者) 일동
9. 변두를 철함
10. 사배 — 헌관
11. 망료

사. 예필함

48 조선총독부, 〈문묘석전 거행상황보고의 건〉《경학원향사관계서류》, 1913, 691~694쪽.

문묘제례 등가(登歌, 위)와 일무(佾舞, 아래)

출처: 田邊尙雄,《中國·朝鮮音樂調査紀行》, 音樂之友社, 1970, 112~113쪽.

비고: 1921년 다나베히사오(田邊尙雄)가 아악부를 방문했을 때 촬영한 사진으로 추정된다.

의식은 조선총독부에서 주관했지만, 제례악과 일무는 오직 아악부만 연주할 수 있었기 때문에 아악부에서 출장연주를 했다. 문묘제례에 사용하는 음악이 변화하지 않았지만, 의식이 간소화되었기 때문에 선율이 짧아졌을 것이다. 연주에 사용한 악기는 기록마다 차이가 있는데 관행적인 팔음八音 편성을 크게 벗어나지 않았다.

다만 일무佾舞는 큰 변화가 있었다. 원래 문묘 일무는 공자의 신분에 맞춰 '제후의 예'에 해당하는 6일무(6×6=36명)를 사용해 왔는데, 1928년 조선총독부에서 '제왕 의례'를 추진하였다. 제왕, 즉 황제의 예를 적용하면서 8일무(8×8=64명)로 변경하였다. 8일무로 승격한 이유는 '조선이 중국의 속국이라 제후의 예를 보여왔으나, 일본이 주관하게 되었으니 이제 그럴 필요가 없다'[49]고 판단한 조치였다. 예법의 기준이 '일본 황실'이 되었다는 점을 드러내는 일이었다. 이왕가와 유림에서는 문묘에 대한 권한이 없어 변화를 막을 수 없었다.

한편 8일무로 변화함에 따라 음악과 일무를 지원해 주는 아악부는 곤란한 상황이 되었다. 1926년경 아악부 소속 직원이 약 82명이었다. 그 중 연주가 가능한 연주자는 50~60명 정도인데[50] 이 숫자는 제례악 연주만도 빠듯한 상태이다. 의례를 거행할 인원이 부족하여 종묘제례에서도 일무에는 고립 아악수(아르바이드 무용수)를 사용하는 상황이었다. 그런데 문묘에 64명의 무용수가 더 필요한 상황이 되었다. 따라서 아악부에서는 매번 고립 아악수에 의존하려다 보니, 동작을 쉽게 따라 할 수 있도록 간소화한 삼방배三方拜로 대신했다. 일무의 기품있는 춤사위는 사라지고 맥이 끊어졌다. 종묘제례와 문묘제례 모두 광복 후 일무를 새롭게 복원했다.

49 〈儀禮의 一部 大變更 自令帝王儀禮〉《매일신보》 1928년 9월 15일.

50 아악사장 1명, 아악사 2명, 아악수장 8명, 아악수 31명, 아악수보 21명, 아악생 18명, 감독 겸 1명이다. 연주는 아악수장, 아악수, 아악수보가 담당하였다.

4. 궁중 밖의 궁중음악과 친일음악 활동

아악부는 이왕가에 필요한 연주를 하는 것이 주된 목적이지만, 일본 궁내성과 조선총독부의 관리하에 있기 때문에 업무가 맡겨지면 수행해야 했다. 조선총독부 관련 행사에서 연주하거나 일본까지 출장도[51] 감수해야 했다. 점점 시간이 지날수록 여러 관제 행사에 동원되는 일이 많아졌다. 여기에서는 아악부의 대표적인 친일행적을 보여주는 부민관과 조선신궁 관련 음악 활동을 살펴보겠다.

1) 이왕직아악부와 부민관

아악부가 부민관에 출연했다. 다음 〈표 3〉에 보이듯이 일제강점기 동안 4번 이 무대에서 공연했는데, 모두 전시체제기에 해당한다. 그중 두 번은 단독 공연이고 나머지는 특별출연이었다.

〈표 3〉 아악부 부민관 공연일정

날짜	공연명	공연목적
1938. 10. 6.	이왕직 아악연주회	이습회 6주년 기념
1940. 2. 13.	기원2600년 봉축 아악과 가무의 밤	일본기원 2600년 기념
1940. 11. 9.	기원2600년 기념 관민초대 아악연주회	이습회 8주년 기념 기원2600년 기념
1945.5.29.~30.	조선음악대연주회	일본음악협회 주최

출처: 이수정, 앞의 글, 2016b, 243~247쪽.

51 아악부는 1924년 1월 교토에 가서 歌舞會 소속 교사에 궁중정재를 전수했다. 교토에서는 1924년 3월 30일부터 5월 20일까지 '한일합병 15주년 기념'·만국박람회 참가 오십년기념 박람회가 열렸다. 조선의 궁중정재를 기반으로 미야코오도리를 만들 계획을 세워, 아악부를 불러 공연을 시키고 조선의 궁중무용을 전해 받았다.

1938년 열린 '이왕직아악연주회'는 이왕직이 만들어진 이래 가장 큰 규모로 열린 대중 공연이었다. 이 연주회는 언론에서 '아악연주회' 또는 '아악공개연주'라고 소개하였는데, 아악부에서는 '이습회肄習會 6주년 기념연주회'라고 서로 다르게 말하고 있다. 아악부가 말한 이습회는 원로연주자의 연주를 직접 감상하고, 후배 연주자의 기량을 향상시키기 위한 목적으로 매주 열리는 공연이다. 이습회 6주년도 기념할 만한 일이겠지만, 그동안 5·10주년 기념 및 100회 기념 이습회처럼 기념할 만한 행사는 모두 아악부 연주실인 일소당에서 거행했기 때문에 이러한 목적의 공연이라기엔 무리가 있어 보인다. 게다가 아악부에 큰 관심을 기울이지 않던 언론에서 이 공연을 일제히 대서특필했다. 음악가 계정식은 "아악공개 연주를 듣고"라는 글을 발표했다.

> 수천 년 이래로 구중궁전에 깊이 묻혔던 아악이 현대의 변천을 따라 이제 대중 앞에 공개연주를 하게되매, 금석시죽포토혁목의 악기라든시, 휘황잔란한 악사들의 복장이라든지가 수천 년 수백 년의 태평시대의 구중궁궐을 연상케 되니 이야말로 유사 이래로 드문 기록인가 한다. (대정12년에 한 번 있었다 한다) 속인이 감히 듣지 못하는 아악의 공개연주인 만큼 아악의 음률에 취하기 전에 벌써 우리의 시각을 황홀케 하는 바 있으니, 경주의 옛 도읍을 위시한 각처에 산재하여 있는 조형예술의 유물이 우리에게 인상을 주는 바와 같은 우아한 느낌 속에서 자매예술인 고대 음악문화를 접하게 되니 황홀경에서 나는 다시 신비경으로 유현경으로 들어갔다.[52]

작품은 조선의 명승지와 일본의 명소를 무용으로 만들었는데, 전체 8장 중 조선궁전·평양의 모란대·금강산 단풍 장에서 조선색을 보이고자 궁중정재를 사용한 것으로 보인다. 게다가 이 행사에는 히로히토[裕仁] 황태자 결혼식 축하, 일본 부흥 1년을 기념하겠다는 의미도 있었다.

52 계정식, 〈아악공개 연주를 듣고〉 《조광》 4-12, 1938, 215~217쪽.

위의 글에서 아악부의 연주가 '현대의 변천을 따라 이제 대중 앞에 공개' 되며, '속인俗人이 듣지 못하는 아악'이라고 하여, 대중에 처음 공개된다는 점을 강조하고 있다. 또 이 공연에 대해 음악가 이종태李鍾泰, 아악사장 함화진咸和鎭, 국문학자 이병기李秉岐 등도 '구중심처에 숨어있던 천고의 비곡祕曲이 처음으로 가두街頭에 진출' 하였다고 말하고 있다. '다이쇼[大正] 12년(1923)에 한 번' 있었다는[53] 보충 설명까지 하여 이전에 한 번 정도 공개되었을 뿐이라고 강조하고 있다. 하지만 앞서 살펴보았듯이 아악부는 1920년대부터 이미 여러 장소에서 공개 공연을 하고 있었고, 1928년부터는 한 달에 몇 번 정기적으로 라디오방송에 출연하고 있었다. 또 유성기음반 《조선아악》(1928)이 발매되어 일반인에게도 판매가 이루어지는 등 대중은 이미 매체와 연주회를 통해 아악부의 음악을 접하고 있는 상황인데, 이날 처음 공개된 것처럼 말하고 있다.

그렇다면 일제는 왜 아악부에 부민관을 대관해 주고 대서특필한 것일까? 다음 〈표 4〉의 1938년 10월 6일 아악연주회 공연 내용을 살펴보면 이 연주회를 추켜세운 이유를 짐작할 수 있다.

〈표 4〉에서 가장 먼저 눈에 띄는 곡은 시작 곡과 마지막 곡이다. 전시체제기 황음화 정책이 실시되면서, 모임이나 행사에서 '국가' 즉 〈기미가요〉와 〈우미유카바[海行かば]〉를 연주하거나 부르는 일은 비일비재했다. 따라서 아악부의 공연에 이 곡이 포함된 것이 특별한 일은 아니라 생각할 수 있다. 그런데 〈기미가요〉와 〈우미유카바〉에 '아악으로[於雅樂ニ衣リ]'라는 설명이 첨부되어 있어서 아악부가 두 곡을 연주했다는 점을 알 수 있다. 조선의 궁중 악기로 일본국가를 초연하는 연주회였기 때문에 대대적인 공개 연주를 개최한 것이라 할 수 있다. 그리고 이 모습은 음악으로 내선일체를

53 1922년 공회당에서 열린 '이왕직아악연주회'이다.

〈표 4〉 아악연주회 공연 프로그램

연주곡목	구분	연주자
國歌(於雅樂ニ衣リ)	관현악	부원일동
봉황음(全)	관악	대금 김영윤, 가야금 이창규
오운개서조(6·7장)	현악	김천흥 외 9인
수룡음(界樂)	피리독주	피리 이용진
만년장환지곡 (言樂 羽樂 編樂 編數)	歌樂	남창 이주환, 여창 박창진, 현금 성경린 대금 임장길, 해금 김천흥, 장고 김선득
요천순일지곡(全)	당적독주	당적 봉해룡
염양춘(弄)	笙簫	생황 박창균, 단소 김천흥
정상지곡(下·念·打)	현악	장사훈 외 5인
건곤가(全)	歌詞	詞 이병성, 대금 김계선
만파정식지곡(全)	三奏	피리 이재천, 당적 봉해룡, 운라 이주환
유초신지곡(上)	대금독주	대금 김계선
장춘불로지곡(一·二)	합악	박성재 외 14인
수제천(處容舞)	관현악	김경룡 외 14인
海行かば(於雅樂ニ衣リ)	관현악	부원 일동

출처: 국립국악원, 《구왕궁아악부 이습회 연주곡목》, 2015, 114~117쪽.

구현하는 일이었다. 두 곡은 아악부 음악 촉탁으로 재직하고 있던 이종태가 편곡하고 지휘하였다.[54]

또 공연 프로그램을 살펴보면 공연 내용이 변화되었음을 알 수 있다. 전통적인 궁중음악의 범위를 넘어, 가곡 〈만년장환지곡-언락·우락·편락·편수〉와 가사歌詞 〈건곤가〉 같은 민간음악도 연주하였다. 연주방식도 전곡을 연주하지 않고 장을 나누어 짧게 연주하고 있다. 궁중이나 민간에

54 이종태는 시국 가요 작곡 및 친일단체 행적으로 《친일인명사전》에 등재되었다(이수정, 앞의 글, 2021, 54쪽).

서는 음악을 느긋하게 즐기곤 했는데, 무대는 제한된 시간 내에 연주를 끝내야 했기에 장별로 나누어 연주한다. 악기편성도 원래 관현합주로 연주하던 것을, 악기별로 나누어 독주, 병주 또는 삼중주로 구성하거나 기존에 볼 수 없던 피리·당적·운라 삼중주 같은 완전히 새로운 편성도 시도하였다. 아악부 안팎에 음악적으로 많은 변화가 있었음을 살펴볼 수 있다.

게다가 1919년 설립된 아악부가 20여 년이 경과하자, 장악원 출신 연주자는 물러나고 이왕직아악부원 양성소 3기와 4기 졸업생이 대표 연주자로 활약하는 등 세대교체가 이루어졌음을 이 연주회를 통해 생생하게 볼 수 있다.

다음으로 1940년 부민관 공연을 살펴보자. 2월 13일에 열린 '황기 2600년 봉축의 밤', 11월 9일에 열린 '기원 2600년 기념 관민초대 아악연주회'가 열렸다. 일제는 1940년을 일본 기원紀元 2600년이 되는 해(기원절)라고 하였는데, 이를 축하하기 위한 행사가 여러 번 열렸다. 두 번의 아악부 연주회도 그 행사의 일환이었다. 일본에서는 1935년부터 '기원 2600년 축전 사무국'을 발족하여 일찍부터 준비하였고, 약 1만 4,000건의 축하대회와 행사를 개최했었다. 봉축식, 축하 음악 작곡, 축하 음반 제작, 축하음악회, 창가 작품 현상모집, 전람회, 비행기헌납, 군함헌납 모금을 수년에 걸쳐 지속적으로 벌려 기원절 축하 분위기가 꺼지지 않도록 하였다. 일본 내에서뿐 아니라 조선에서도 관련된 행사를 벌여 분위기를 고조시켜 나갔다.

기원절 당일인 2월 11일은 부민관에서 본식과 행사가 열렸지만, 당일을 전후해 몇 달동안 많은 행사와 공연이 열렸다. 그중 2월 13일에 열린 '황기2600년 봉축의 밤'을 살펴보자.

> 황기이천육백년의 빛나는 해를 봉축하기 위하여 조선방송협회에서는 오는 십삼일 오후 여섯시 반부터 부내 부민관에서 '기원 이천육백년 봉축아악과

가무의 밤'을 개최하기로 되었다. 특히 이왕직아악부에서 신작 봉축곡인 〈기원절가〉·〈황기2600년 송축가 황화만년지곡〉을 비롯하여 〈만파정식지곡〉·〈유초신지곡〉·〈처용무〉를 소개하게 되엇스며 이외에 조선 춤의 명수 한성준 씨의 〈학춤〉과 여러 가지 노래며 영화가 공개하게 되었다.[55]

위 기사에서 아악부만의 단독 공연이 아니라 한성준韓成俊의 춤, 노래, 영화상영 등이 있었다. 공연에서 주목되는 점은 연주곡의 명칭이다. 아악부에서 원래 연주하던 레파토리로 〈만파정식지곡〉·〈유초신지곡〉과 〈처용무〉도 있지만, 〈기원절가〉와 〈황기 2600년 송축가 황화만년지곡〉이라는 곡이 포함되어 있다.

〈황화만년지곡〉은 기원절을 기념하기 위해 이능화李能和가 '천황의 교화가 만 년 동안 이어지기를 바라는' 내용의 〈황화만년지사〉를 작사하고, 여기에 곡을 붙인 것이다. 이왕직에서는 이능화의 시를 아악부원에게 주어 작곡 현상모집을 하였고, 아악수 김기수金琪洙가 당선되었다. 아악부에 작품을 의뢰한 것은 '조선 궁중음악풍'으로 작곡하여, 아악부원이 아악기를 가지고 연주하기를 바란 것이었을 터인데, 그 의도에 따라 작곡하고 연주하였다.[56] 그리고 1940년 2월 13일 초연되어 부민관에서 연주하였다. 일본기원 2600년 기념 헌정곡인 셈이다. 이후 〈황화만년지곡〉은 광복 직전까지 일본의 기념일마다 연주되었고 라디오로 실황 중계되었다.

55 〈봉축아악 조선방송협회주최 부민관에서〉《조선일보》 1940년 2월 11일.

56 이수정, 앞의 글, 2016a, 243~247쪽.
국악계에서는 〈황화만년지곡〉을 최초의 창작국악곡이라고 한다. 광복 이후 이 곡은 한 번도 연주 또는 연구되지 못하였고 전체 악보도 공개되지 않았기 때문에 '국악적'인지 밝혀진 바가 없다. 다만 처음 오선지에 작곡했다는 이유로 '창작국악'으로 인정하고 있다.

그리고 1940년 11월에 부민관에서 이 곡이 다시 연주되었다. 11월 9일에 '아악연주회' 또는 '관민초대 아악연주회'가 열렸다. 앞서 언급했듯이 1940년은 기원2600년 기념행사가 계속됐는데, 특히 11월은 명치절(메이지 천황의 생일, 11월 3일)이 있어서 더 많이 열렸다. 경성부와 국민총력조선연맹에서는 축하 분위기를 이어가기 위해 가정마다 축등祝燈을 매달게 하였고 관련 영상을 촬영하여 영화로 남겨 기록하였다. 다양한 '봉축의 밤' 행사를 열었는데, 경성부민을 위한 봉축의 밤 행사에는 아악부의 이 연주회가 포함된 것이다.

봉축의 밤에서 열린 아악연주회에도 "아악을 일반에 공개하기는 일찍이 대정 11년(1922)에 장곡천정 공회당에서 연주한 일이 있고 그 후에는 소화 13년(1938) 10월 6일 부민관에서 연주한 후 이번이 세 번째인데 이 궁중 비악秘樂의 연주야말로 2600년의 뜻깊은 해를 장식하는 성사"[57]라고 소개하고 있다. 이 내용 역시 잘못된 내용이다. 특히 세 번째라는 극장 공연 숫자는 오류이다. 아악부는 부민관 건립 이전에 경성을 대표하는 공연장이었던 공회당에서 이미 세 차례 공연한 전력이 있다. 1921년 9월 10일 명완벽 입사회갑 기념연주회, 1922년 11월 8~9일 이왕직 아악연주회, 1923년 5월 25일 음악대연주회이다. 아악부의 극장 공연이 많지는 않았지만 그렇다고 하여 없었던 것은 아닌데 특별히 공개한다는 뉘앙스를 풍긴다. 내용을 살펴보면 아악부의 공연이 특별한 것이 아니라 '특별한 내용'이 있어서 특별한 대우를 받은 것이었다.

봉축의 밤 아악연주회 프로그램을 아래 〈표 5〉에 정리하였다. 지난 2월 기원절 무렵에 열렸던 '기원 2600년 봉축의 밤'에 초연했던 〈황화만년지곡〉을 재연하였고, 여기에 추가하여 〈황화만년지무〉라는 무용까지 만들

57 〈아악봉축연주 오늘밤 부민관에서〉《매일신보》 1940년 11월 9일.

〈표 5〉 1940년 11월 9일 아악연주회

연주곡목	구분	연주자
국가		아악부원일동
황화만년지곡	관현악	歌 광산철삼(김기수) 외 17인
수제천	관악	아쟁 왕본종진(왕종진)외 15인
승평만세지곡	현악	공후 성송청(성경린) 외 11인
수룡음	병주	생황 덕산정보(홍윤기), 단소 하도용일(봉해룡)
만년장환지곡	가악	남창 광강재천(이재천), 여창 산본진삼(박창진) 반주세악
황화만년지무	무악	中舞 덕산정보 외 8인
휴식		
장춘불로지곡	합악	피리 신곡초부(김보남) 외 10인
만파정식지곡	관악	대금 하서길수(유길수) 외 6인
수양산가	가사	詞 대림영부(김천룡) 반주4인
요천순일지곡	독주	대금 김본계선(김계선)
수연장지곡	합주	피리 국본용진(이용진)외 20인
처용무	무악	중무 광산철삼 외 4인 반주 관악(봉황음 수제천)

출처: 국립국악원, 《구왕궁아악부 이습회 연주곡목》, 2015, 151~154쪽.
비고: 괄호 안은 창씨개명된 연주자의 본명.

어 선보였다. 〈황화만년지무〉는 내용에 대해 알려지지 않아 자세히 알지 못하지만, 이 두 작품을 무대에 올려 선보이는 행사를 벌인 것이다. 이밖에 가곡과 가사 같은 민간음악까지 연주하면서 '아악'이라는 장르를 구축하였다. 아악부는 궁중음악만 연주하던 단체에서 벗어나 민간음악, 일본음악, 창가음악까지 연주 영역을 넓히면서 음악 단체로 변모하였다.

이왕직이 시작되면서 변화는 예고되었지만, 아악부 음악적 변화도 시간이 지나면서 서서히 확장된 것이다. 아악부는 일제 35년 동안 한 번도 쉬지 않고, 공연 활동을 지속하였다. 그런데 정식 무대에서 이왕직아악부가 단독으로 공연한 것은 5회 이내에 불과할 정도로 많지 않았지만, 아악부가 부민관 무대에 오를 때마다 황국신민화 정책과 관련된 활동을 하며 정치적인 목적에 본격적으로 동원되는 양상을 보여주었다.

2) 이왕직아악부와 조선신궁

(1) 조선신궁의 조선아악

1925년 6월 남산 중턱에 조선신궁이 문을 열었다. 1912년부터 계획을 세워 준비하다가 1920년 공사에 착수하여 1925년 완공하였다. 처음엔 조선신사라고 명명하려 했으나, 1925년 내각 고시에 따라 사격을 관폐사급으로 올리면서 '신궁'으로 격을 높이고, 제신으로 아마테라스 오미카미[天照大神]와 메이지천황[明治天皇]을 안치하였다.[58] 조선신궁에는 일반 신사에서처럼 농사가 잘되길 기원하는 기년제祇年祭, 추수감사와 풍년을 기원하는 신상제新嘗祭, 가장 큰 행사인 예제例祭 등 큰 규모의 제사와 일본 기념일과 명절, 조선 통치를 기념하는 시정기념제施政記念祭 및 신궁을 향해 절하는 궁성요배 일정까지 제사와 행사가 짜여있었다.

그중 예제는 조선신궁에서 올리는 가장 큰 제사이다. 일본 궁내성에서 예제를 관장할 칙사勅使를 직접 파견하였고, 칙사가 오지 않는 해에는 조선총독이 이를 대신하였다.[59] 예제에는 이왕가의 왕족과 귀족, 중추원과 조선총독부, 군사령부 관리, 각급 학교 교장, 기관장과 일반 참배객 수천 명이 참석하였다.[60]

문을 연 다음 해인 1926년 열린 예제에 아악부의 연주가 도입되어 주목을 끌었다. 조선신궁에서 제사는 본전에서 진행하고, 일반 참배객은 배

58 이 장은 이수정, 앞의 글, 2019a의 내용을 참조하였다.

59 일본에서 掌典이 해마다 오기는 어렵기 때문에 5년에 한번씩 파견되었다(朝鮮神宮權宮司 吉田貞治, 〈朝鮮神宮例祭の 年中祭祀〉《朝鮮》269, 1937, 41~43쪽).

60 官弊大社朝鮮神宮事務所, 《朝鮮神宮年報》1935, 46~65쪽.

전拜展까지 접근하여 축원을 빌었는데 배전에 '여흥'이라고 불리는 다양한 볼거리를 마련하여 참배객에게 제공하였다. 조선신궁 예제에서는 배전의 여흥을 아악부가 담당했다. 예제 다음날 공연했기 때문에 '신궁제전 후 오케스트라'라고 하였다. 아악부는 1940년대까지 예제에서 〈표 6〉과 같은 곡을 연주했다.

〈표 6〉 조선신궁 예제에서 이왕직아악부 연주곡

연도	연주곡							
1926	迎神樂	初獻樂	奠幣樂	亞獻樂	景籙無疆之曲	壽齊天	堯天舜日之曲	萬波停息之曲
1928	保太平之樂	定大業之樂	凝安之樂	長春不老之曲	重光之曲	鳳凰吟	堯天舜日之曲	萬年長歡之曲
1930	保太平之樂	凝安之樂	咸寧之樂	雨淋鈴	壽齊天	會八仙	其壽永昌之曲	-
1931	保太平之樂	凝安之樂	鳳凰吟	呈祥之曲	萬波停息之曲	堯天舜日之曲	長春不老之曲	-
1936	保太平之樂	凝安之樂	壽齊天	呈祥之曲	萬波停息之曲	金殿樂	長春不老之曲	-
1937	保太平之樂	雨淋鈴	鳳凰吟	凝安之樂	堯天舜日之曲	萬年長歡之曲	壽延長之曲	-
1939	朝鮮雅樂과 舞樂							
1941	舞樂							

출처: 이수정, 앞의 글, 2019a, 95쪽; 《朝鮮神宮年報》, 관폐대사조선신궁사무소, 1938, 45쪽.
비고: 초록색은 제례악 곡목.

아악부의 배전 여흥은 연주회 프로그램처럼 구성하였는데, 종묘제례악과 문묘제례악 및 각종 연례악곡과 가곡 〈만년장환지곡〉까지 포함되었다.

먼저 제례악 곡명을 살펴보면 〈영신악〉·〈초헌악〉·〈전폐악〉·〈아헌악〉·〈보태평지악〉·〈정대업지악〉·〈응안지악〉이 연주되었는데, 세분하면 종묘제례악 곡으로 〈보태평지악〉·〈정대업지악〉, 문묘제례악 곡으로 〈응안지악〉이 사용되었다. 〈영신악〉·〈초헌악〉·〈전폐악〉·〈아헌악〉 이상 네

곡은 제례 순서와 곡명을 같이 사용하기 때문에 종묘제례악인지 문묘제례악인지 정확하게 구분할 수는 없다. 다만 1926년 연주곡인 〈영신악〉에 대해 "영신악은 500년 전 이조 세종조의 문묘대제에서 신을 신위神位에 맞이하고자 연주"[61]한다고 하여, 첫 곡이 문묘제례 '영신악'에 해당함을 알 수 있다. 또 "신악神樂은 이조 세조 때에 새로 제정한 것으로 종묘신宗廟神을 제사할 때 연주한다. 전폐악은 영신악과 동시에 문묘 전폐 때에 연주하는 것처럼 장엄하다."[62]라고 언급한 기록이 있어서 종묘제례 전폐에 해당한다고 볼 수 있다. 1928년 연주곡에 〈보태평지악〉·〈정대업지악〉·〈응안지악〉의 순으로 된 것으로 보아 '전폐-보태평지악, 아헌-정대업지악'으로 대비해 볼 수도 있다. 따라서 1926년의 '영신-초헌'은 문묘제례악, '전폐-아헌'은 종묘제례악으로 판단된다. 이후 1930년대는 제례악의 비중을 줄여 종묘제례에서 〈보태평지악〉, 문묘제례에서 〈응안지악〉을 사용하였고 1939년부터는 조선무악까지 공연했다.

예제에 제례악을 사용한 것은 매우 의도적이며 계획적인 것으로 판단된다. 제례악이 신을 위한 음악인 것은 조선과 일본이 모두 같다. 위 인용에서 볼 수 있듯이 일본은 종묘제례악은 '종묘신宗廟神'에 제사하는 음악이며, 영신악에 대해 '신을 맞이한다', '신악神樂'이라고 여기고 있다. 조선에서 이 두 제례악이 가진 사회적 맥락을 정확히 파악하고 있었다는 뜻이다. 그

61 〈神宮例祭に 朝鮮雅樂〉《조선신문》 1926년 10월 9일, "曲目は 迎神樂, 初獻樂 奠幣樂, 亞獻樂等の 祭祀の樂と 景籙無彊之曲, 壽齊天, 堯天舜日之曲, 萬波停息之曲 等の 享樂樂お 差加へておめ るで. 其 迎神樂は 約五百年前の 李朝 世宗の朝に故て 文廟大祭に 神お神位に迎へ 奉る奏樂て神社祭式態扉にふさはしく 壽齊天の如きは 千三百餘年前 昔新羅王朝の宴樂で誇るべき東洋音樂のオーケストラであらう."

62 〈往昔を偲ぶ典雅な演奏披露, 雅樂部長を迎え李王職に行はる〉《조선신문》 1926년 2월 20일, "神樂は李朝世祖の時に更加考定したもので宗廟神の時に奏する奠幣樂は迎神樂と同時につくり文廟 奠幣の時に奏するもので共に莊嚴である."

런데도 일본 신을 위한 예제에 조선 신을 위한 곡으로 축하연주를 하도록 계획한 것이다.

조선신궁에 사용할 음악을 제정할 때부터 음악에 정통한 전문가가 개입하였다. 1926년 2월 일본 궁내성에서 미가구라[御神樂] 전문가가 조선신궁을 방문했다. 궁내성 악부 악부장樂部長 다케이 모리시게[武井守成]와 악사樂師 오노 타다토모[多忠朝]·오노 타다쇼쿠[多忠植]이다. 궁내성 악부 최고 책임자인 악부장 일행이 직접 방문하여 대외적으로 조선고악朝鮮古樂을 연구할 목적이라 밝혔지만, 근본적으로는 조선신궁 가구라 제정을 위해 파견된 것으로 보인다.[63] 그리고 이들이 밝힌 조선고악 연구도 조선신궁과 밀접하게 연관되어 있었다. 다케이 악사장은 조선 도착 인터뷰에서 '조선 고악 연구', '조선 아악 연구'에 관심이 있다고 밝히고 아악부에서 조사를 개시했다. 아악부에서 〈영신악〉·〈전폐악〉·〈수제천지곡〉·〈경록무강지곡〉·〈정상지곡〉·〈요천순일지곡〉·〈만파정식지곡〉 연주를 감상했다 한다. 그런데 그가 감상했다는 곡목과 〈표 6〉의 1926년 예제 연주곡이 거의 일치한다. 게다가 다케이가 '조선아악'에 관해 밝힌 견해를 보면 그의 방문 의도가 명확하게 드러나 있다.

東洋民族의 血管에 律動하는 古代情調 近接하는 內鮮雅樂

쇠폐하야 가는 것을 보존코자 후계자 양성에 노력할터다

(전략) 조선아악에 대한 윤곽을 잡어가지고 연구하여보려 하노라. 이제 다시 말할 것도 없거니와 내지[일본]의 아악은 지나(china, 중국, 필자 설명)로부터 조선을 구경하야 내지에 수입한 것인데 아악에 대한 '리즘(ism, 주의, 필자 설명)'과 그 형식 등이 그간의 많은 역대를 지나 금일에 이르도록 아직 변치않

63 가구라 제정과 관련된 사항은 이수정, 앞의 글, 2019a 참조.

은 곳이 있는 것을 보면 아악에 깊은 관계를 가지고 있는 우리들은 우선 조선 아악에 대한 연구가 제일 필요하다고 하노라. 내지 고유의 아악을 접근하는 동시에 점점 쇠폐하여가는 조선 고대의 예술을 엇더케하던지 보존하여가고 십다. 그에 대하여 재정문제가 있을 것이나 제일로 아악계에 후계자를 양성하지 않으면 안될 줄로 안다. (중략) 이왕직에서도 다행히 아악에 대한 여러 가지 준비가 있는 모양이니 이번에 이러한 아악에 윤곽을 잡어 가지고 아악에 관한 역사를 연구하야 아악을 일반적으로 보급시키려 하노라[64]

아악부의 아악을 '내선아악内鮮雅樂'으로 삼아 식민동화정책에 활용하겠다고 떳떳하게 밝히고 있다. 아악이 한·중·일에 공존하는 점을 들어 동양민족의 공통 음악 정서이므로 조선아악을 잘 보급하여 음악으로 내선일체를 구현하겠다는 의지를 밝혔다. 또 아악이 중국에서 시작하여 조선을 '구경'하고 일본으로 왔다고 업신여기고, 조선 음악이 '변치 않은' 것이 발달 되지 않은 비문명적인 행동인 양 낮추어 말하고 있는데, 이는 다케이 만의 시각이 아닌 일본이 조선문화를 평가하는 시각이기도 하다.

일제강점기 궁중음악은 여러 장소에서 연주되었다. 그러나 제례악의 경우는 제사의식을 하면서 신에게 바치는 것이기에 종묘·문묘 등 공간을 떠나서 연주된 적이 없다. 문묘제례도 1911년부터 일반 공개하여 대중이 접할 기회가 있었지만, 대성전이라는 공간을 떠난 적은 없었다. 특히 종묘제례는 왕실 내부제사이므로 외부인이 참석할 수 없었기 때문에 이전까지 단 한 번도 외부에 공개된 적이 없었다. 1926년 조선신궁 예제 연주가 종묘제례악과 문묘제례악이 궐 밖을 나온 첫 번째 사례이며, 종묘제례악은

64 〈東洋民族의 血管에 律動하는 古代情調 近接하는 內鮮雅樂〉《매일신보》 1926년 2월 18일. 현대문으로 고침.

이때 처음 대중에 공개되었다. 왕실 제사에서 엄숙하게 사용되던 음악까지 의식에서 떠나 탈맥락화 된 무대 음악으로 재편되었다.

(2) 악대편성의 일본화

이제 궁중음악은 '만들어진 무대'에서 연주하는 일이 많아졌다. 박람회장이나 조선신궁 같은 야외무대를 비롯하여 부민관처럼 갖추어진 무대에서 공연했는데 무대 배치에 어떤 원칙이 있었는지 알려진 바가 없다. 무대 구성이나 악기편성, 참여 아악수에 관해 남아있는 자료가 없기 때문이다. 연주 장면이나 사진 및 신문을 통해 연주상황을 추정해 보고자 한다.

연주장면 중 가장 비상식적이라고 생각되는 장면이 조선신궁 예제이다. '조선신궁봉주실경朝鮮神宮奉奏實景'이라는 설명이 있는 오른쪽의 사진을 보면, 장소는 조선신궁 배전이고 주변에 참배객이 관람하고 있다.

악대 편성은 등가登歌 또는 헌가軒架가 아닌 단일 악대이고, 집박을 비롯하여 편종·편경·특종·특경·축·어·거문고·해금·아쟁·피리·대금·관악기와 좌고 등이 무작위적으로 겹쳐있는 것이 보인다. 앞서 아악부가 이곳에서 연주한 곡목을 살펴보았듯이, 종묘제례악-문묘제례악-연례악 순서로 연주했기 때문에, 이런 곡을 소화하려면 한 사람이 복수의 악기를 담당했을 것이다. 문묘제례악과 종묘제례악은 사용 악기가 완전히 다르기 때문이다. 사진에는 연주자 없이 바닥에 놓여있는 악기와 연주자 앞쪽에 놓인 여분의 악기가 관찰된다.

이런 배치는 어디에서 왔을까? 연주 인원을 16명으로 정했다는 보도가 있는 것으로 보면 나름의 원칙이 있었던 것 같다. 좀 더 자세히 살펴보면 첫 줄에 타악기, 가운데 현악기, 뒷줄 관악기가 배치되어 있다. 악기 구성이나 배치가 궁중음악에서 볼 수 없는 완전히 새로운 악기편성과 배치법이다. 궁중에서 악기 배치 원칙으로 삼는 음양오행에 벗어나, 전면의 대

조선신궁 배전에서 연주하는 이왕직아악부
출처: 山田早苗,《朝鮮雅樂器寫眞帖》, 1935.

상 또는 관객을 향한 배치를 하고 있다. 그런데 이 배치는 근대 무대의 오케스트레이션 방식을 염두에 둔 것도 아니다. 현악기를 타악기와 관악기 사이에 배치함으로써 작고 섬세한 현악기 소리가 묻혀서 들리지 않게 되어, 음향적으로 비효율적이다.

오히려 이러한 편성은 일본 아악에서 쉽게 볼 수 있는 간켄[管絃]과 유사하다. 간켄은 앞줄부터 타악기-현악기-관악기로 편성하며 16명이 연주한다. 일본 아악의 간켄과 조선신궁 예제의 악기 배치와 연주 인원이 동일한 점으로 보았을 때 다케이 악사장에 의해 만들어졌을 가능성이 크다. 아악부는 조선신궁에서 이러한 악기편성으로 광복 이전까지 정기적으로 공연하였다.

다음으로 아악부의 극장 공연의 무대배치를 살펴보면 다음과 같다.

오늘날 일본 궁내청 식부직 악부 간켄
출처: 宮內庁式部職 樂部 간켄 홈페이지(www.kunaicho.go.jp).

① 1928년경

② 1938년 부민관 수제천 연주

③ 1945년 부민관

④ 2010년 국립국악원 예악당 수제천 연주

아악부와 국립국악원 연주 장면 중 아쟁 관련 편성
출처: ① Andreas Eckardt, *Koreanische Musik*, Tokyo, 1930, p.2; ② 국립고궁박물관, 《조선아악》, 2014, 5쪽; ③ 朴榮根, 〈音樂: 民族音樂의 建設過程〉《국제보도》, 1948; ④ 국립국악원 아카이브(archive.gugak.go.kr).

극장이라는 공간은 음향적인 고려를 하여 전면의 관객을 향해 악기를 배치한다. 무대 앞에서부터 현악기-관악기-타악기 순이다. 그런데 아악부의 악기 배치 중 특이한 점은 '아쟁'의 위치이다. 아쟁은 궁중음악 악기편성에서 중심이 되거나 주목받는 악기가 아니었다. 아악부원양성소에 아쟁 전공자가 한 명도 없을 정도이다. 그럼에도 아악부에서 처음 무대 정중앙을 차지하였는데 이러한 편성이 나오게 된 유래에 대해 알 수 없다.

이러한 배치법은 일제강점기 내내 많은 연주곡에서 사용되었다. 1938년 부민관을 비롯하여 광복 후에도 이 배치를 사용하였다. 특히 광복 직후인 1945년 11월 4일 부민관에서 열린 '미군위문아악연주회'에서 보여준 무대 활용, 악기배치, 프로그램 구성은 일제강점기와 일치한다. 그리고 현재 국립국악원의 무대 구성에서도 이러한 편성이 유지되고 있다. 만들어진 무대에서 만들어진 연주 관행이 또 다른 의미에서 전통이 되어 답습되고 있는 셈이다.

5. 맺음말

일제강점기 아악부를 중심으로 궁중음악계 음악문화의 양상과 변화 과정을 살펴보았다. 국가의 안정을 상징적으로 보여주는 궁중의식과 음악은 조선왕조 500년 간 끊임없이 연주되었지만, 백성은 이 음악을 듣지 못하였다. 정해진 공간과 때에 맞춰 연주하는 기능 음악이기 때문이다. 일제강점기에 궁궐을 떠나 새로운 공간에서 왕이 아닌 대중과 만나게 되었고, 청중을 대상으로 한 무대 음악으로 재구성하여 궁중음악은 '궁중'이 아닌 '공공장소'에 맞도록 강제적으로 재편되었다.

궁중음악은 경복궁 박람회장, 창경궁 벚꽃 놀이장, 문묘 대성전, 부민관, 조선신궁과 같은 장소에 모습을 드러냈다. 라디오방송에도 출연하였고 음반을 발매했으며, 조선총독 관저, 유명인사의 방문 환영에 불려 다니며 연주했다. 아악부의 궁중음악은 대중적이며 정치적인 새로운 공간에 맞도록 변화해야 했다.

궁중음악은 조선왕조에서 국가와 왕실을 위해 노래하는 국가 음악이었지만, 일제강점기에는 이왕가만을 위한 음악으로 한정되었다. 그리고 아악부는 궐 밖으로 나가 경복궁 박람회와 창경궁 벚꽃놀이 가설무대에서 연주했다. 당시 청중들은 퇴락한 조선 궁궐에서 들어선 근대적이고 멋진 근대건축물과 화려한 전기불빛 아래에서 아악부를 만났을 것이다. 처음 보는 악기와 소리에 시청각적으로 큰 충격을 받았을 것이다. 1920년대 초까지만 해도 궁중음악은 기존에 있던 레파토리를 공간에 맞도록 악기편성과 곡 구성을 바꾸어 연주했다.

1926년 마지막 왕인 순종이 승하하자 왕 없는 왕실을 유지하되 운영기조가 바뀌었다. 아악부는 조선총독부를 비롯해 조선신궁과 부민관에서 벌어지는 관제 행사에 동원되었다. 일제는 이러한 장소에서 연주되는 궁중음악에 대해 '세계 유일', '궁중 비전', '1300년 전 신라음악', '500년 전 조선 세종의 음악'이라고 칭송을 하였다. 그리고 이 음악으로 일본을 위해 연주하게 하였다. 부민관에서는 궁중악기로 일본국가를 연주하고, 새로 일본을 찬양하는 〈황화만년지곡〉을 지어 부르게 하였고, 조선신궁에서는 일본신을 기쁘게 하였다. 내선일체와 황민화를 추진하는 일제에게 아악부의 존재는 확실한 내선일체의 표상으로 손쉽게 사용할 수 있었기 때문이다.

필자는 '일제는 왜 이왕직을 유지하였을까?' 하는 물음을 가지고 있다. 일제의 입장에서 조선왕실을 유지하려면 비용부담이 막대하고, 왕실이 존재하는 것만으로도 조선의 독립 의지에 희망의 맹아가 될 수 있기 때문이다. 3·1운동이나 6·10만세 운동의 기폭제가 왕실이었다는 점이 증명하듯 왕실은 일본에 큰 위험요소였다. 그러함에도 왕실을 유지한 데에는 500년 봉건사회에서 차지하는 왕의 존재를 일순간에 없앰으로 야기되는 위험을 예방하기 위해 치르는 기회비용으로 생각하였을 것이다. 조선 민중의 소요를 방지하고, 정신동화의 핵으로 삼아 식민통치를 원활하게 하기 위한 전략이 있었다고 여겨진다.

한편, 이렇게 대중을 만난 궁중음악은 음악적으로 인기를 끌지는 못했던 것 같다. 1936년 아악사장 함화진의 보고서에 따르면, "우리 아악의 평론을 종합하여 보면 이것을 듣는 이는 조선악은 조자調子가 너무 느리고 한가스러워서 자미滋味(재미)가 적고 졸음이 온다"는 말을[65] 들었다고 한다. 함화진은 이런 사람에 대해 '음악적 상식이 부족하고 예술적 가치를 모른다'고 평가했지만, 한편으로 궁중음악도 '개량'해야 하고 변화는 '시대 풍조에 저항할 수 없는 불가항력'이 아닐까 하는 고민을 하고 있음을 알 수 있다. 그 개량의 결과는 1938년 부민관 연주 모습이나, 아악기로 편곡한 〈기미가요〉·〈우미유카바〉·〈기원절가〉과 창작곡 〈황화만년지곡〉의 연주로 나타났을 수 있다. 이왕직아악부는 전통을 연주하며 변화를 수용하고 친일 행위를 하는 등 질곡의 시간을 보냈다.

광복 후 상황이나 공간이 바뀌면서 왜곡되었던 부분이 바로잡히고 자연스럽게 폐지되기도 했다. 하지만 여태 '창작 국악곡의 효시'는 〈황화만년지곡〉인 상황이고, 만들어진 음악내적 변화는 어디부터 어디까지인지 분명하게 알지 못한다. 아악부가 전통과 변화를 모두 연주했지만, 현대국악계에서는 전통만을 선택적으로 승계하였다. 친일과 왜곡으로 인한 궁중음악의 파행된 모습과 그 영향에 대한 논의가 아직 제대로 이루어지지 못하였다.

65 함화진, 〈樂部演奏會參觀所感〉《조선아악》(장서각 K3-590).

제2장

1910~1920년대 YMCA 음악회에서 상상한 '민족'

김은영(한국학중앙연구원 연구교수)

1. 머리말

한국에서 기독교청년회Young Men's Christian Society(이하 YMCA)는 1899년 가을, 조선 청년 150여 명이 상층 계급의 청년들을 포섭하기 위해서 일반 교회와는 성격이 다른 특수한 기관이 있어야 한다는 내용의 진정서를 선교사 언더우드Horace Grant Underwood와 아펜젤러Henry Gerhard Appenzeller에게 전하면서 태동하였다. 이에 YMCA 국제위원회는 질레트P. L. Gillett를 조선에 파견하였고, 1903년 10월 28일 서울 유니언회관Union Club에서 헐버트H. B. Hulbert의 사회로 윤치호尹致昊, 여병현呂炳鉉, 민영환閔泳煥, 김규식金奎植 등 37명의 인사들이 참석한 가운데 창립되었다.[1] 이어 1904년에는 이상재李商在, 남궁억南宮檍, 유성준兪星濬, 김정식金貞植 등 혁신운동으로 투옥된 인사들이 풀려나온 후 합류함으로써 YMCA는 한국 근대사에 있어 하나의 정치적 세력이 되있다.

한국 근대사에서 YMCA는 근대화를 위한 여러 가지 신문화운동을 전개하였다. '사중목적사업Fourfold Program'인 지·덕·체·사교의 훈련을 통해 근대적 시민사회의 주체를 길러내고자 했으며 종교활동과 교육활동, 체육활동 등을 통해 문화적 공론장으로 자리매김하고자 했다.[2] YMCA의 사업 가운데 가장 집중적으로 전개된 사업은 강연회[3]였지만 대중에게는 활동사

1 전택부, 〈월남선생과 기독교청년회: 종교활동을 통한 청년교육과 구국운동〉《나라사랑》 9, 1972, 45쪽.

2 장규식, 〈1920-30년대 YMCA학생운동의 전개와 일상활동〉《한국기독교와 역사》 27, 2007, 93~94쪽.

3 한국역사정보통합시스템(www.koreanhistory.or.kr)에서 1910년대 청년회를 키워드로 활동을 검색할 때 강연회의 비중이 압도적으로 많다. 1920년대의 통계는 전택부, 《한국기독교청년회운동사(개정판)》, 홍성사, 2017, 302쪽 참조.

진 환등회와 음악회의 인기가 높았다.

YMCA는 청년회 사업을 홍보하고 대중에게 친근하게 다가가고자 연주회·독창회·합창회·음악대회와 같은 다양한 음악 행사를 기획하였다. 일간지에 YMCA에서 열린 음악회와 관련한 기록은 회관 건물이 신축(1908)된 이듬해인 1909년부터 검색된다. YMCA 강당은 언제나 각종 집회와 강연회, 음악회를 보러 모이는 사람들로 북새통을 이루었고 1920년 경성공회당이 개관하기 전까지 음악회의 대부분이 이곳에서 열렸다. 초기의 음악회는 본격적 음악회라기보다 강연회나 연설회에 음악을 곁들이는 정도였지만 1920년대 초 YMCA에서 초청한 미국흑인성악단의 공연은 크게 화제가 되었다.[4] 최남선崔南善은 YMCA의 근대사적 공헌 가운데 음악회를 정착시킨 점[5]을 꼽을 정도로 YMCA에서 개최된 음악회는 상상으로만 존재했던 세계를 청각적으로 직접 경험하는 체험장이 되었다.

> 대저 양악의 반도 유입은 교회를 통하여 점진한 것이로되 그 일반적 보급은 오히려 遲遲한 감이 있더니, 기독교청년회를 말미암아 성악, 기악, 관현악의 독주, 2중주, 3중주, 4중주 등이 屢屢 실연함을 따라 양악 취미 및 양악 지식이 일반화하는 기운을 만났다. 특별히 동양을 내방하는 세계 일류의 악인 가수가 청년회의 소개로써 한국인의 이목에 그 신기를 고동한 예가 허다하여 이것이 반도에 있는 양악 발전에 큰 자극이 되었음은 물론이다.[6]

4 《동아일보》 1920년 7월 29일.

5 그가 꼽은 것들로는 ① 교양강연회 ② 토론회 ③ 환등회 ④ 음악회 ⑤ 직업교육과 사회교육 ⑥ 체육활동 ⑦ 농촌사업 등이다(전택부, 앞의 책, 2017, 225쪽).

6 최남선, 《육당 최남선 육필 원고》, 출판년도 미상, 고려대학교 도서관 소장본, 1쪽.

이외에도 해삼위학생음악단과 하와이학생음악단의 음악회도 화제를 모았는데, 이들의 음악회는 간도와 연해주, 미주 등에 거주하는 디아스포라 동포의 존재를 음악회라는 형식을 통해 알리면서 민족공동체의 일체감을 형성하고 독립운동의 필요성을 환기시키는 계기가 되었다. 이렇듯 YMCA에서 열린 음악회는 단순한 음악적 사건이 아니라 새로운 청각적 자극을 통해 글로벌을 체험하고 세계 인류와 민족 독립의 가능성을 환기시키는 계몽의 장場이었다.

그동안 YMCA에 대한 연구는 주로 역사학계에서 다루어왔다. 선행연구들은 대체로 YMCA가 한국 사회의 근대적 개혁을 주도하였고 강점 하에서는 민족운동의 중요한 세력 중 하나였다는 점에 주목하고 있다. 또 교회사 연구자들은 1930년대 이후 대부분의 한국교회가 신사참배를 하는 상황에서 YMCA 인사들의 변절을 지적하기도 했다.[7]

반면 음악학계에서는 서구음악의 수용사적 관점에서 YMCA를 간략히 언급해왔을 뿐 본격적 연구의 대상이 되지 못했다. YMCA의 초기 음악회는 음악 장르의 경계를 구분하기 어려운 혼종적 무대가 대부분이었다. 고악古樂과 금악今樂이 한 무대에 오르거나 연희와 음악, 무도와 음악이 결합되었고 때로는 각 교회의 찬양대와 서도소리 명인의 음악 장르가 혼재되는 등 전통과 근대, 식민지 근대와 서구적 근대의 모습이 뒤섞인 형식이었다. 이런 이유로 음악학계는 YMCA에서 열린 음악회를 전문음악회로 이행하는 과정으로 이해할 뿐 그 속의 역사적 함의에 주목하지 않았다. 최근 음악회가 열린 현장에 주목하는 연구가 축적되면서 YMCA의 음악회

7 김승태, 〈일제 말기 한국기독교계의 변질·개편과 부일협력〉《한국기독교와 역사》 24, 2006; 안종철, 〈중일전쟁 발발 전후 신사참배 문제와 평양의 기독교계 중등학교의 동향〉《한국문화》 48, 2009, 93~116쪽.

목록이 완성되고 있다.[8] 그러나 여전히 특정 장르만을 대상으로 하고 있어 당대를 포괄적으로 전망하는 데는 한계가 있다.

본 연구는 YMCA에서 열린 초기 음악회가 단순한 음악적 사건을 넘어 정치적·역사적 의미가 내포하고 있다는 점에 주목하여 다음과 같은 내용을 강조하려고 한다. 첫째, 지리적으로 YMCA회관은 조선인들이 밀집해 있는 북촌의 중심지 종로에 위치하여 식민지 조선 대중을 상대로 계몽운동을 전개하고자 한 계몽의 공간이자 '공'적 공간이었다.[9] YMCA는 종교적 목적에 의해 설립된 기관이었지만 개별 교회가 가진 종교적 기능을 초월하여 당대 사회에서 요구하는 시대정신을 제시하고자 했다. 둘째, 음악적 공간으로서 YMCA는 한국 근대음악의 요람이요 실험장이었다. 우리나라 최초의 전문음악인으로 기록되는 피아니스트 김영환과 바이올리니스트 홍난파는 YMCA 학관學館 출신이었으며, 동경 유학을 마치고 이들이 활동한 공간 역시 YMCA에서였다. 이외에도 1세대 양악인洋樂人 김인식·김형준·이상준, 조선정악전습소와 이왕직양악대의 후신인 경성악대의 주요 활동무대도 YMCA에서였다.

따라서 이 시기 YMCA에서 열린 음악회는 음악회를 구성한 인물과 프로그램, 음악 장르, 비평 등 음악적 영역뿐 아니라 음악회를 주최하고 후원하는 데 간여한 정치권력과 당대의 문화 담론 등 다양한 요인을 통해 포괄적으로 분석할 필요가 있다. 이에 본고는 YMCA회관이 신축되는 1908년

8 김희진, 〈한국의 근대 연주회장 연구〉, 한국예술종합학교 예술전문사 석사학위논문, 2011; 조윤영, 〈조선인 중심의 음악회장〉《음악학》 25-2, 2017, 115~165쪽; 금용웅, 〈일제강점기 주요 다목적 공간들에서의 공연양상: 전통음악공연을 중심으로〉《공연문화연구》 36, 2018, 603~648쪽; 김은영, 〈1930년대 식민지 조선의 음악공연양상 탐구: 『매일신보』를 중심으로〉《이화음악논집》 24-1, 2020, 7~70쪽.

9 식민지 시기 '공'의 개념에 대해서는 황병주, 〈식민지 시기 '공' 개념의 확산과 재구성〉《사회와 역사》 73, 2007, 5~44쪽 참조.

부터 1929년까지의 신문기사에 나타나는 음악회를 전수조사하여 그 목록을 정리하고 당대의 사회적 쟁점에 따라 음악회를 분류하고 그 특징을 분석하려 한다. 본 연구는 다음과 같은 내용을 논의할 것이다.

첫째, 한국 근대사에서 YMCA 창설의 역사적 의미와 교육기관인 YMCA 학관 음악과의 설립과정을 고찰할 것이다. 또 비슷한 시기에 설립된 상동청년학원 음악과 및 조선정악전습소와의 관계를 통해 1910년대의 음악문화 양상을 개괄할 것이다. 둘째, 3·1운동 전후의 세계정세와 식민지 지식인들의 문화 운동의 배경을 1920년대의 음악회를 통해 검토할 것이다. 이를 위해 1920년대 부르주아 민족주의의 사상적 배경으로 거론되는 개조론·동정론 등의 담론과 이를 배경으로 한 음악회와 미디어의 재현과정을 추적할 것이다. 셋째, 사회주의의 유행과 사회주의가 음악회에 반영된 사례를 고찰하고 그 의미를 분석할 것이다.

2. '황성기독교청년회'의 창설과 계몽으로서의 음악

1) YMCA의 창설과 서양음악의 부각

1903년에 창설된 황성기독교청년회YMCA[10]는 1900년대 전후 기독교를 통해 근대화를 추진하고자 했던 청년들의 적극적 설립 청원 운동에 힘입어 발족되었다. 한국 개신교의 수용을 자발적 민족교회의 형성과정으로 설명하고 있는 민경배는 YMCA의 창설과정에서도 한국 청년들의 적극적

10 '황성기독교청년회'는 1903년 10월 28일에 창설된 후 1913년 4월 '조선중앙기독교청년회'로 개칭된다. 본고에서는 YMCA로 통칭한다.

운동이 창설의 결정적 계기가 되었다고 평가한 바 있다.[11]

한국에서 '청년회'의 역사는 1896년 배재학당 내에 조직된 협성회協成會를 그 효시로 보고 있다. 협성회가 창립된 데에는 갑신정변의 주역인 서재필徐載弼의 역할이 컸다. 1896년에 미국 유학을 마치고 귀국한 서재필은 배재학당에서 세계지리와 역사·정치경제를 가르치면서 외국 학생들의 학교생활과 학생회 자치활동을 소개하였다. 윤치호도 배재에서 1897년부터 2년 간 과학개론과 천문학을 가르치면서 학생들에게 연설과 토론의 방법을 소개하였다.[12] 서재필이 협성회를 조직하는 데 있어 산파 역할을 했다면 윤치호는 학생회 운영의 실제적 방법론을 지도했다고 볼 수 있다.[13]

한편 '청년회'라는 용어가 신문 매체에 처음 등장한 것은 1897년 9월 5일[14]로, 감리교 선교사인 스크랜톤William B. Scranton이 세운 상동교회尙洞教會 내 청년회(Epworth 청년회)[15]를 통해서이다. 교회 설립자인 스크랜톤은 청년회를 반대하여 1900년경 해산시켰지만, 1903년 전덕기全德基에 의해 재설립[16]되면서 상동교회 청년회는 독립운동의 온상으로 주목받게 된다.[17]

11 민경배, 〈초기의 산업교육과 민족산업〉 《(개정판)한국교회의 사회사(1885-1945)》, 연세대학교출판부, 2008.

12 〈조선신교육측면사 배재교50년 좌담회(10)〉 《조선일보》 1934년 12월 4일.

13 배재백년사편찬위원회, 《배재백년사》, 배재학당, 1989, 68~69쪽.

14 〈청년회〉 《죠션그리스도인회보》 1897년 9월 8일.

15 엡윗청년회는 상동교회 이외에도 감리교회 청년회의 이름으로 감리교 창시자인 존 웨슬리의 출신지 엡윗(Epworth)의 이름을 딴 조직이다.

16 한규무, 〈상동청년회에 대한 연구: 1897~1914〉 《역사학보》 126, 1990, 71~113쪽.

17 상동청년회는 전덕기를 중심으로 이희영, 이상설, 이준 등을 비롯하여 상동청년학원 초대원장인 李承晩, 朴容萬, 鄭淳萬 등 이른바 '3만'이 모두 청년회에 관여했다. 그러나 이승만과 박용만은 각각 1904년 11월과 12월에 도미하여 이들의 연대는

이 무렵 1898년에 설립된 관립 덕어德語학교에서도 배재학당을 졸업한 신흥우申興雨가 유신회惟新會라는 학생회를 조직하였다. 1901년 신흥우는 인근의 영어학교 · 일어학교 학생들과 토론회를 주도하다 체포되어 3년 징역을 받게 된다.[18] 이 사건은 한국 역사상 학생운동만으로 정치 문제화된 최초의 사건으로 기록되는데, 이후 전덕기가 설립한 상동청년학원에서도 청년들에게 군사교련을 시키고 을사오적 살해 계획을 추진했다는 일로 일제의 감시를 받게 되면서 상동 출신의 인사들이 대거 YMCA로 피신하게 된다.[19]

이로써 신분적 질서 위에서 출발한 YMCA 조직 안에는 YMCA 설립 청원을 주도한 독립협회 및 배재학당 출신 인사들과 함께 상동파 등 애국단체 지도자들이 대거 연합세력을 구성함으로써 한국의 반봉건 사회운동에 적극적인 자세를 가질 수 있게 되었다. 그러나 YMCA가 창설되던 해부터 강조한 것은 실업교육이었다. YMCA의 상징적 인물인 윤치호는 "실업교육만이 선교부가 수행해야 할 유일한 종류의 교육"이라고 강조하며 "조선 청년이 쟁기를 잡는 것이 셰익스피어나 스펜서를 인용하는 것보다 더 바람직하다."고 표현하기도 했다.[20]

본격적 실업교육을 위해 YMCA는 1906년 10월, 실업교육을 전담할 인재로 캐나다의 그레그G. A. Greg를 청빙하여 교육과정인 '황성기독교청년회학관皇城基督教靑年會學館(이하 YMCA 학관)'을 개관하였다.[21] 그레그는 시대의

길지 못했다(한규무, 〈상동청년학원연구(1904~1913)〉《서강인문논총》 42, 2015, 421~423쪽).

18 《황성신문》 1901년 11월 22일.

19 전택부, 앞의 글, 1972, 45~46쪽.

20 윤치호, 《윤치호일기》 V, 국사편찬위원회, 1971, 357쪽.

21 〈기독청년회에 학관요지〉《대한매일신보》 1906년 10월 7일.

필요에 따라 여러 가지 제조 사업과 관련된 교육을 실시하였으며 영어와 음악, 성경도 가르쳤다.[22] 그는 임시교사를 세워 목공, 대장, 사진, 연공, 기공을 가르치기 시작하였다.

1908년 12월에는 YMCA 회관이 신축되었다. 조선인 거주지의 중심부인 종로에 자리를 잡은 회관은 3층 벽돌양옥으로 된 600평 건물이었으며, 회관 내에는 강당, 운동장, 교실, 도서실, 공업실습실, 식당, 목욕장, 사진부, 사무소 등의 시설을 갖추고 있었다.[23] YMCA의 활동이 왕성해지면서 회관 증축이 불가피해지자 1910년대부터 증축을 위한 모금계획이 진행되었다. 1914년 봄 실업부 건물이 완공된 후부터는 학관의 실업교육이 더욱 활성화되었다. 신축건물에 기계실을 설치하고 전기시설을 장만하면서 카비네트 제조실, 인쇄실, 양화점을 개설하고 교실에서는 설계, 산수, 성서를 교수하였다.[24]

1912년 11월부터는 YMCA 학관 특별과에 음악과가 신설되었다.[25] 음악과가 설치되기 이전부터 YMCA에서는 음악을 가르쳐왔다. 본인이 첼로 연주자[26]이기도 했던 그레그는 학생들에게 음악을 지도했고, 1906년 제중원의학교濟衆院醫學校 재학생이던 박서양朴瑞陽이 물리·화학 교사로 부임하면서 음악 지도도 겸하였다.[27] 1907년에는 〈학도가〉의 작곡가 김인식金仁湜이

22 〈故具禮九氏의 略歷〉《靑年》 1939년 12월호.

23 〈學校歷訪: 기독교청년회학관〉《매일신보》 1914년 3월 3일.

24 민경배, 앞의 글, 2008, 209쪽.

25 *G.A. Gregg's Annual Report for the Year Ending September 30, 1917*(전택부, 앞의 책, 2017, 225쪽 재인용).

26 청년회 소년부 주최 '신춘음악대회'에서 그레그는 첼로를 연주한다(《동아일보》 1922년 2월 2일).

27 박서양은 우리나라 최초의 7명의 의사 중 한 명으로 YMCA 연맹의 2대 회장이었던 에비슨에게 인정을 받아 제중원(세브란스)의학교를 졸업한 후 의사가 되었다. 다

음악선생으로 들어오게 되면서 YMCA 학관은 그레그·박서양·김인식을 중심으로 음악교육이 이뤄지게 되었고 이를 통해 학생들의 음악열도 높아졌다.

1912년 음악과가 신설되면서 YMCA 학관은 실업교육, 체육활동과 함께 기독교에서 강조하는 음악교육까지 포괄하는 실용적 교육체계를 완성할 수 있게 되었다. 음악과에서는 1914년에 처음으로 4명의 졸업생을 배출하였는데 한국 최초의 피아니스트로 알려진 김영환金永煥이 제1회 졸업생에 포함된다. 같은 해에 난파 홍영후洪永厚(이하 홍난파)도 YMCA 학관 중학부를 5회로 졸업하였다.

당시 사회에서 서양음악은 산업기술과 마찬가지로 근대의 학문으로 인식되고 있었다. 이미 1880년대 중반부터 선교사들에 의해 보급되기 시작한 서양음악은 교회와 기독교계 사립학교를 중심으로 수용되고 있었다. 1900년에 창설된 군악대[洋樂隊]가 서양악기로 〈대한제국애국가〉를 발표한 데 이어 정기적으로 파고다공원에서 각국의 애국가를 비롯하여 행진곡과 무도곡을 연주하여 서양음악이 대중화되는 데 큰 역할을 하였다.

YMCA에 음악과가 설치된 1912년을 전후하여 민간 교육기관에서 음악과가 연달아 설치된 것은 서양음악을 근대학문의 중요한 교과목으로 인식하고 있음을 보여준다. 가장 먼저 음악과가 설치된 곳은 상동청년회에서 운영한 상동청년학원[28]으로 1909년 야학 과정으로 음악과가 설치되

음의 기사에서 박서양은 제중원 의사이자 음악가로 소개되고 있다(〈제중원 의학박사음악사 박서양씨〉《매일신보》 1914년 6월 23일). 또 다음 기사에는 상동청년학원 음악과 교사로 소개되고 있다(《대한매일신보》 1909년 2월 23일).

28 상동청년학원은 전덕기에 의해 1904년 상동교회 내에 청년층을 위한 교육기관으로 설립된다(한규무, 앞의 글, 1990, 87쪽).

었다.[29] 1910년에는 이화학당에 4년제 과정인 대학과가 설치되면서 음악교육을 전문적으로 실시하게 된다. 1911년에는 조선정악전습소가 설치되면서 국내 유일의 조선악朝鮮樂과 서양악西洋樂을 교수하는 음악교육기관으로 주목받게 된다. 조선정악전습소는 1909년에 발족한 조양구락부調陽俱樂部의 후신으로 1911년부터 본격적 음악교육을 실시하였는데, 특히 조선악과는 당대 최고의 조선악 명인들이 대거 교사로 합류하면서 인기가 높았다. 조선악과는 현금·양금·가야금·단소 등이 전공으로 설치되어 있었고 서양악과는 성악과·악리과·풍금과·사현금(바이올린)과가 개설되어 있었다. 서양악과의 교사로는 YMCA 학관에서 창가를 가르치던 김인식을 비롯해 보조교사로 염광섭·하대홍 등이 있었다.[30] 조선정악전습소의 졸업생인 홍난파가 서양악과에서 성악 및 사현금을 전공한 후 조선정악전습소 교사로 활동[31]하였고, 조선악과의 졸업생 중에는 우리나라 최초의 제중원 7인 의사인 박서양(제2회 졸업, 가야금)과 홍난파의 큰 형인 홍석후洪錫厚(1913년 현재 현금과 재학생)가 포함된 것이 이례적이다. 이외에도 다수의 조선민요집과 잡가집을 낸 이상준李尙俊이 조선악과를 졸업하였다.

음악과의 설치과정에서 확인할 수 있듯이 김인식, 홍난파, 박서양, 홍

29 상동청년학원 음악과의 설립은 1909년 2월부터이다(《대한매일신보》 1909년 2월 16일·17일·18일). 이어 1909년 10월부터는 상동공옥소학교에서 음악 배우는 야학을 설치한다는 기사도 발견할 수 있다(《대한매일신보》 1909년 9월 7일).

30 장사훈, 〈한국 최초의 민간음악 교육기관: 조양구락부를 중심으로〉《여명의 동서음악》, 보진재, 1974, 41~78쪽.

31 홍난파는 조선정악전습소 제2회에는 성악과, 다시 3회에는 4현금으로 졸업했다. 그는 또 YMCA 학관에서 중학과 3년 과정(1910년 9월~1914년 3월)을 마쳤으니, 그는 이 두 기관의 교육과정을 동시에 다녔으며 졸업 후 두 기관의 교사가 되었다. 홍난파는 조선정악전습소 졸업 후 바로 서양음악과의 교사로 근무하였는데 1916년부터는 YMCA 학관의 교사가 된다(《매일신보》 1916년 9월 19일).

석후 등은 YMCA 학관과 조선정악전습소, 상동청년학원에서 공통적으로 발견되는 인물들이다. 초창기 YMCA 음악회에서 상동청년학원과 조선정악전습소 출신 음악가들의 출연이 빈번했던 것은 1세대 양악인들이 이 세 음악기관과 긴밀한 관계에 있었기 때문이었다. 특히 홍난파의 큰형인 홍석후는 박서양과 함께 YMCA 학관 교사로 활약하며 의사가 된 후로는 YMCA의 윤치호와 긴밀한 관계를 유지했다.[32] 윤치호의 일기에는 이들 외에도 김형준金亨俊, 김활란金活蘭, 임배세林培世, 박인덕朴仁德, 윤심성尹心聖, 윤심덕尹心德, 윤성덕尹誠德, 윤기성尹基誠, 독고선獨孤璇, 김합라金合羅, 한기주韓琦柱 등의 이름이 언급되고 있으며[33] 윤치호의 자녀 중 세 명인 은희恩姬와 보희寶姬, 그리고 기선琦善이 피아니스트였던 점도 주목할 만한 대목이다. YMCA가 초기 서양음악의 도입에 큰 역할을 했음을 짐작할 수 있다.

2) 1910년대 YMCA에서 열린 음악회 풍경

YMCA에서 열린 첫 음악회는 1909년 2월, 박서양이 이끄는 상동청년학원 음악과 학생들의 음악과 창가 연주로 기록된다.[34] YMCA의 초기 음악회는 음악회라기보다는 "쟈미있는 뎐람과 창가"와 같은 소제목으로 존재하는 경우가 많았다. YMCA 당국자들은 강연회나 연설회를 계획하면서 그것만으로 확보하기 힘든 대중을 유도하기 위해 음악회나 환등회와 같은 순서를 동반하였다.

32 홍석후와 박서양은 황성기독교청년회학관에서 1906년부터 교사로 일했다(《윤치호 일기》 1919년 1월 29일 및 박형우, 《금파 홍석후》, 연세대학교 출판부, 2008, 65쪽 참조).

33 윤치호 저, 김상태 편역, 《(개정판)물 수 없다면 짖지도 마라》, 산처럼, 2001 참조.

34 《매일신보》 1909년 2월 1일.

같은 해 12월에는 '자선연주회'가 열렸다.[35] 당시 음악회 프로그램을 구체적으로 알 수 없지만 "동서음악과 고금풍속"이라는 기사를 통해 전통음악과 서양음악이 혼재되어 있었음을 알 수 있다. 흥미로운 것은 '자선연주회'를 소개하는 기사에 음악회에 대한 정보보다 부인석을 특별석으로 만들었다는 것과 "(남녀가) 혼석하지 않도록 주의하라는 내용"이 더 강조되어 있다.[36] 행사를 주최하는 입장에서는 많은 청중이 모이길 기대하고 있었겠지만 수백 명의 젊은 남녀가 한 장소에 모이는 것은 당시의 사회적 관행에 비추어 여간 부담스러운 상황이 아니었다. 당시 극장을 드나들던 사람들은 주로 청년학생과 양반자제, 지식인층 그리고 부녀자와 기생과 같은 여성들로 이루어져 있었다. 1910년대 일간지에는 극장 안 풍경에 대한 의견들이 자주 표현되고 있었는데, 특히 남녀 구별 없이 모이는 근대식 공간에서 무너지기 시작한 가부장제 사회의 가치, 무너지게 된 성역할의 변화에 대한 불만들이 자주 실렸다. 특히 극장에 오는 여성 관객에 대한 냉소적 시선이 많았다. YMCA 당국자들이 음악회를 준비하며 부인회와 남자회가 따로 모이도록 날짜를 조정[37]하면서까지 당시의 여론에 민감하게 반응하고 있음을 확인할 수 있다.

1910년 6월에도 활화연극회活畫演劇會와 한일부인회가 공동으로 주최한 자선연주회[38]가 열렸다. 1911년 3월에는 상동청년학원 주최의 연주회가 있었는데 이 연주회에 조양구락부원과 서도소리로 유명한 허득선許德善[39]이 출연하였다. 1913년 5월의 음악회에서도 서양의 유명한 음악곡과

35 〈青舘演奏會〉《대한매일신보》 1909년 12월 16일.

36 〈青舘演奏 特別席〉《황성신문》 1909년 12월 15일; 《대한매일신보》 1909년 12월 15일.

37 《대한매일신보》 1910년 2월 22일.

38 《대한민보》 1910년 6월 9일; 《황성신문》 1910년 6월 11일.

39 허득선은 허덕선 이라고도 불리며 고종 때 김방울과 함께 서도입창의 창시자로 알

경성찬양회 주최 예수강탄축하음악회
출처: 《매일신보》 1915년 12월 25일.

코러스, 영산회상과 가곡이 결합된 무대였다.[40] 이와 같이 1913년까지만 하더라도 음악회는 조선악과 서양음악이 결합된 경우가 대부분으로, 아직까지 대중에게 익숙한 음악은 조선악이었지 서양음악만으로 음악회를 구성하는 경우는 드물었다.[41]

려진 인물이다. 서도선 소리꾼의 〈놀량사거리〉는 허득선에 의해 유창하고 경쾌한 음악으로 재창조되어 후대의 소리꾼에 전승되었다고 한다. 특히 허득선이 임기응변으로 공연한 곱새춤은 청중을 사로잡았다고 한다(송방송, 《한겨레음악인대사전》, 952쪽).

40 《매일신보》 1913년 5월 14일.

41 한국교회의 대표적 교회 중 하나인 평양 장대현교회에서도 교회 행사에서 베뱅이굿을 공연했고, 어전에서 춤추던 허득선과 김인호를 초빙하여 곱추춤을 추게 했다는 기록을 통해, 이 시기의 음악회에서 음악 장르는 중요한 기준이 아니었음을 확인

그러나 1914년, '경성찬양회京城讚揚會'에서 서양음악(교회음악)만으로 구성된 음악회를 시도하기 시작했다. 그 첫 무대는 1914년 12월 22일로 성탄절을 기념한 성탄축하음악회였다.[42] 1915년 8월부터는 본격적 활동을 시작하는데 음악회는 주로 합창과 독창, 독주 및 중주로 구성되었다. 《매일신보》에는 '경성찬양회'에 대해 "김인식을 중심으로 음악에 취미와 뜻이 있는 여러 청년들이 조직"했다고 기록[43]하고 있다. 당시의 기사를 종합하면, 경성찬양회는 김인식·이상준·김형준金亨俊·김영환·홍난파·이정희李貞熙·이제근李濟根·정대인鄭大仁·김천래金天來와 염정동찬양대廉井洞讚揚隊(새문안찬양대)·종교찬양대琮橋讚揚隊 등이 참여했음을 알 수 있다.[44] '경성찬양회'의 인물 중에 김인식과 이상준, 김형준은 1914년 10월 11일 새문안교회 집사로 선정[45]된 이래 새문안교회를 중심으로 음악활동을 하고 있었고, 특히 김인식은 새문안교회와 함께 감리교회인 종교교회 찬양대 지휘와 경성 시내 대부분의 학교에서 음악교사로 활동하였다.[46] 서양음악을 지도할 만한 사람이 한정되어 있던 상황에서 '경성찬양회'는 김인식을 중심으로 각 교회의 찬양대(성가대)와 기독교계 음악가들이 함께 연합하여 주로 교회음악을 보급하는 역할을 한 것으로 보인다.

1914년 12월 초에는 경성주재 각국 영사부인회가 주관하여 '백국동정음악회'가 열렸다.[47] 백국은 벨기에[白耳義]를 말하는 것으로 《매일신보》에서

할 수 있다. 자세한 내용은 길진경, 《영계 길선주》, 종로서적, 1980, 211~213쪽 참조.

42 〈청년회의 강탄제축하대음악회〉《매일신보》 1914년 12월 24일.

43 《매일신보》 1915년 8월 28일.

44 《매일신보》 1914년 12월 24일; 《매일신보》 1915년 12월 23일 참조.

45 《신문내교회제직회록》 1914년 9월 24일·10월 29일·12월 9일.

46 김인식은 1907년부터 황성기독교청년회학관 창가교사를 비롯하여 오성·경신·보성·진명·배재학교의 음악교사로 활동했다.

47 《매일신보》 1915년 11월 30일·12월 4일.

□연슈를맛치고……쇼창녀사의음악회

조선호텔에서 있었던 오구라 스에코의 음악회
출처: 《매일신보》 1916년 12월 21일.

可憐흔白耳義의慘狀

가옥은 덕군의포탄에지만남고 지산은 덕군의손에탈취되고 부형과가장은 젼장에 나가 그싱스는 죠석을혜아릴수업고 조국은 야만의덕군에게침로되야 여디가업다원망과눈물을먹음고 멀리타향에표류흐는 빈이의국의 로쇼남녀야말로 세상에불상 (上) 도성의운명이 죠석에핍박흐야 몸으로써 영국에피난코져「오스텐드」로향흐는 무수흔피난민(下)「오스텐드」에서 흔조각면보를엇어 주린입에 깃겁게뜻어먹는 가련흔아히들

가련한 벨기에의 참상
출처: 《매일신보》 1914년 12월 26일.

는 1차 대전 당시 일본과 적대국인 독일로 인해 폐허가 된 벨기에 소식을 사진과 함께 상세히 보도하고 있다. 이왕직양악대도 찬조 출연한 이 음악회를 통해 일제는 전쟁에 참전할 수밖에 없었던 이유를 정당화하는 한편, 식민지 조선인들에게도 독일에 의해 희생당한 벨기에의 고아와 과부에 대한 동정을 유도하고 있다.

1916년에는 오구라 스에코[小倉末子]의 음악회가 단연 화제였다. 베를린 음악원 출신 피아니스트 오구라의 음악회는 조선호텔에서의 제1회 연주회에 이어 YMCA에서 제2회 연주회를 열었다.[48] 조선의 음악수준에 비해 상대적으로 우수하다고 여기던 일본인 음악가의 내조來朝 연주는 제국의 우월함을 과시하는 소리정치의 영역이 된다. 당시 미디어에서는 입경일 훨씬 전부터 일본인 음악가의 공연 소식, 경성역에 도착하는 음악가의 모습, 청중들로 가득 찬 연주회장 모습과 청중의 반응을 보도하면서 대중의 관심을 유도하고 있다.

1917년에는 벽두부터 평양의 숭실대학의 교원 생도 약 20명이 1월 3일부터 1월 15일까지 경성, 군산, 광주, 전주, 목포, 대구, 마신, 선천 등 전국 주요 도시를 순회하며 연주한다는 기사가 《매일신보》를 장식했다.[49] 숭실대학은 1912년 11월 25일 대학으로 인가받은 후 숭실학교 교사 모우리E. M. Mowry와 그 부인Lois Thomas Mowry의 열의로 '음악대'와 '합창대'가 조직되면서 순회연주회를 활발히 전개하고 있었다. 1917년 1월 4일 종로 YMCA회관에서 개최된 숭실대학 음악회는 약 500~600여 명의 청중들이 모였을 정도로 화제를 모았다.[50]

48 《매일신보》 1916년 12월 20일.
49 《매일신보》 1917년 1월 1일 · 7일.
50 《매일신보》 1917년 1월 7일.

1917년 8월에는 동경음악학교 출신 음악가들로 구성된 음악회가 열렸다.[51] 동경음악학교는 동경 유일의 관립음악학교로, 이 음악회에 동경음악학교를 졸업한 김영환과 임상의가 출연했다. 이날의 음악회에서 주목할 만한 일은 오바 유노스케[大場勇之助][52]가 출연한 것이다. 그동안 조선에서 오바 유노스케의 활동은 1921년부터 시작된[53] 것으로 알려져 왔으나 1917년에 이미 조선에서 활동했음이 확인된다.

1918년 이후부터는 동경에서 유학 중이거나 졸업한 음악가들이 음악회를 주도하기 시작한다. 1920년 이후 유학생 수가 급증하지만, 1920년 이전에 입학한 사람으로 김영환(피아노, 1913~1917)을 시작으로 최종식(바이올린·창가, 1915~1918), 김충의(창가·피아노, 1917~1919), 유지영(피아노, 1918~1920), 홍난파(1918~1919), 김명순(피아노, 1919~1920) 등이 있었다.[54] 이들은 1918년 8월 새문안교회 유년주일학교 음악회,[55] 9월에 있었던 동경조선유학생악우회 주최 음악연주회,[56] 1919년 10월에 있던 경성악

51 〈청년회의 대음악회〉《매일신보》 1917년 8월 8일.

52 오바 유노스케는 전시체제기 경성음악협회(1938년 10월 30일 조직) 및 조선음악협회(1941년 1월 11일 조직)에서 활약하며 국민정신총동원운동과 관련이 깊은 인물이다.

53 김지선에 의하면, 오바의 조선에서의 활동은 경성공립고등여학교 교우로 활동하는 1921년부터 시작된다고 알려졌다(김지선, 〈일제강점기 국내의 일본인 음악가들과 그 활동〉《한국음악사학보》 45, 2010, 261~291쪽 참조).

54 음악계에 잘 알려진 윤심덕, 김문보, 한기주, 윤극영 등은 1920년 이후에 입학한 것으로 확인된다. 그러나 90명 중에 대다수는 선과 출신이고 정규과정과에 입학한 사람은 20명으로 확인된다(김지선, 〈근대시기 일본의 음악학교에 유학한 조선인-도쿄음악학교의 사례를 중심으로〉《한국음악사학보》 41, 2008, 149~187쪽 참조).

55 〈九日夜의 음악회〉《매일신보》 1918년 8월 9일.

56 〈유학생의 음악회〉《매일신보》 1918년 9월 8일.

우회 음악연주회,[57] 12월에는 경성악우회의 통속[58]적 음악회[59] 및 송년음악회[60] 등에 출연하였다.

이 중 1919년 10월에 열린 경성악우회 음악회는 홍난파가 1919년 2월에 동경에서 창단한 '악우회'를 조선에 선보인 무대여서 주목된다.[61] 그동안 음악학계에서는 경성악우회의 창단을 1920년으로 보고 있지만[62] 1919년에 이미 '경성악우회'라는 명칭이 등장하고 있다. 이날의 음악회는 동경음악학교 출신 김영환과 홍난파의 등장으로 주목을 받았다. 프로그램은 오케스트라, 바이올린, 피아노, 독창 등으로 구성되었으며 김형준과 경성악대도 찬조 출연했다.[63]

1919년 11월에는 경성악대 창단연주회가 열렸다.[64] 경성악대는 이왕직양악대가 경비문제로 해산된 후 민간조직으로 재출범한 것으로 이 연주

57 〈경성악우회 음악연주회〉《매일신보》 1919년 10월 12일 · 13일.

58 강용훈에 의하면 1910년 이후 '통속'이란 용어는 빈번하게 사용되었는데 이 시기 '통속'은 '강연' 혹은 '교육'과 같은 말들과 결합되었다. 이때의 '통속'은 그 강연에 참여할 청중의 성격을 드러내는 말로, 보다 많은 사람들에게 다가설 수 있는 어법을 의미했다. 이렇듯 근대 초기의 '통속' 개념 안에는 특정 계층에게 점유되어 있던 지식과 언어를 공통의 사람들이 사용할 수 있게끔 한다는 의미가 담겨 있었다.(강용훈, 〈'통속' 개념의 변천 양상에 대한 역사적 고찰〉《대동문화연구》 85, 2014, 9~47쪽 참조). 홍난파가 주도한 경성악우회의 음악회에서 '통속'적 음악회를 슬로건으로 삼은 것은 당시의 시대상을 반영했다는 점에서 흥미로운 지점이다.

59 《매일신보》 1919년 12월 24일.

60 《매일신보》 1919년 12월 29일.

61 홍난파는 1919년 2월에 창간한 잡지 《삼광》에서 경성악우회를 만든 동기를 밝히고 있다(홍난파, 〈창간(創刊)의 사(辭)〉《삼광》, 1919 참조).

62 이강숙 외, 《우리양악100년》, 현암사, 2001, 164쪽.

63 《매일신보》 1919년 10월 13일.

64 〈경성악대 제1회 연주회〉《매일신보》 1919년 11월 18일.

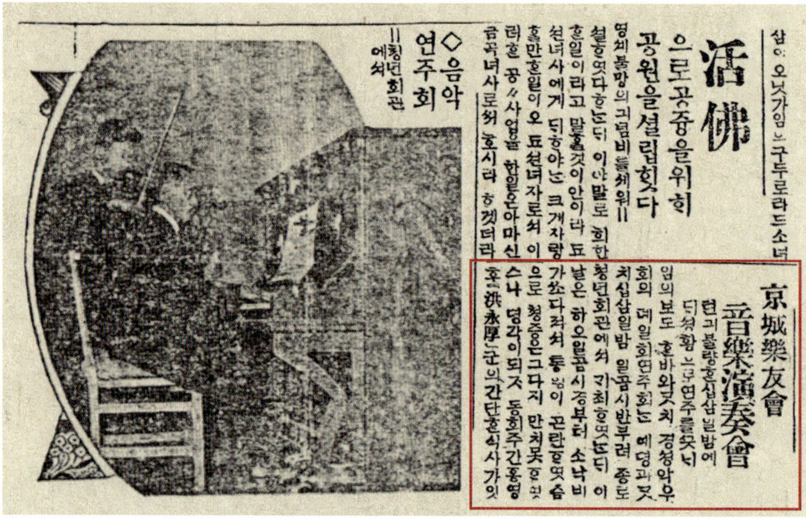

경성악우회 창단연주회의 홍난파(바이올린)와 김영환(피아노)
출처: 《매일신보》 1919년 10월 15일.

회에서 경성악대의 행진곡 연주를 비롯, 스미스F. H. Smith 목사[65]의 독창, 홍영후의 바이올린 독주 및 빌링스 부인Mrs. B. W. Billings[66]의 독창이 있었다.

1910년대의 음악회는 자선음악회의 비중이 높았고 출연으로 김인식, 김형준, 김영환, 홍난파, 단체로는 조선정악전습소 및 이왕직양악대-경성악대, 경성찬양회의 활동이 많았다. 1910년대 중반까지만 하더라도 YMCA에서 열린 음악회는 조선악과 서양악의 혼종적 무대를 특징으로 하

65 스미스는 미북감리회 파송 일본선교사로 1917년 연희전문에서 근무했다. 《매일신보》 1920년 10월 25일 기사에는 스미스 목사를 미국 보스톤대학 음악교수 출신으로 소개하고 있으며 《매일신보》 1920년 2월 1일자에는 스미스가 경성악대 재건에 중추적 역할을 한 인물로 소개하고 있다. 그러나 그에 대한 이력은 검증이 필요하다.

66 연희전문의 교원으로 감리교신학교장 빌링스(B. W. Billings)의 부인이다. 연전에는 1915~1932년까지 근무했다.

고있다. 그러나 1910년대 말부터 동경 유학생들을 중심으로 조선에 본격적인 전문음악회를 정착시키려는 시도가 시작된다. 그동안의 선행연구에서 1910년대의 음악회가 본격적으로 연구되지 못한 이유는 근대음악의 기준을 서구음악의 수용 여부로 보고있기 때문일 것이다.

그러나 조선정악전습소의 설립과 1910년대 초기 음악회에서 확인할 수 있듯이 근대 초기의 음악회에서 음악장르는 중요한 기준이 아니었다. 이 시기 음악회장을 찾는 사람들은 특정 음악을 감상하기 위해서라기보다 음악회에 가는 행위에 방점을 두고 있었다. 그런 이유로 음악사에서 기록하는 '최초'의 사건은 큰 의미가 없으며 오류도 많다.[67] 근대 초기 음악회에서 주목해야 할 것은 '최초'에 대한 과도한 집착이 아니라 조선정악전습소와 YMCA, 상동청년회에 공통으로 속해 있던 인물들 — 김인식, 박서양, 홍석후, 홍난파 — 을 중심으로 그 주변의 인물들과 당시 음악사회를 촘촘히 채워 넣는 일일 것이다. 위의 인물들은 당시 사회가 오늘날보다 훨씬 다양한 분야의 인물들과 공통의 공간에서 활동했으며 교류했다는 점을 보여주고 있기 때문이다.

67 일례로 '우리나라 최초의 양악(洋樂) 음악회'로 기록된 1911년 '이승만 귀국환영 신춘음악회'(이강숙 외, 앞의 책, 2001, 347쪽; 한상우, 《기억하고 싶은 선구자들》, 지식산업사, 2003, 21쪽)는 1909년 2월의 상동청년학원 음악과의 음악회로 정정되어야 한다. 이때를 음악회의 효시로 보는 이유는 최동준이 "이승만 박사가 귀국하시던 봄, 그의 환영 비슷하게 신춘음악회라는 것을 한번 해보기로 동의했다(장사훈, 〈경성에서의 첫 음악회〉《여명의 양악계》, 세광음악출판사, 1991, 78~79쪽)."고 한 데서 시작되었다. 이승만은 1910년 8월에 귀국하였고 최동준이 기억하는 1911년에 열렸다는 신춘음악회는 1911년 신문기사검색(koreanhistory.or.kr)에서 발견할 수 없다. 또 '우리나라 최초의 민간음악교육기관(박은경, 〈한국최초의 민간음악교육기관 조선정악전습소 연구〉《음악과 민족》 21, 2001, 161~182쪽)' 역시 조선정악전습소보다 상동청년학원 음악과 설치가 앞선다.

3. 1920년대 문화운동과 음악회에서 호명한 '민족'

1) 부르주아 민족주의자들의 문화운동과 '동정'음악회

제1차 세계대전(1914~1918)이 종식된 후 세계는 전쟁의 원인으로 지목된 군국주의, 침략주의에 대한 비판의 소리가 높아지고 있었다. 1917년 러시아에서 발생한 사회주의 혁명과 1918년 미국 대통령 윌슨의 민족자결주의는 국내외의 정치세력에게도 큰 영향을 미쳤다. 때마침 파리에서 열리게 되는 '파리강화회의'에서 전후 문제 처리가 논의된다는 소식을 접하게 된 민족주의 세력들은 대회에 참석하여 일제의 폭압을 폭로하고자 했고, 이 시기에 일어난 고종의 서거(1919년 1월 21일)는 조선 민중들의 가슴에 분노를 일으키는 단서가 되면서 마침내 1919년 3월 1일 전국에서 만세운동이 발발하였다.

민족자결주의에 대한 기대를 분출했던 3·1운동 이후 1920년대 초 세계정세의 변화는 제1차 세계대전에 대한 성찰과 반성에서 비롯된 것이다. 1차 대전은 지금껏 경험해보지 못한 인류의 대참사였고 이는 제국주의 영토 경쟁, 자본주의 체제, 이성중심주의적 서구문명론의 문제라는 반성으로 귀결되었다. 이에 세계개조의 문화주의가 전후의 대안으로 급부상했고 일제도 식민지 경영을 문화통치로 전환했다. 일제는 강제병합 10년의 결과 조선의 문화가 일본인과 같은 수준에 이르렀으므로 내지연장주의 및 일시동인一視同人의 원리를 시행한다고 선전하면서 지방자치, 관리임용의 차별개선, 문화시설 설비, 태형금지, 신문잡지 발행, 집회결사 묵인, 교육, 산업정책 및 산미증산 등을 문화정치의 시정목표로 내세웠다.[68]

표면적으로 문화정치는 국문 발행물의 대대적 확장을 허용했다.

68 波多野承五郎, 〈조선통치방침(3)〉《매일신보》 1921년 4월 12일.

1920년 4월 《동아일보》와 《조선일보》의 창간과 잡지 《개벽》의 창간 등 조선인 대상의 한글 신문 및 잡지의 증가로 대중들은 사회문제와 정치에 관심이 증대하게 된다. 식민지 현실에서 지식인들은 문화라는 비정치 영역에서 계몽을 통해 근대화를 이루려 했고, 특히 청년은 민족을 개조하고 모더니티를 체현하는 근대 주체의 표상이며 민족의 운명을 책임질 '영웅'으로 인식[69]되었다.

19세기 말 청년회 조직이 만들어진 이래 1920년대에 이르면 전국적으로 '청년회'가 우후죽순으로 증가하였다. 이 중 일본 유학생들은 국내의 청년인 '반도청년'[70]과 대비되는 '유학생청년'으로 자신들을 차별화시키며 일본식의 사회론을 도입하면서 조선 사회의 담론을 주도하였다.[71] 이와 같은 유학생 네트워크 속에서 '재동경조선기독교청년회'는 유학생 학우회와 긴밀한 관계를 맺으면서 민족독립운동과 다양한 문화적 실천을 모색하는 청년문화의 기원으로 자리 잡게 된다. 동경 YMCA회관에서는 다양한 문화행사를 개최하였는데 유학생 학우회가 주최하는 강연회 및 연설회와 동경 YMCA가 주최한 유학생 환영회 및 졸업생 축하회, 운동회, 성경연구, 명사초청 강연회 등이 열렸다.[72] 또 동경 YMCA의 총무로 활동한 백남훈과 최승만[73]은 일본 기독교 사회주의의 선구자로 알려진 아베 이소를 재동경

69 소영현, 〈미적 청년의 탄생〉, 연세대학교 국어국문학과 박사학위논문, 2005.

70 유학생 학우회와 대비되는 조직으로 반도청년구락부도 있었다(〈반도청년구락부음악회〉 《동아일보》 1921년 3월 12일).

71 박찬승, 《민족주의의 시대: 일제하의 한국 민족주의》, 경인문화사, 2007, 183~188쪽.

72 이철호, 〈1910년대 후반 도쿄 유학생의 문화 인식과 실천〉, 《한국문학연구》 35, 2008, 329~330쪽.

73 백남훈은 1923년부터 1924년까지, 백남훈 후임인 최승만은 1924년부터 동경 YMCA의 총무로 활동한다.

YMCA 행사에 연사로 초빙하여 청년들의 종교관에 영향을 주었다.[74]

이런 사회적 흐름 속에서 1920년에 일본에서 조직된 '동경조선고학생 동우회'(이하 동우회)[75]와 경성에서 조직된 갈돕회[76]는 연설회, 강연회, 소인극素人劇 공연, 자선음악회 등 각종 문화사업을 통해 사회 각계각층의 동정과 후원을 구하며 활동하고 있었다. 미래가 불투명한 식민지 현실 속에서 교육은 이념을 초월하여 조선사회의 미래를 좌우하는 최우선적 사안으로 대두되고 있었다. 특히 국권 회복을 위해 실력양성을 강조하고 있었던 부르주아 민족주의자들에게 학생이면서 노동자인 동우회와 갈돕회는 당시 사회적 요청이었던 교육과 산업의 동시적인 수행자였다.

고학생 단체를 향한 사회적 환대는 각별했다. 언론에서는 이들의 활동을 단순히 보도하는데 그치지 않고 국내외 고학생 단체가 처한 비참한 상황과 이들에 대한 사회의 '동정' 의무를 각종 기사와 논설, 기고문 등을 통해 반복적으로 다루었다. 그러나 "고학생에게 동정하라",[77] "이 고학생회는 고학생의 피로 모인 결정체이다. 동정하시오",[78] "한끼에 5전으로 사는 고학생들의 근일 생활",[79] "약 팔러 다니는 고학생 삼백 명, 약봉지를 들고서 술집을 찾는 것도 단지 학자를 얻고자 할 뿐이다. 세상은 고르지 못

74 백남훈, 《나의 일생》, 신현실사, 1973, 122쪽.

75 동우회는 1920년 일본에서 고학생과 노동자의 상호부조를 표방하고 만들었고 아나키스트 박열이 간부로 활약했으나 1921년 상애회, 형설회 등으로 분열했다가 1923년 해체되었다(박찬승, 《한국근대정치사상사연구》, 역사비평사, 1992, 113쪽).

76 갈돕회는 1920년 6월 경성에서 조직된 고학생 단체로 연설회와 강연회, 음악회, 소인극 공연 등과 같은 각종 문화사업을 통해 사회 각계각층의 후원을 구했던 자기구제단체이다. 갈돕회에 대한 기사는 《동아일보》 1920년 6월 13일 참고.

77 《매일신보》 1921년 3월 9일.

78 〈고학생 갈돕회주최, 납량강연대회〉 《매일신보》 1920년 7월 28일.

79 《동아일보》 1924년 6월 18일.

대성황의 동우회 연극 기사
출처: 《동아일보》 1921년 7월 30일.

하다!"[80]와 같은 기사를 통해 알 수 있듯 '피', '땀', '눈물'과 같은 다분히 감정적인 어휘를 사용하며 고학생을 향한 '동정'에 호소하고 있음을 알 수 있다.

이 중 1921년 여름, 동우회와 갈돕회에 의해 시작된 전국순회 모금 공연에는 음악가들도 참여하여 눈길을 끈다. 동우회 순회극단 공연은 1921년 7월 9일부터 8월 18일까지 10개 지역에서, 갈돕회 순회극단 공연은 같은 해 7월 27일부터 9월 3일까지 43개 지역에서 열렸다. 음악가 중에는 홍난파와 윤심덕이 동우회 순회극단 공연에 참여하여 시작과 막간을 장식하며 관객의 감정을 이끌어냈고 갈돕회가 주최한 평양 공연에서는 계정식도 참여하여 바이올린 연주를 했다.[81] 특히 홍난파는 바이올린 연주와 함께 자신이 쓴 소설을 연극으로 각색하여 배우 역할까지 해내며 무대를

80 《시대일보》 1925년 7월 8일.
81 《조선일보》 1921년 8월 14일.

누볐다.[82]

1920년대 YMCA에서 열린 음악회는 1차 대전 이후의 급격하게 변동되던 당시의 사회적 정치적 상황이 그대로 재현되고 있다. 특히 '동정同情 음악회'란 이름으로 열린 고아 구제,[83] 야학생 및 고학생 구제,[84] 고통 받는 인류[85]를 위한 음악회를 준비하며 강조한 개념이 바로 '동정'이었다. 이 시기 '동정'의 개념은 단순히 연민이나 공감, 동일시하는 감정의 상태만을 의미하지 않았고 일종의 감정능력, 즉 사회와 민족에 대한 인식적, 사회적, 윤리적, 심리적, 도덕적 가치판단의 능력을 의미하고 있었다.[86]

1910년대가 자선음악회의 시기로 YMCA를 위시한 기독교 사회단체나 신문사, 각국 영사부인회 등에 의해 열렸다면, 1920년대는 동정음악회의 시기라 부를 만큼 다양한 목적의 동정음악회가 열렸다. 고학생에게 향했던 동정의 대상은 이제 세계 각지의 동포 학생들에게로 확장되기에 이른다. 음악회를 기획한 단체들은 적극적으로 사회의 동정을 요구했고 모

82 《동아일보》 1921년 7월 31일.

83 상동엡웟청년회 주최 경성고아구제음악회(《매일신보》 1920년 4월 10일 · 4월 12일), 어린벗사 주최 경성고아구제음악회(《매일신보》 1922년 4월 13일).

84 갈돕회 주최 음악회(《매일신보》 1920년 10월 1일; 《동아일보》 1920년 10월 4일 · 1922년 2월 9일), 고학당 동서음악대회(《동아일보》 1923년 10월 25일), 조선여자교육회(차미리사 설립) 주최 기근동정음악회(《동아일보》 1924년 10월 17일), 야학음악회(《조선일보》 1925년 7월 16일), 서울야학교음악대회(《매일신보》 1925년 7월 25일).

85 YMCA강당에서 열린 동정음악회만 나열하면 다음과 같다.
① 알메니아 기근구제 동정의 자선음악회(《매일신보》 1922년 3월 23일)
② 알메니아 고아구제 환등강연음악회(《동아일보》 1923년 11월 29일)
③ 로국기근구제자선음악회(《매일신보》 1922년 10월 7일)

86 '동정' 개념에 대한 보다 자세한 논의는 김성연, 〈한국 근대 문학과 同情의 계보〉, 연세대학교 석사학위논문, 2002 참조.

금에 참여한 관객들은 이를 통해 민족 구성원으로서의 일체감을 증폭시킬 수 있었다. 그러한 사례를 YMCA에서 초청한 해삼위조선학생음악단과 하와이학생음악단의 고국방문 음악회를 통해 살펴보려고 한다.

먼저 1921년 4월 29~30일 YMCA 강당에서는 러시아에서 자란 한인 학생들로 구성된 해삼위조선학생음악단의 내한공연이 있었다. 이들의 공연은 이상재의 초청으로 이루어진 것으로, 음악평론가 박용구는 한국음악사에서 해삼위조선학생음악단의 내한공연이 외래춤과 현악4중주 앙상블을 소개한 최초의 사례로 근대의 시작을 알리는 기폭제 역할을 했다고 그 의미를 평가한 바 있다.[87]

해삼위는 러시아 연해주 블라디보스토크 지역이다. 1860년대 함경도 주민들이 연해주로 이동한 이래 한인들이 신한촌을 설립한 1911년 이후 블라디보스토크 거주 한인은 약 1만 명에 달했다고 알려진다. 그러나 1918년 6월, 볼셰비키 정권이 무너지고 8월 이후 시베리아에 대한 영미일불英美日佛의 국제간섭군이 무력개입하면서 러시아는 내전(1918~1922)에 휩싸였고 한인들은 항일의병단을 조직하여 일본에 대항하였다. 1920년 3월에 볼셰비키 혁명세력이 연해주를 장악했고, 4월에는 홀로 잔류한 일본군대가 블라디보스토크 한인과 니콜리스크 한인 독립운동 거점을 소탕하기 위해 신한촌을 급습하여 살해, 방화, 학교 파괴 등의 만행을 저지른 소위 '4월 참변'을 일으킨 이후 1922년까지 항일운동이 치열하게 전개되고 있었다.[88] 신한촌의 '4월 참변'이 조선의 미디어를 통해 알려지면서 시베리아 동포에 대한 우려가 고조되고 있었다. 그리고 바로 이 시기에 해삼위조

87 박용구, 《박용구 한반도 르네상스의 기획자》, 수류산방, 2011, 78~81쪽.

88 반병률, 〈3·1운동 전후 러시아 한인사회의 민족정체성 형성과 변화〉 《한국근현대사연구》 50, 2009, 102~139쪽.

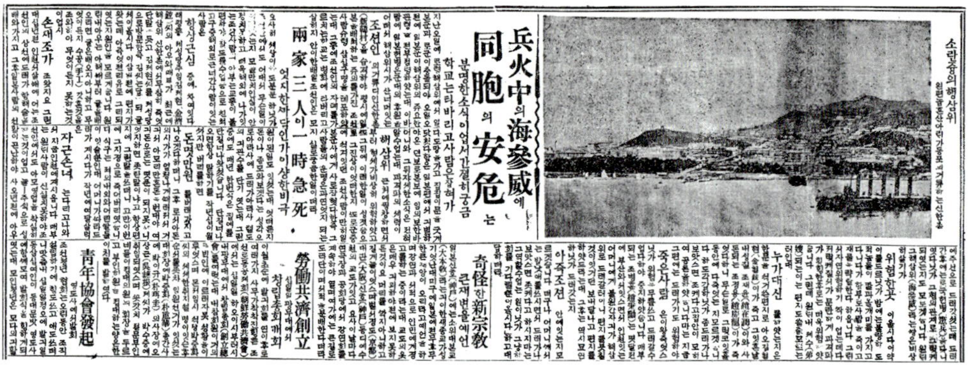

해삼위지역의 신한촌 사건을 상세히 다룬 기사
출처: 《동아일보》 1920년 4월 12일.

선학생음악단이 고국을 방문한 것이다.

1921년에 열린 해삼위조선학생음악단의 공연은 약 40일 간(1921년 4월 22일 해삼위 출발~6월 4일 경성 출발) 경성을 비롯 전국 수요 15개 도시에서 대환영을 받으며 총 23회의 순회공연을 했다. 해삼위 동양대학교에 재학하는 조선인 학생 10명이 "아라사의 특수한 음악과 무도를 조선인에 보이고자 해삼위기독교청년회 주최로 방문하며 수익금은 학생들의 학비와 해삼위청년회관의 건축비로 사용"[89]한다고 했다.

이 중 YMCA에서의 공식적 공연은 1921년 4월 29일과 30일 양일 간 있었다.[90] 이어 5월 2일에는 학생대회 주최 음악회,[91] 마지막으로 6월 4일에는 경성악대 주최 고별연주회[92]를 YMCA강당에서 개최했다. 연주곡명을 보면 리스트의 피아노와 관현악을 위한 환상(헝가리환상곡), 행진곡 회

89 《매일신보》 1921년 4월 27일.

90 《동아일보》 1921년 4월 28일 · 29일; 《조선일보》 1921년 5월 1일 · 2일.

91 《동아일보》 1921년 5월 4일.

92 《동아일보》 1921년 6월 4일; 《매일신보》 1921년 6월 4일.

향懷鄕, 전원시田園詩 행운, 가봇, 왈츠, 잡곡, 민요 등이었고, 무도는 수병무水兵舞, 비행선飛行船, 노국무露國舞, 보헤미안무, 서반아무, 카자크족의 민속무Hopark, 러시아 국가에 맞춘 군무 등을 선보였다.[93]

YMCA에서 열린 제1차 경성음악회를 본 경성악대의 지도자 백우용은 "이번 해삼위학생단의 음악같이 상쾌한 감상을 주는 악대는 별로 듣지 못하였고 그중에 김 니콜라이군의 바이올린은 조선에서 전문으로 몇 해를 단련한 음악가 중에도 도저히 그의 자유롭게 내는 리듬은 당할 수 없을 듯하며 피아노의 주법도 이곳에서 연습한 사람과는 비하기 어려운 아름다운 음조를 희롱"한다고 극찬했다.[94]

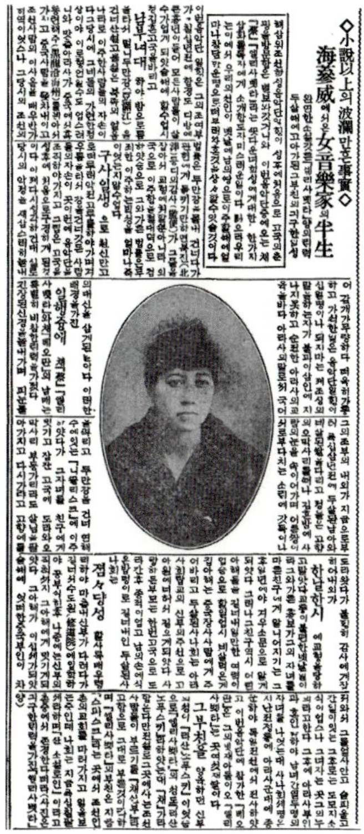
◇小說以上의 波瀾만흔事實◇

海參威에서온女音樂家의半生

채엘리사벳타를 소개한 기사

출처: 〈소설 이상의 파란만흔 사실 해삼위에서 온 여음악가의 半生〉《동아일보》 1921년 4월 28일.

김니콜라이와 함께 성악가 채엘리사벳타는 러시아에서도 항상 극장에 설 정도로 유명한 성악가라는 소개와 함께 그 형제는 러시아인 모친을 둔 혼혈 3세로 "소설 이상의 파란 만흔 음악가"[95]로 소개되면서 기구한 가족사가 공개되기도 했다.

93 《매일신보》 1921년 4월 30일.

94 《동아일보》 1921년 5월 1일.

95 〈소설 이상의 파란 만흔 사실 해삼위에서 온 여음악가의 半生〉《동아일보》 1921년 4월 28일.

당시 조선사회는 조선어를 못하는 동포학생들을 향해 기꺼이 민족의 일원으로 받아들이는 동포애를 보여주었다.[96] 첫날 공연이 불과 몇 분 사이에 입추의 여지없는 인파가 운집하여 대혼잡을 빚은 데 이어, 4월 30일에 열린 2차 연주회에서도 모든 순서마다 2~3회의 앙코르가 나올 만큼 박수가 끊이지 않았다. 현철은 1921년의 예술계를 회고하면서 "1921년, 음악회가 퍽 많이 넘치게도 열렸지만 '노령露領조선인학생음악단' 외에는 하나도 음악회라고 할 만한 것이 없었다."[97]라고 할 정도로 해삼위음악단의 내한공연은 예술계에서 큰 화제가 되었다.

이틀간의 경성연주회와 학생대회 주최의 음악회까지 마친 5월 3일에는 중앙청년회의 발의로 환영회가 열렸는데 이상재의 사회, 윤치호의 개회사, 윤익선의 환영사, 매일신보사 사장의 축사를 비롯, 100여 명의 인사가 참여했다. 이에 대해 음악단의 단장으로 음악단을 이끌고 온 이강李剛, 1878~1964[98]은 답사에서 "로국혁명의 여파로 거지가 되어 고국 부형에게 구조를 청하여 학업을 계속하기 위해 들어왔다."는 말로 동포의 동정을 구했다. 그러나 계속된 강행군으로 최연소 단원인 리마리아가 사망[99]하는 등 음악단의 귀로는 비극적이었다. 결국 6월 5일 군산기독교청년회 등 다수의 단체가 참례한 가운데 리마리아의 장례식을 마친 후 귀환하게

96 〈사모하든 고국, 환영하는 한양에〉《동아일보》 1921년 4월 29일.

97 현철(효종), 〈예술계의 회고 1년간〉《개벽》 18, 1921년 12월, 112쪽.

98 이강은 1902년 하와이로 노동이민을 갔다가 안창호의 권유로 샌프란시스코에서 독립운동에 투신했다. 미국-조선중국-러시아를 오가며 독립운동을 했고 블라디보스토크에서 《대동공보》 편집자로 활동하는 등 언론 관련 일을 했고 1919년 9월 강우규 폭탄투척사건에 연루되어 체포, 경성에 압송되어 50일간 구류 후 석방되었다. 석방 후 임시정부에 참여했고 광복 전까지 중국에서 활동하다가 3년 간 투옥되었다(《한국민족대백과사전》 이강 항목 참조).

99 〈리마리아양 군산에서 病臥〉《동아일보》 1921년 6월 2일.

해삼위학생단의 입국 기사
출처: 〈思慕하든 故國, 歡迎하는 漢陽에〉《동아일보》 1921년 4월 29일.

된다.[100]

다음으로 하와이학생방문단의 고국 방문은 1921년 당시 YMCA의 총무 신흥우가 범태평양 교육대회에 참석하러 하와이에 갔다가 성사된 사업[101]이다. 중앙 YMCA 기독교계 인사들은 하와이의 이승만과 밀접한 관계를 맺고 있었다. 신흥우 등은 한국 YMCA가 일본 YMCA로부터 분리된 것을 기점으로 세계 YMCA 연맹·기독교학생연맹 과 같은 국제대회를 명목으로 합법적인 해외여행이 가능해지자 이 과정에서 이승만과 접촉했던 것이다.[102]

1923년 7월 민준호를 단장으로 하는 23명의 하와이학생음악단이 동포들의 열렬한 환영을 받으며 고국을 방문하였다. 1923년 7월 2일 경성역에 도착한 학생들은 고종황제의 능을 참배하고 독립문에서 회포와 감격을 나누었다.[103] 7월 10일 이상재의 개회사로 시작된 음악회는 〈기독교학원

100 〈多恨한 汽笛 一聲〉《동아일보》 1921년 6월 7일.
101 전택부, 앞의 책, 2017, 309쪽.
102 이승만의 국내세력에 대해서는 정병준, 《우남 이승만 연구》, 역사비평사, 2005 참고.
103 《동아일보》 1923년 7월 10일.

경성역에 도착한 하와이학생음악단 일행
출처: 《동아일보》 1923년 7월 4일.

하와이학생음악단
출처: 《동아일보》 1923년 7월 10일.

가〉와 〈고향〉을 합창하고 관현악합주 〈아름다운 수잔나〉, 유수산나의 피아노독주 〈심야의 경성〉, 관현악합주 〈사랑스런 세계〉, 하와이음악과 프랑스음악, 이규연의 코넷독주, 러시아원무곡, 최살로미의 플룻독주, 마지막

곡으로 〈알로하오에〉 등을 합창했다.[104]

하와이학생음악단은 경성·인천·해주·선천·평양·개성 등의 순회 연주회를 마치고 다시 경성역에서 부산으로 떠났다. 당시 신문에서 하와이학생들에 대한 기사는 부산항에 내리자 "흙덩이 하나하나에 키스하고 싶다"면서 뜨거운 눈물을 흘렸으며, "한 많고 눈물 많은 하와이동포 사정은 처참하오." 혹은 "하와이가 낙원이라 함은 말뿐이오."와 같이 표현하면서 외국에서 고국을 그리며 살았을 동포에 대해 민족의 동정과 공동체성을 이끌고 있었다. 음악회의 풍경을 보도하는 기사에서도 "애끗는 눈물에 잠긴드시 침통한 슬픔에 빠져 마츰내 부인석에서는 눈물을 먹음"[105]은 청중의 모습과 함께 연주에 앞서 고국방문단 학생들이 당주동에 있는 이왕직아악대에 들러 아악대가 연주하는 〈장춘불로지곡〉과 명완벽의 가야금 독주를 들으면서 고국의 음악을 감탄[106]했다는 일을 전하면서 하와이학생음악단이 고국의 음악을 통해 느낀 민족적 일체감을 강조하고 있다.

1920년의 해삼위학생음악단 공연과 1921년 유학생 '동우회'의 순회공연 그리고 1923년 하와이학생음악단 공연의 공통점은 공연을 통해 모두가 하나의 민족이라는 공동체성을 소환하고 이들을 향한 동정을 끊임없이 유도한 모금공연이었다는 점이다. 동정음악회에서 음악·무도·연극은 예술적 완성도를 추구하는데 두지 않았고 이를 매개로 촉발된 민족적 감정을 공유하는 데 있었다. 각 지방의 순회공연장에는 기부금이 답지하였다. 관객들은 "마음으로만 동정할 뿐 아니라 물질로도 동정하는 것이 참된 도정"이라는 생각으로 "어떤 유지는 연극 진행 중에 일부러 화장실까지 그들을

104 《동아일보》 1923년 7월 10일.
105 〈울리고 웃기이든 하와이학생의 제1회음악〉 《동아일보》 1923년 7월 12일.
106 《동아일보》 1923년 7월 10일.

친히 방문하고 다소의 금액으로 동정의 뜻을 표하는 이가 적지 아니하였"고, "고학생들을 불쌍히 여겨 다소의 금액으로 동정을 표하시면 사양치는 않겠노라고 진술하니 오직 이러한 기회가 있기만 기다리던 관중은 앞을 다투어가며 나도 얼마 내겠소 나도 얼마 내겠소 하며 한참 동정금이 답지" 하였다.[107]

당시 미디어에서는 고학생 단체 및 해외동포음악단의 전국 순회공연 일정을 상세히 소개하였고 직접 공연장을 찾을 수 없는 독자를 위해 음악회의 내용, 청중의 분위기, 동정금의 액수, 기부금 명단 등을 구체적이고 반복적으로 중계보도하였다. 이러한 보도를 통해 실제 음악회에 참석한 청중 못지않은 독자들의 공동체감을 형성할 수 있었다. 만약 미디어에서 이와 같은 역할을 하지 않았다면 현장의 열기는 개인의 경험에 머물렀을 뿐 민족의 공동체성을 확인하는 스펙터클로 지속시킬 수 없었을 것이다.

2) 사회주의의 대두와 음악회

1920년대 일제가 이른바 '문화정치'를 표방하면서 최소한의 자유가 허용되자 국내의 민족주의운동 세력들은 식민지 권력이 허용한 합법적 틀 안에서 장기적이고 지속적인 운동방식을 모색하게 되었다. '문화정치'는 내지연장주의를 토대로 협력세력을 육성하였고 민족운동 노선의 분열을 불러일으켰다. 민족주의운동은 점진적 실력양성운동을 표방하는 부르주아 민족주의 계열과 사회주의 계열로 나뉘면서 분열하게 된다.

부르주아 민족주의 세력은 직접적인 저항운동을 전개하기보다 문화운동과 신교육운동 그리고 물산장려운동을 통해 사회 전반의 실력향상운동을 전개하였다. 특히 '민족의 대변자'임을 자처하던 《동아일보》는 문화

107 〈열렬한 동정과 고학생 순회극단〉《조선일보》 1921년 8월 14일.

적 민족주의를 목표로 사회현상을 사실 그대로 보도함으로써 정치적 정의를 실천한다는 방향을 정립했다. 이러한 방향은 《동아일보》의 3대 주지主旨에 함축되어 있는데 민중의 표현기관, 민주주의, 문화주의의 지지를 선언하면서 '개인이나 사회의 생활내용을 충실히 하는 것이 곧 부의 증진과 정치의 완성과 도덕의 순수와 종교의 풍성과 과학의 발달과 철학예술의 심원 오묘'라고 하였다.[108]

부르주아 민족주의자들은 실력양성을 위한 신교육운동으로 '민립대학건립운동民立大學建立運動'을 전개했는데 이 운동에는 기독교계 세력이 대거 결합하였다. 남강 이승훈은 동아일보와 한 인터뷰에서 교회는 단순한 종교조직이 아니라 한국인의 교육과 산업을 발달시키는 현장이라고 강조하며, 교육과 산업 방면의 투신이야말로 곧 하나님께 받은 소명이라는 입장을 밝혔다.[109] 기독교계 민족주의자들은 각 지역을 순회하며 운동의 취지를 설명하고 회원과 기금을 모집하며 지방 책임자와 연사로 활발하게 활동하였다.[110] '민립대학설립운동'과 함께 1920년대 전반 기독교 세력이 적극 추진한 운동은 '물산장려운동'이었다. 민족경제 자립을 목표로 한 물산장려운동은 평양 지역을 중심으로 시작된 운동이었지만 '조선청년회연합회'가 참여하면서 전국적 규모로 확대되었다.

초기의 사회주의자들은 부르주아 민족주의 문화운동의 공론장이었던 《동아일보》와의 제휴를 통해 활동하며 대중적 입지를 확장하고 있었다. 대표적 인물로 1920년대 초반 사회주의 운동에 관계한 장덕수張德秀는 《동아일보》의 초대 주필과 부사장으로 활약하면서 동시에 '사회혁명당'

108 《동아일보》 1920년 4월 7일.

109 〈獨立宣言事件의 一人 最終으로 李寅煥씨 假出獄〉《동아일보》 1922년 7월 22일.

110 이명화, 〈民立大學 設立運動의 배경과 성격〉《한국독립운동사연구》 5, 1991.

과 '고려공산당(상해파)'에 참여하고 있었고, 《조선창극사》의 저자로 알려진 정노식鄭魯湜도 장덕수와 함께 '고려공산당'에서 활동하며 '조선청년회연합회' 집행위원장(1922)을 맡아 조선물산장려회와 민립대학기성회에서 활동하는 등 민족주의 세력과 폭넓게 협력하며 활동했다.[111]

이 시기 사회주의는 "입으로 사회주의를 말하지 않으면 시대에 뒤진 청년"[112]으로 생각될 정도로 널리 유행하는 사조였다. 1910년대부터 해외에서 활동하던 활동가들은 러시아혁명을 통해 새로운 가능성을 목격하고 사회주의에 희망을 걸고 있었고, 3·1운동 이후 사회주의 사상은 새로운 민족운동의 원리로 채택되면서 급격히 세력화되어갔다. 그러나 '조선청년회연합회'는 김윤식 사회장 문제로 국내 상해파 세력과 조선공산당 사이에 격렬한 논쟁이 일어났고, 이 과정에서 서울청년회 등 18개 지방청년단체가 '조선청년회연합회'를 탈퇴하면서 사회주의 운동 내부의 대립이 격화되었다.[113] 사회주의자들은 물산장려운동과 같은 실력양성운동이 계급해방과 일본 제국주의 축출에 정치적으로 유용성이 있는가를 비판하며 실력양성론자들과 치열한 논쟁을 벌였고 결국 1923년 사회주의 세력은 '청년당대회'를 통해 민족주의 세력과의 분리를 선언하게 된다.

이어 민족주의운동 세력의 분열과 갈등은 '연정회'와 이광수의 〈민족적 경륜〉을 계기로 더욱 거세졌다. 부르주아 민족주의 세력 중 일부는 3·1운동이 좌절된 후 식민지 상태에서는 사실상의 독립이 어렵다고 보고 독립의 전단계로 '자치'를 생각하였다. 이런 가운데 1924년 1월 이광수가

111 이진오, 〈정노식의 생애연구: 행적과 교유를 중심으로〉 《한국학연구》 53, 2015, 143~166쪽 참조.

112 나경석, 〈空京橫事〉 《朝鮮之光》 1927년 5월호, 76쪽.

113 윤덕영, 〈1920년대 전반 조선물산장려운동 주도세력의 사회운동론과 서구 사회주의 사상과의 비교〉 《동방학지》 187, 2019, 12~13쪽.

《동아일보》에 '연정회'의 취지를 반영한 사설 〈민족적 경륜〉을 연재[114]하면서 동아일보에 대한 불매운동과 '타협적 민족운동 반대' 결의가 이어지게 된다. '연정회'는 동아일보사의 김성수와 송진우 등이 주동이 되어 독립운동은 불가능하니까 일제가 허용하는 합법적인 정치단체를 만들자면서 결성한 것으로, 이광수는 사설에서 일제의 지배를 인정하면서 자치권 확보를 위한 운동을 펼쳐야 한다고 주장한 것이다.

한편 근대화의 중요한 추진세력이었던 한국기독교의 입장에서도 사회주의의 파급은 엄청난 충격이었다. 1920년대에 이르면 근대 문화의 선구자로서의 교회의 위치는 도전에 직면하게 된다. 사회주의 사상의 급속한 확산은 기독교계 내부에도 심각한 동요를 가져왔다. 평소 기독교의 제도나 조직에 대해 냉소적인 태도를 지녔던 기독 청년들에게 사회주의 사상이 급속히 확산되면서 교회에서 청년들이 공공연히 사회주의를 지지하다가 쫓겨나는 일이 발생하기도 했다.[115]

사회주의의 도전에 직면한 기독교계에서는 기독교와 사회주의가 표방하는 상호간의 공통점을 찾는 한편, 기독교 자체의 정책을 개혁해야 한다는 적극적 관점이 제기되기 시작했다. YMCA에서 발행한 《청년》에는 사회주의를 적극적으로 수용하는 글이 빈번히 게재되었다. 대표적인 인물로 이대위李大爲는 마르크스주의의 유물사관이 기독교의 원리와는 다르지만, 현 사회질서의 폐해를 인식하고 사회를 개조하려 한다는 점에서는 같은 목적을 가지고 있다고 강조하였다.[116] 그는 사회주의에서 주장하는 자본주의의 착취, 계급제도의 억압, 불합리한 일반 종교의 속박으로부터의

114 이광수, 〈민족적 경륜〉 《동아일보》 1924년 1월 1일~4일.
115 〈平壤의 社會運動〉 《개벽》 1924년 9월호, 64쪽.
116 이대위, 〈사회주의와 기독교 사상〉 《청년》 1923년 5월호, 9쪽.

해방은 예수가 실행하려던 이상이기도 하다고 하면서, 사회개조의 신사조에 부응해 노동자·농민을 중심으로 하는 제2의 종교개혁에 착수할 것을 주장하였다.[117]

그러나 부르주아 민족주의자들에 대한 사회주의자들의 비판은 계속되었고 식민지 자본주의가 심화되는 가운데 일본인 자본이 들어오면서 공업화가 가속화되고 있었다. 조선인 노동자의 노동조건은 열악하기 짝이 없었고 조선인 노동자는 일본 노동자의 임금의 절반도 받지 못하는 민족차별 문제와 계급차별 문제를 동시에 겪고 있었다. 노동자들의 누적된 불만은 파업으로 분출되었으니, 특히 1924~1926년 사이에 일어난 인쇄공 파업은 전국적 규모로 확산[118]되면서 연일 신문에 보도되었다. 전통적으로 종로 일대는 직조업·목공업·금은세공업 등 가내수공업이 일찍부터 발달하였고, 이 밖에도 소규모의 목공소·철공소·제화점들과 비교적 큰 규모의 인쇄소들이 자리 잡고 있었다.[119] 일찍부터 공업교육을 표방해온 YMCA에서는 학관 공업부 졸업생들이 YMCA 주변에 철공소나 목공소를 차리고 학관 내 공업부에 설비된 최신식 기계를 같이 사용하면서 하나의 블록을 형성하고 있어 전국적으로 일어나는 인쇄공 파업의 영향을 받지 않을 수 없었다.

이 시기 YMCA 음악회에서도 사회주의의 영향으로 열린 다양한 음악회를 확인할 수 있는데, 이 중 인쇄공을 위한 음악회는 1920년부터 발견할 수 있다. 1920년 4월에 열린 '인쇄공 구제음악회'[120]는 유심희의 바이올린

117 이대위, 〈나의 理想하는 바 民族的 敎會〉《청년》 1923년 6월호, 15쪽.

118 〈인천인쇄공 동맹파업〉《시대일보》 1924년 9월 30일; 〈평양인쇄공파업〉《매일신보》 1925년 3월 5일; 〈인쇄공조합창립 마산에서〉《시대일보》 1925년 5월 21일; 〈인쇄공 파업〉《부산일보》 1925년 6월 5일; 〈함흥인쇄공필경맹파〉《조선일보》 1926년 3월 23일; 〈부산인쇄공 又復파업〉《조선일보》 1926년 12월 14일 등.

119 장규식, 《서울, 공간으로 본 역사》, 혜안, 2004,

120 《동아일보》 1920년 4월 16일.

연주를 비롯해 김영환의 피아노, 심정순沈正淳[121]의 가야금 등 당대 최고의 음악가들이 참여했다는 점에서 주목할 만하다. 이어 1926년 11월에도 인쇄공음악회가 열렸다.[122]

다음으로, 1925년 6월 23일에 있었던 '여직공위안음악회'는 한국 최초의 사회주의 여성단체인 '조선여성동우회'가 주최한 것으로 김원복·김한영·홍난파·중앙유치원 사범과·이극광·후스·백명곤·스투데니·류춘섭 등이 출연했다.[123] 여성 노동자들은 일제의 경제수탈 정책 속에서 가장 가혹한 수탈대상이었고 민족차별과 함께 성적 차별이라는 이중적 핍박 속에서 저임금과 장시간 노동에 시달리고 있었다. 1924년 5월 '조선여성동우회'의 결성으로 시작된 사회주의 여성운동은 초기의 신여성과 계몽주의적 신여성을 비판하면서 여성해방의 새로운 전망을 제시하고 있었다. 그러나 우리나라 최초의 사회주의 여성해방운동에 대한 당시 사회의 반응은 그다지 크지 않았다. 1924년 5월 23일 밤에 거행된 발회식의 참석자는 80명 가량이었는데, 그 가운데 50명은 축하차 또는 방청으로 참석한 남자들이었고 약 10명은 감시경찰관이었으며 나머지는 발회자 및 간부 여성 13~4명뿐이었다.[124] '여직공위안음악회'는 조선여성동우회가 창립된 지 한 달 만에 열린 음악회로, 발회식 때 냉담했던 사회의 반응과는 달리 당시 활발히 활동하고 있던 음악가들이 참여하여 시대적 요청에 부응하려고 했다는 점에서 의미가 있었다.

121 충남 서산 출신의 가야금명창으로 1910년 무렵부터 1926년까지 서울에서 극장무대를 중심으로 한 공연활동과 음반을 취입하였고, 경성방송국 라디오방송 활동 등 활발한 음악 활동을 한 인물이다.

122 《조선일보》 1926년 11월 19일.

123 〈여직공위안음악〉《조선일보》 1925년 6월 23일; 《동아일보》 1925년 6월 25일.

124 윤선자, 〈일제 강점기 사회주의 여성운동과 '맑스 걸'〉《여성이론》 3, 2000, 315쪽.

여성은 사회주의에서 주목한 새로운 계층으로, 조선여성동우회를 시작으로 여성해방동맹,[125] 경성여자청년동맹[126]과 같은 사회주의 여성단체의 설립이 이어지면서 여성의 노동환경에 대한 문제를 개선하고자 했다. 그러나 1925년 〈치안유지법〉이 시행된 후 1926년 10월에 열린 '노동부인위안음악회'(조선여성동우회 주최)는 "정미소, 제사공장, 견직공장, 고무공장, 염색소, 양복직공 등 시내 시외에 널려있는 삼십여 공장에서 날마다 피땀을 흘려가며 일하는 천여 명의 로동부인들의 헐벗고 헐먹은 애닯은 눈물을 흘리는 그들의 생활을 다만 하로저녁이라도 위로"하기 위해 열린 음악회였지만, 음악가들의 참여 대신 동우회 회원 및 소년회가 연주하는 악기합주 및 독창, 피아노독주, 바이올린 독주, 무도 등 회원들에 의한 무대로 구성되는 변화를 확인할 수 있다.[127]

1920년대 음악문화 중 사회주의의 영향으로 볼 수 있는 또 다른 사례는 러시아 가곡 및 무도에 대한 관심이다. 이러한 가운데 당시 연희전문 교수였던 피아니스트 김영환은 러시아에서 예술학을 공부한 김동한金東漢, 현희운玄僖運(필명 현철) 등과 함께 '예술학원'을 운영하면서 음악과 무도를 접목한 다양한 활동을 하게 된다. 당시 《매일신보》는 예술학원에 대해 "예술은 우리 민족이 굳은 의지와 냉철한 판단력을 갖출 수 있는 데 큰 도움을 줄 것이며, 이는 20세기에 적합하게 이 사회를 변화시킬 수 있을 것"이라며 예술학원의 설립을 시대적인 요구에 부응한 사업이라고 평가했다.[128] 예술학원은 1922년 7월 말 개원 후 이듬해부터 활발한 활동을 이어갔는데, 1923년 6월 2일에 우리나라에서 처음으로 대중들을 위한 공개무도회

125 《조선일보》 1925년 1월 20일.
126 《동아일보》 1925년 1월 20일.
127 《조선일보》 1926년 10월 28일.
128 〈예술학원 시대요구사업〉 《매일신보》 1922년 7월 22일.

예술학원 제1회 음악무도대회
출처: 《동아일보》 1923년 6월 4일.

를 개최하였다.

이어 1923년 8월 11~12일에 열린 '수해구제무도음악회'는 관현악·독창(김영숙)·코카서스 댄스(김표트르)·만도린 연주(박경진)·파란댄스(연합무도)·독창(김동한)·바이올린 합주(러시아인들)·독창(김형준)으로 프로그램을 구성했다. 당시 공연을 본 서양사람들은 예술학원 학생들의 파란댄스(폴란드 춤) 공연이 수준급 실력이라고 격찬했으며 피아니스트 김원복의 뛰어난 폴란드 음악의 해석도 화제를 모았다.[129] 10월에도 예술학원 주최의 '음악무도대회'에서 김원복·안기영·김영환·김형준·윤심덕·김합라·홍난파가 출연[130]한 것을 통해 알 수 있듯 예술학원 개원 이후 '음악무

129 〈兩處救濟音樂會 盛況〉《조선일보》 1923년 8월 12일.
130 《동아일보》 1923년 10월 18일.

도대회'는 1920년대 음악회를 특징짓는 하나의 현상이었다.[131]

한편 음악무도의 유행은 1920년 해삼위학생음악단의 방문공연으로 비롯된 서양의 사교춤과 민속무용에 대한 인기와 1920년대 우리 사회 전반에 일던 러시아 문화예술에 대한 동경심 등 다양한 원인에서 비롯되었다고 볼 수 있다. 그러나 '남녀칠세부동석'이라는 유교적 통념과 공공장소에서 남녀가 신체를 가까이 맞대고 추는 행위를 풍기문란으로 규정짓는 보수적 교회문화 사이에 충돌을 빚기도 했다. 1923년 10월, YMCA 강당에서 묘동찬양대가 주최한 음악무도대회[132]는 제1부에 묘동찬양대의 4부합창과 김원복의 피아노독주, 김방옥의 독창, 이보민의 사현금 독주, 안기영과 이철우의 2인 합창, 김영환의 피아노독주, 김형준의 독창, 윤심덕과 김합라의 피아노 병주, 홍난파의 사현금 독주 등이 있었다. 문제는 제2부에서 예술학원 회원들이 러시아댄스와 서반아댄스, 흑인댄스를 공연한 것을 주최측 묘동교회 담임목사(최대진)가 "신성한 교회당에서 무도를 추는 것은 풍기상 좋지 못한 일이라고 하면서 이 행사에 출연할 악사들의 집에 찾아가 출연하지 못하도록 한 일"로 목사 배척운동[133]까지 일어나는 등 갈등을 빚기도 했다.

131 YMCA에서 열린 음악무도대회만 꼽더라도 동아부인상회 주최 음악무도대회(1923.6.25), 예술학원 주최 수해구제무도음악회(1923.8.10), 묘동찬양대 주최 음악무도대회(1923.10.18~19), 예술학원 주최 남녀연합현상무도대회(1924.5.27), 경성악대 주최 자유무도대회(1924.9.6), 반도소년부 주최 기근구제가극음악무도대회(1924.11.22), 혁청단 주최 신년강연음악무도대회(1925.1.13), 소녀예술단 따리아회 주최 음악무도대회(1925.7.3), 가나다회 주최 음악무도대회(1925.11.3), 조선로동자구락부기성회 주최 음악가극무도대회(1925.11.17), 반도여자학원 주최 음악무도연극대회(1926.7.3), 서울소년회 주최 동요음악무용대회(1926.9.6), 기독교청년회 주최 조선음악무용회(1926.11.6) 등 1923년부터 1926년 사이에 집중된다.

132 《동아일보》 1923년 10월 18일.

133 〈음악회 끗헤 목사배척의 풍파〉 《동아일보》 1923년 10월 22일.

그러나 새로운 문화에 목말라 있던 대중에게 외국인 등 특정 상류층만이 즐길 수 있었던 서양의 무도는 큰 호기심을 일으키면서 음악무도의 열풍으로 이어졌고, 음악무도 형식의 공연은 1920년대 초 설립되기 시작하는 소년회의 공연방식으로 채택될 만큼 대중화되었다. '소년회' 운동은 1920년대 초 천도교에서 시작된 운동으로 1922년 5월 1일을 '어린이날'로 정하고 1923년에는 기관지 《어린이》를 창간하는 등 한국소년운동의 주축을 이루었지만 소년운동의 여파는 기독교계에서도 예외가 아니었다. 기독교 단체에서는 소년척후대를 창설하고 주일학교 운동이 일어나는 등 소년운동은 1920년대를 특징짓는 또 하나의 현상으로 급속히 확산되었다.[134]

각 소년회에서는 어린이 운동을 전개하는 과정에서 음악회를 자신의 조직을 결집시키는 수단으로 시도했다. YMCA에서 열린 소년회 행사만 보더라도 1924년 11월 중앙소년회 주최 '사교무도대회',[135] 1925년 11월 소년주보사 주최 '교육음악무도대회',[136] 1926년 3월 신진소년사 주최 '가극음악무도대회',[137] 1926년 8월 서울소년회 주최 '동요음악무도대회',[138] 1927년 1월 반도소년회 주최 '노동소년위안음악무도대회'[139] 등 주로 음악무도를 중심으로 하는 공연이 활발히 열렸다.

134 기독교계에서는 1922년 9월 30일 정성채의 주도로 소년척후대를 창립하였고 10월 5일 중앙고보 체육교사인 조철호가 중앙학교 학생들을 중심으로 조선소년군을 창설하면서 소년척후대가 기독교적 신앙에 의한 순수 보이스카우트 운동을 지향한 것에 비해 조선소년군은 '조선사람의 조선군'의 양성이라는 민족적 성향을 나타내고 있었다.

135 《조선일보》 1924년 11월 16일.

136 《조선일보》 1925년 11월 29일.

137 《조선일보》 1926년 3월 13일.

138 《조선일보》 1926년 8월 18일.

139 《동아일보》 1927년 1월 6일.

그러나 사회주의의 계속된 확장세에 위험을 느낀 일제는 사회주의가 조선에 보급되는 경로를 차단하기 위해 신문·잡지 등 언론·출판의 통제를 강화하고 〈보안법〉을 내세워 각종 집회 및 결사를 탄압하면서 정치적 집회를 제한, 금지, 해산시킬 수 있도록 했다.[140] 이어 일제는 1925년 4월 '조선공산당'이 결성된 것을 기하여 〈치안유지법〉을 실시하여 민족해방운동 진영에 대한 적극적 통제를 본격화했다. 〈치안유지법〉이 제정된 후 사회주의자들에 대해서는 '엄벌주의'를 적용해 민족해방운동 자체를 근절시키려 했다.

사회주의 운동이 급속히 위축되면서 김영환, 홍난파, 김원복, 김형준 등 당대를 대표하는 음악가들이 사회주의 단체가 주최하는 음악회에 출연하거나 좌파 성향의 단체에서 활동하면서도 민족주의 세력과 적극적으로 협력을 도모했던 정노식과 같은 인물은 찾아보기 힘들게 된다. 일제는 음악회에 대해서도 민족공동체의 결속을 꾀할 목적이 있다고 판단될 경우 허가하지 않았고 '보통', '순수' 등의 음악회로 명칭을 변경하는 조건으로 허가[141]하는 등 1925년 이후 음악회는 정치적 영역이 된다. 그것은 동화同化를 내세운 일제의 '문화정치'의 본질이 민족 상층부를 회유 포섭하여 민중을 지배하는 계급분열정책이었으며 이를 통해 끊임없이 민족을 분열시키는 이화異化 정책이었음을 보여주고 있다.

140 그 대표적 사례로 1923년 3월 전선청년당대회의 금지, 1924년 4월 조선노농총동맹 및 조선청년총동맹 대회의 해산과 장래의 모든 집회를 금지했다(장신, 앞의 글, 1998, 69~70쪽).

141 그 대표적 사례는 을축년 대홍수(1925) 때 전국적으로 일어난 수해구제음악회로, 당국은 수해구제음악회의 명칭을 '보통'음악회로 변경해야 허가한다는 조건을 내걸었다. 이와 관련한 기사는 〈경찰 금지로 보통음악회 형식〉 《조선일보》 1925년 8월 9일; 〈구제음악은 금지 일반음악회를 개최〉 《조선일보》 1925년 8월 17일.

4. 맺음말

이 연구는 근대 한국사회의 단면을 YMCA에서 열린 음악회를 통해 고찰하고자 했다. 한국 근대사에서 YMCA는 근대화를 위한 계몽운동과 신문화운동을 전개했고, 이중 음악회는 서구 근대음악을 소개하고 체험하는 계몽의 장이자 민족의 공동체성을 강화하는 강력한 수단이기도 했다. 그동안 근대음악 연구자들은 YMCA를 근대 초기 서구음악이 수용된 음악 공간 중 하나로 간략히 언급하거나 "그때의 음악회란 음악전문가들의 예술적 연주회나 연구발표회가 아니라 서양 선교사들을 중심으로 한 어릿광대들의 소기素技에 지나지 못했던 것"[142]이라고 본 홍난파의 회고처럼 본격적 전문음악회가 부재했던 미완성의 공간으로 평가해왔다. 그러나 YMCA에서 열린 음악회는 당대의 문화 담론이 내포된 사회적·정치적 활동이었다는 관점에서 분석할 필요가 있다.

이에 본 연구에서는 YMCA 공간을 본격적 전문음악회가 부재했던 공간이 아닌, 근대 지식인과 문화 엘리트를 성장시킨 역사적이고 정치적인 공간으로 재해석하고 그러한 공간에서 열린 음악회의 의미를 고찰해보고자 했다. 이를 위해 1908년부터 1929년까지의 신문기사에 나타나는 음악회를 전수조사하여 각 시기별 특징을 분석하였다.

먼저 1910년대의 음악회는 1910년을 전후하여 음악과가 설치되었던 상동청년학원, 조선정악전습소, YMCA 학관의 구성원에 의해 주도되고 있었다. 특이할 점은 YMCA 학관과 상동청년학원, 조선정악전습소에 한국 최초의 의사 7인으로 기록된 박서양과 홍석후의 이름이 발견되는데, 기

142 홍난파, 〈조선문화 이십년(27) 형태의 정비와 지반의 확고-음악편(1)〉《동아일보》 1940년 5월 19일.

독교를 배경으로 성장한 이들에게 서양음악은 서양의학과 마찬가지로 서구 근대학문으로 인식되고 있었음을 알 수 있었다. 음악가로는 평양 숭실학교 출신인 김인식이 YMCA 학관과 조선정악전습소, 새문안교회와 종교교회, 경성 소재의 학교에서 음악교사 및 지휘자로 활약하면서 1914년 교회음악 연주단체 '경성찬양회'를 조직하여 활동했다. 그러나 1910년대까지 음악회는 단독으로 존재하기보다 YMCA에서 주최하는 강연회나 연설회에 더 많은 대중을 참여시키기 위해 음악연주가 포함된 경우가 많았다. 1910년대 음악회의 또 다른 특징으로 자선음악회가 많았는데 재조외국인이 주최하는 경우를 제외하면 조선악과 서양음악이 섞여 있는 경우가 대부분으로 아직까지 대중에게 익숙한 음악은 조선악이었음을 반증한다. 1910년대 후반부터는 동경에서 유학 중인 음악가들이 '유학생 음악가'라는 정체성을 가지고 활동하면서 전문음악회를 시도하기 시작하였다.

1920년대는 문화통치기로 3·1운동을 전후한 국제정세는 음악회에도 반영되고 있다. 제1차 세계대전과 러시아혁명, 윌슨의 민족자결주의 등 세계정세의 변화는 민족운동에도 큰 영향을 미치면서 식민지 지식인들은 문화운동을 통한 사회개조를 주창하였다. 이 시기 일본의 사상계로부터 영향을 받은 동경유학생들은 서구 근대의 신문화를 조선에 도입시키고자 했는데, 1921년 고학생동우회의 순회공연은 소인극을 통해 신문화를 보급하려는 문화사업으로 홍난파와 윤심덕이 동우회 공연에 합류하였고 이러한 경험은 음악계에도 자극이 되었다. 동우회와 함께 국내 고학생 단체인 갈돕회도 모금공연의 형식으로 전국을 순회했는데, 부르주아 민족주의자들에게 고학생은 장차 조선의 산업과 교육의 동시적 수행자로 인식되면서 사회적 환대와 동정을 받았다. 1920년대 '동정'은 사회와 민족에 대한 연대적 책임감을 의미하는 개념으로 YMCA에서 초청한 해삼위조선학생음악단과 하와이학생음악단의 공연에서도 '동정'은 이들의 공연을 지속시킬 수 있는 강력한 매개였다. 당시 신문에서는 이들의 공연을 반복적으로 보도함으로써 청중과 신문 독자 모두에게 민족의 공동체성을 견인했다.

1920년대를 특징짓는 또 다른 사조로 사회주의의 유행을 음악회를 통해 살펴보았다. 기독교를 사상적 배경으로 하는 부르주아 민족주의자들의 문화 운동은 계급타파를 주장하는 사회주의 사상과 갈등을 빚을 수밖에 없었다. YMCA의 상징적 인물인 윤치호는 자조론적 사고와 "힘이 정의다."라는 생각에 눌려 있었고 이러한 생각은 식민지적 현실을 용인하게 하는 논리로 작용하게 되었다. 1923년 이후 민족주의운동은 세력 간 대립과 분열이 지속되고 있었지만, 당대 명성 있는 음악가들이 사회주의 단체가 주최하는 인쇄공음악회, 여직공위안음악회에 참여했다는 점은 한국근대음악사에서 중요한 의미를 남기고 있다. 적어도 1920년대 중반까지 음악가들은 정치적·이념적 성향의 음악회라 할지라도 자신들을 필요로 하는 무대에 적극적으로 참여하고 있었기 때문이다. 특히 사회주의의 영향은 러시아가곡, 러시아 무도 등 러시아예술의 유행과 함께 음악무도 공연의 유행을 가져왔다. 리듬에 따라 움직이는 신체를 통해 건강성을 발견한 사회주의자들에게 음악무도는 새로운 공연문화형식으로 받아들여지면서 1923~1926년 사이 음악무도는 음악회의 또 다른 형식으로 정착했고 소년회를 비롯한 각종 단체의 공연형식으로 채택되었다.

그러나 1925년 〈치안유지법〉 제정 이후 음악회는 정치적 영역으로 감시의 대상이 되면서 민족공동체의 결속을 꾀하는 음악회는 급속도로 위축되게 된다. 이후 음악회의 양상은 제국이 허용한 범위 내에서 순수음악회를 표방하며 순응한 음악가들에 의해 주도되고 이러한 음악계 내부의 분열은 전시체제가 본격화되는 1937년 이후 더욱 가속화된다. 전시체제기 제국에 협조했던 음악가들은 자신들에게 닥칠 기회 박탈의 두려움을 체감하면서 제국의 논리를 내면화하며 민족은 이산되기에 이른다.

제3장

외국인 선교사들의 활동과 다성적(多聲的) 음악 공간의 형성

김사랑(이화여자대학교 강사)

1. 머리말
2. 선교사들의 '오아시스', 선교기지의 형성
3. 서울유니언과 미국 중산층 음악문화 향유
4. 기독교 사립학교의 설립과 '음악하기' 공간의 형성
5. 맺음말: 다중의 이해관계가 투영된 소리 공간

1. 머리말

한반도의 수도이자 중심부로 오랫동안 역할했던 서울[1]은 개항 이후 대한제국과 일제강점기라는 역사적 조건 속에서 다양한 문화를 포섭할 수밖에 없었던 최전선에 위치해 있었다. 특히 1885년부터 본격적으로 내한했던 선교사들과 그 주변인들의 음악 실천은 이전에 목격할 수 없었던 새로운 사운드스케이프sound-scape를 형성해 나가는데 중요한 매개자이자 핵심적인 위치를 차지하고 있었다는 점에서 주목할 수밖에 없다.

아펜젤러Henry G. Appenzeller와 언더우드Horace G. Underwood, 스크랜튼Mary F. Scranton 등을 위시하여 초기 내한했던 외국인 선교사들은 주요 공사관들이 모여 있던 정동에 선교기지mission compound or mission station를 마련하고 자신들의 거주지를 비롯해 기독교계 학교와 교회 등 주요 선교 시설을 중심으로 활동하며 점차 그 영역을 확장해 나갔다.[2] 이때 여러 공간에서 펼쳐졌던 선교사들의 음악 활동은 기독교인 양성과 계몽이라는 그들의 의지를 반영한 행보였다. 그러나 다른 한편 음악적 활동이 전개된 공간은 그들의 문화적인 정체성과 '세련된' 감각을 투사할 수 있는 장소이기도 했다. 그 과정에서 한국인의 근대화에 대한 열망은 서양음악이 빠르게 한국 문화에 흡수되는 결과로 이어졌으며, 동시에 일본 제국주의의 억압과 새로운 가치관들의 유입은 선교사들에 의해 전달된 음악 문화가 전유되는 과정에서

1 《경성의 소리문화와 음악공간》이라는 이 책의 제목에서 알 수 있듯 수록된 소논문들이 대체로 일제강점기의 '경성'을 연구시기로 삼고 있는데 반해, 이 글은 개항기부터 일제강점기인 1920대 초반까지 그 시기의 폭이 넓어 일제강점기 명칭인 '경성' 대신 '서울'이라고 명명하였음을 밝혀둔다.

2 류대영, 《초기 미국 선교사 연구 1884-1910》, 한국기독교역사연구소, 2001, 57~58쪽.

두터운 의미층을 형성하며 새로운 정체성의 형성을 견인했다. 즉 한반도의 음악적 토대가 변화해 가는 과정은 서로 다른 정체성과 이해관계가 교차하는 충돌과 길항, 타협의 과정이라 할 수 있다. 이에 본 연구는 새로운 음악문화의 전유 과정을 민족적, 계층적, 문화적으로 뒤얽힌 자아 정체성의 형성 과정이라고 보고, 서구 선교사들이 내한하기 시작한 1885년부터 한국 1세대 전문 음악인들의 활동이 본격화되기 전인 1920년대 초까지 서울에 위치한 선교기지 및 기독교 사립학교라는 공간 안에서 이루어진 선교사들의 음악 관련 활동을 검토하고자 한다.

이유선, 이강숙, 민경찬 등이 서양음악의 수용 연구사를 통해 선교사의 내한을 서양음악 유입의 한 지류로 언급한 이래로, 최근 1차 사료를 근거로 한 선교사들의 구체적인 음악적 활약상을 기술한 개괄적인 연구서[3]들과 이화전문과 연희전문, 숭실전문 및 사립중등학교 등 사립학교를 중심으로 음악교육에 관여한 선교사 연구 논문[4] 등이 등장하기 시작했다. 그러나 대체로 선교사들이 활동한 사실 관계 확인에 집중되어 거시적인 의

3 김사랑, 〈내한 선교사의 음악활동에 관한 연구〉, 한국예술종합학교 음악원예술전문사 학위논문, 2007; 김일심, 〈내한 여성 선교사들의 음악활동에 관한 고찰: 1945년 이전을 중심으로〉, 한국예술종합학교 음악원예술전문사 학위논문, 2013 등이 있다.

4 김사랑, 〈내한 여성선교사들의 음악활동과 청각적 근대화: 1885-1940까지 미북장로교를 중심으로〉, 이화여자대학교 음악학부 박사학위논문, 2017; 〈1920-30년대 음악 전문 여성선교사-미북장로교 선교부 파성 선교사를 중심으로〉 《음악학》 31, 2016; 문백란, 〈연희전문학교의 음악활동과 선교사 교원의 역할: 1930년대 중반까지를 중심으로〉 《동방학지》 189, 2019; 허지연, 〈"제국 속의 제국": 일제강점기 한국의 고등음악교육과 미국의 해외선교〉, 이화여자대학교 음악학부 박사학위논문, 2016; 〈여성선교사의 고등음악교육과 한국 여성의 새로운 정체성 찾기〉 《이화음악논집》 22-1, 2018; 〈서양음악도입기 여성선교사의 교육활동: 이화여전 음악과의 설립(1925)를 중심으로〉 《음악학》 28, 2015.

미 도출에 그친 경향을 보이며, 개항 이후 다양한 문화가 유입된 특정 도시와 공간의 특성을 고려한 연구는 아직 시작 단계이다.[5] 공간의 의미와 그 구성원이 갖는 정체성을 고려하여 선교사들의 음악적 활동과 그로 인한 새로운 문화의 전유 양상을 살핀다면 보다 다각적인 근대 음악 풍경을 이해하는데 중요한 편린을 제공할 수 있을 것이다.

이를 위해 《독립신문》, 《The Independent》(독립신문 영문판), 《매일신보》, 《조선일보》, 《동아일보》 등 당시에 발간된 각종 신문과 선교사들의 보고서 및 개인 문서 등을 중심으로 내용을 정리·분석할 것이다. 특히 기존 연구서들이 1차 자료에 접근하지 못했던 사실들과 드러나지 못했던 여성 선교사 관련 정보들을 토대로, 전통과 근대의 이분법적 프레임을 넘어 정치·외교적으로 혼란스러웠던 상황 속에서 경계를 넘나들며 다양하게 연행되고 수용되었던 다층적인 문화적 흐름을 보다 면밀하게 톺아보고자 한다.

5 김사랑, 〈새로운 음악문화 수용을 위한 제의적 공간으로써의 평양: 1920-30년대 선교사들과 한국인들의 음악적 만남〉 《음악학》 30, 2016에서 평양이라는 공간을 중심으로 선교사들의 음악활동을 다루었으나 서울 지역의 본격적인 선교사 관련 음악 연구는 없다.

2. 선교사들의 '오아시스',[6] 선교기지의 형성

1883년 10월 조영수호통상조약의 체결에 따라 외국인들의 서울 도성 안 거주와 통상행위가 사실상 허용되면서, 인천-양화진-서대문을 거쳐 도성 안으로 들어온 서양인들이 정동에 서구식 건물들을 짓기 시작했다.[7] 특히 1883년 미국공사관을 시작으로 서구의 각국 공사관들이 정동에 위치하게 되었고 근대식 학교와 병원 등이 들어서게 되어 명실상부한 서양인 거주 지역이자 근대식 문물과 문화가 전시되는 특별한 공간으로 거듭났다.

이러한 거주지의 형성은 선교사들에 의한 선교기지 조성이 큰 몫을 차지했다. 1884년에 내한한 알렌Horace Newton Allen[8]이 미국 공사인 푸트Lucious H. Foote의 알선으로 공사관 부근에서 멀지 않은 곳에 작은 한옥 한 채를 주택으로 매입한데서부터 선교기지의 시발점이 되었다.[9] 이후 미국의 북장로교와 북감리교 선교사들이 세운 선교기지가 정동에 자리를 잡게 되면서 외국인 거주 지역의 면모를 갖추게 된 것이다. 먼저 미국공사관 담장을 끼

6 Arthur Judson Brown, "A Reading Journey through Korea," *Chautauquan* 41, 1905, p.494. 류대영, 앞의 책, 58쪽 재인용. 미국 북장로교회 선교부의 아더 브라운이 한국에 방문하여 정동에 대해 "사막의 오아시스"라고 언급하였다. "광야"와도 같았던 이방인의 나라에서 "축소된 미국"을 창조하여 이른바 문명화된 세계를 구축하였고, '오아시스'는 문화적 수원지의 이미지를 반영한다.

7 장규식, 《서울, 공간으로 본 역사》, 혜안, 2004, 123쪽.

8 알렌은 1884년에 내한한 인물로 북장로교 파송 선교사였으나 공식적으로는 미국 공사관 소속 의사였다. 선교사의 신분보다는 공사관 자격으로 한국에 올 수 있었다는 이유로, 기독교계에서는 본격적인 개신교 선교사의 내한 시점을 아펜젤러와 언더우드가 입국한 1885년으로 보는 견해와 알렌의 입국 연도인 1884년으로 보는 입장으로 나뉜다.

9 백낙준, 《韓國改新敎史: 1832-1910》, 연세대학교출판부, 1973, 103쪽.

고 공사관 거리(정동길)의 북쪽으로 5천여 평의 부지에 '미국 북장로회 선교기지'가 형성되었다. 미북장로교의 언더우드, 헤론John W. Heron, 엘러스Annie Ellers, 모펫Samuel A. Moffet 등 초기 선교사들은 사택을 비롯해 고아원, 언더우드학당(경신학당의 전신), 정동여학당 등을 마련하여 교육 사업을 중심으로 선교활동을 전개했다. 공사관 거리의 남서쪽 성벽을 따라 서소문 방향으로 형성된 '미국 감리회 선교기지'에는 배재학당, 이화학당, 시병원American Doctor's Dispensary, 보구여관,[10] 정동제일교회 등이 들어섰다.[11] 현재까지도 이화여고, 정동제일교회, 배재학당 역사박물관 등이 그 명맥을 유지하고 있다. 위와 같이 선교기지가 정동에 자리를 잡게 된 구체적인 이유는 메리 스크랜튼의 아들인 윌리엄 스크랜튼William B. Scranton의 편지에서 단서를 찾을 수 있다.

> 부지는 미국공사관, 장로교 선교부와 인접해 있는데, 다음 몇 가지 점에서 아주 바람직합니다. 첫째, 이곳 부지는 외국인들이 사는 곳에서 가까울 뿐 아니라 세 방면으로 한국인들이 사는 곳과도 가깝습니다. 둘째, 부지는 시내를 내려다볼 수 있을 정도로 솟아 있어 배수가 잘되고 공기가 맑은데, 이 두 가지 점은 여기처럼 지저분하고 더러운 곳에서는 아주 중요한 의미를 지닙니다. 셋째, 부지는 높은 곳에 위치하고 있어 주거지로는 제일 좋은 곳으로 여겨지는 곳인데 머지않은 장래에 지금 공터로 남아 있는 언덕 위에 건물을 지으면 시내 어디서든 사람들이 그 건물을 보고 우리가 그들에게 아주 좋은 일을 하

10 감리교 여성 의료 선교사 하워드(Meta Howard)가 시병원 북쪽에 설립한 여성 전용 병원이다.

11 김윤미, 〈정동 20년(1885~1905) 근대 서울의 문턱 '공사관 구역', 서양 외교관들의 입지관〉, 한국역사연구회 아카이브(www.koreanhistory.org), 2018; 한국기독교역사연구소, 《믿음의 흔적을 찾아서: 한국의 기독교 유적》, 2011, 8~10쪽.

고 있음을 알게 될 것입니다.[12]

미국, 영국, 러시아 등 주요 공관이 자리 잡은 정동은 자국 공사관으로부터 보호를 받을 수 있는 데다 지형적으로 시내를 내려다볼 수 있고, 배수가 잘 되어 위생을 유지할 수 있는 조건을 갖추었다. 의료선교사였던 릴리아스 언더우드는 "비위생적이라는 말의 정의에 포함시킬 수 있는 상상 가능한 모든 일"을 하고 있었다고 기록할 만큼 당시의 서울은 외국인들의 눈에 "무시무시하게 불결한"[13] 곳이었고, 따라서 배수가 잘 되는 환경은 정착지를 찾는데 가장 중요한 기준이 되었다. 하지만 안전과 건강을 담보할 수 있다는 이유 외에도, 선교사들은 높은 곳에 위치한 만큼 가시적인 '문명화 세계'가 가진 영향력을 기대하기도 했다. 정동에 토지나 집을 구입하고 수리·개조한 선교사들은 그야말로 축소된 미국을 조성하여 자신들이 기존에 영위해 왔던 삶의 패턴을 이국땅에서도 지속하려 애썼다. 눈에 잘 띄는 곳에 자리 잡은 선교사들의 집은 "천국과도 같은" 기독교의 세계와 비기독교적이고 "원시적"인 한국의 차이를 극명하게 보여주며 한국인들의 눈에 경이와 감탄의 대상이 되는 전시관의 역할을 할 수 있었다.[14] 물론 윌리엄 홀William J. Hall이나 펜윅Malcolm C. Fenwick과 같이 한국인들의 일상에 좀 더 깊이 파고들었던 선교사들도 있었지만, 초기 선교사들은 대체로 "광야"와도 같은 이방인의 땅에서 안전을 보장받을 수 있고 한국인들로부터 분리된 "문명화된 세계"를 조성하고자 했던 것이다.[15] 1902년 고종황제의 요구로 정동의 선교부 소유지를 대한제국 정부에 팔고 1903년 연못골(현 종로

12 W. B. Scranton' letter to Dr. J. M. Reid, Jun 1, 1885(김윤미, 앞의 글, 2018, 재인용).
13 Brown, "Reading Journey," p. 494·510·155(류대영, 앞의 책, 2001, 68쪽 재인용).
14 Mattie W. Noble 저, 강선미·이양준 역, 《노블일지》, 이마고, 2010, 135~136쪽.
15 류대영, 앞의 책, 2001, 57쪽.

구 연지동) 대지를 구입하여 선교기지를 조성했던 미북장로교 선교사의 기록에서도 이러한 의도가 드러난다.[16]

> 우리는 이곳을 '선교 언덕(Missionary Ridge)'이라 부르는데 중앙도로[종로] 가까이에서 북쪽으로 뻗은 언덕 위에 자리 잡고 있기 때문입니다. 일곱 채의 선교사 주택을 포함하여 본교[경신], 여자 기숙학교[정신]를 합한 두 개의 학교와 같은 구내에 있는 교회[연동] 등이 숨겨질 수 없는 빛이 되어 이 어두운 수도의 한 지역에 희망을 비춰주고 있습니다. 이로 인해 죄로 저주받은 이들에게 빛을 비춰 주고 죽어가는 생명들을 죄 없으신 그분의 형상으로 인도합니다.[17]

이렇듯 종교와 함께 근대화된 다양한 문물과 문화가 전시된 선교기지는 대체로 미국 중서부 중산층 출신의 대학 나온 선교사들의 삶의 패턴을 그대로 반영하고 있었다.[18] 그들의 집은 외국에서 들여온 자재로 꾸며졌으며, 집안에는 재봉틀, 발전기, 석유난로, 오르간 등 한국인들에게 낯선 문명의 이기들로 가득 차 있었다. 미국에서 먹던 음식을 거의 대부분 수입해 한국에서 즐길 수 있었고, 일부 독신 선교사들 외에는 대부분 가족 단위로 입국하여 다른 목적으로 내한한 외국인들과 달리 '스위트 홈'을 누릴 수 있었다.[19] 주목할 점은 여가 생활과 사교 활동을 통해 문화생활을 지속하는

16 Harry A. Rhodes, 최재건 역, 《미국 북장로교 한국 선교회사: volume I (1884-1934)》, 연세대학교출판부, 2009, 108쪽.

17 E. H. Miller, "The John D. Wells Training School," *The Korea Mission Field*, 1906, pp.181~182.

18 선교사의 계층과 배경에 대한 논의는 류대영, 앞의 책, 2001을 참고할 것.

19 류대영, 앞의 책, 2001, 61쪽.

것 또한 중산층으로서 매우 중요한 요소였다는 점이다. 대표적인 예로, 선교사들은 서울에 상주하는 모든 외국인을 위한 사교 모임인 "서울유니언Seoul Union" 설립에 적극적으로 관여하였고 이 조직의 각종 문화행사를 주관하였다. 서울유니언을 통해 외국인들은 테니스, 다과회, 낭독회, 음악회, 연극회, 기념일 행사 등을 정기적으로 열어 친목을 도모하고 자신들의 '세련된' 교양과 안목을 표현하고 즐겼다.[20]

서울에 외국인 주거지가 조성된 지 불과 3~4년 만에 문화생활을 즐기기 위한 커뮤니티를 조직하였다는 점은 이들에게 중산층으로서의 생활양식이 포기할 수 없는 그들의 일부였음을 보여준다. 따라서 선교사들이 악기를 가져오는 일은 그리 놀라울 일은 아니었고, 이들에 의해 코넷, 오르간, 아코디언, 피아노 등이 소개될 수 있었다. 1884년에 공사관으로 내한한 미북장로교 선교사 알렌은 1885년 2월 25일자 일기에 자신의 집에 소형 오르간이 있음을 언급하고 있으며, 같은 해 4월 3일자 일기에는 자신의 집에 방문한 궁내부대신을 위해 아내인 프란시스Frances A. Allen가 오르간을, 자신은 아코디언을 연주하였다고 적고 있다.[21] 첫 감리교 선교사인 헨리 아펜젤러의 아내 엘라 아펜젤러Ella D. Appenzeller 또한 친구인 리지Lizzie Yeagley에게 쓴 1885년 7월 7일자 편지에 오르간이 제물포에 도착하였다고 기록한다.[22] 이들뿐 아니라 헐버트Homer Hulbert, 메리 스크랜튼,[23]

20 선교사들의 잡지 *Korean Repository*나 독립신문 영문판인 *The Independent*에서 서울 유니언의 다양한 모임에 대한 공지를 다수 찾아볼 수 있다.

21 H, N, Allen 저, 김원모 역, 《알렌의 일기》, 단국대학교출판부, 1991, 30·66쪽.

22 Daniel M. Davies, "The life and thought of Henry Gerhard Appenzeller(1858-1902)", *Missionary to Korea*, The Edwin Mellem Press, 1988, p.154.

23 Mary E. Young, "What the King Did not Know", *The Korea Mission Field*, 1938, p.69.

모펫,[24] 매티 노블Mattie W. Noble,[25] 에비슨Oliver R. Avison, 제임스 홀William James Hall[26] 등 서울에서 활동을 시작했던 초기 선교사들 다수가 개인적으로 소형 오르간을 비롯한 악기를 보유하고 있었고 자녀들의 음악교육에도 적극적이었다. 특히 에비슨은 1893년 입국 당시 피아노를 들여왔는데,[27] 덕분에 그의 딸인 레라 에비슨Lera Avison은 정신여학교에서 정규 음악 수업을 담당하고 학생들의 오르간 개인지도를 맡을 만큼 실력을 닦을 수 있었다.[28] 선교 초기부터 악기를 들여왔던 이들의 행보는 선교사들의 내한이 거대한 문화의 이동에 다름 아님을 보여준다.

다양한 연주와 모임, 음악이 있는 예배 등 서구의 소리로 '전시된' 별세계 선교기지는 이방인들의 관심을 끌어 모으기 충분했다. 1892년에 내한했던 매티 노블은 1893년 4월 13일 일지에 자신의 집을 방문한 한국인 남학생과 그 어머니를 위해 "미국의 사진을 보여주고 오르간을 연주해 주

24 Samuel E. Moffet, 김인수 역, 《마포삼열의 선교편지》, 장로회신학대학교출판부, 2000, 702쪽.

25 Mattie W. Noble, 앞의 책, 2010, 54쪽.

26 Mattie W. Noble, 앞의 책, 2010, 61쪽.

27 에비슨은 1893년 부산을 통해 서울에 들어왔으며 입국 당시 피아노를 들여왔다. 가구가 서울에 도착한 현장에 대해, "12월이 되어서야 기다리던 가구가 제물포에 도착했다. (중략) 조선에 처음 들어오는 셈인 피아노에 대해서 아내는 특히 염려했다. 기차로, 배로, 그리고 마지막에는 달구지로 운반되는 도중에 행여 손상이나 입지 않았을까 하는 우려 때문이었다. 가구들이 도착하자 아내는 제일 먼저 피아노가 든 상자를 열고, 그 앞에 서서 건반을 두들겨 보았다. 다행히 음정에 이상이 없이 온전하여, 우리 모두 기뻐했다. 아내가 연주한 첫 번째 곡은 '만복의 근원 하나님'이었다. 우리 모두는 피아노 주위에 둘러서서 우렁차게 찬송가를 불렀다."라고 술회하였다(O. R. Avison, 박형우 편역, 《Memories of Life in Korea, 올리버 R. 에비슨이 지켜본 근대 한국 42년 1893-1935》, 청년의사, 2010, 171쪽).

28 Lera C. Avison, "Report", Dec. 17, 1913; Mrs. O. R. Avison, "Report for 1911-12"

었다."면서 "한국 사람들은 오르간에 대단한 호기심을 보였으며, 두 모자는 방 안에 있는 가구들을 무척 흥미롭게 관찰했다."고 적었다.[29] 당시 호기심 많은 한국인들 덕분에 "사생활이 없다."고 느낀 선교사들도 많았다. 이와 같이 새로운 문명이 전시된 세계는 시간이 지나면서 한국인들의 눈에 특별한 공간으로 자리매김했고 이를 반영하듯 《동아일보》 기자는 다음과 같이 정동을 묘사했다.

> 서양사람이 만히 모혀 사는데가 서울 안에는 뎡동입니다. 뎡동거리를 지나자면 유리창 열린 곳에서 '피아노' 소리가 흘러나오고 뜰나무 벌어 선 사이에 紗옷자락이 날립니다. 이것은 참 서양사람의 촌이구나 하고 누구나 생각하게 됩니다.[30]

이렇게 선교기지는 미국의 작은 축소판으로 선교사들에게는 심리적인 안정감과 자신들의 문명에 대한 자신감, 문화적인 소속감을 얻을 수 있는 수원지와 같았다. 가정과 사교 센터 등의 공동체를 통해 지속적으로 고향의 문화를 재현하고 향유할 수 있는 오아시스와도 같았던 선교기지는 종교적 신념 뒤 미국인들의 인간적인 열망과 시선을 보여준다는 점에서 이들의 모든 대외적인 문화 활동 이면의 의식적·무의식적인 의도와 방향을 짐작케 해준다.

29 Mattie W. Noble, 앞의 책, 2010, 54쪽

30 〈貞洞 西洋人村〉《동아일보》 1924년 7월 30일.

3. 서울유니언과 미국 중산층 음악문화 향유

1) 서울유니언의 설립과 선교사들의 문화적 정체성의 강화

초창기 선교사들이 서울에 거주하고 있는 외국인들과 함께 서울유니언[31]을 결성한 후 가장 먼저 한 일은 부지를 구입하여 센터 건물을 짓는 일이었다. 알렌이 1904년에 쓴 《Korea: fact and fancy》의 "Chronological index"에 따르면, 1888년 9월에 결성된 서울유니언은 1890년 정동의 미국 공사관 앞에 토지를 매입해 1891년 건물을 짓고 각종 모임과 여가를 개최하고 즐겼다.[32] 이 사교 클럽은 이전부터 활동해 오고 있던 "여성테니스클럽The Ladies' Lawn tennis club"[33]과 1890년 조직을 병합한 뒤 토지 매입 등 본격적인 활동에 시동을 걸었던 것으로 보이는데,[34] 현재 서울 중구 정동 8-1번지에 위치했던 서울유니언 클럽 센터는 한국에 마련된 "첫 사교 센터"로 당시에 흔히 보기 어려웠던 벽돌 건물인 "클럽 하우스"와 세 개의 테니스 코트가 설치될 만큼 너른 운동장을 보유하고 있었다.[35]

31 서울유니언은 회원(shareholders) 총회로 선입된 의장, 서기, 회계들과 이사들로 구성된 운영진에 의해 모임이 운영되었는데, 《The Independent》 1897년 10월 16일자에 당해 새로 선임된 이사와 운영진의 명단이 소개되기도 했다. 면면을 살펴보면 선교사들이 대거 포진되어 있음을 알 수 있어 서울 유니언의 활동에 깊이 개입되어 있음을 알 수 있다. 대표적인 인물들은 H. N. Allen, J. N. Jordan, Dr. C. C. Vinton, H. G. Appenzeller, J. Mcleavy Brown and Rev. D. A. Bunker, trustees; J. McLeavy Brown, D. A. Bunker(President), C. C. Vinton, treasurer(secretary)가 있다.

32 H. N. Allen, 김요병 역, 《韓國近代外交史年表》, 국회도서관 입법조사국, 1966. 48쪽.

33 1930년 1월, J. L. Boots가 《The Korea Mission Field》에 기고한 글에 따르면, 이 명칭은 후에 서울여성클럽(Seoul Woman's Club)으로 바뀐 것으로 보인다.

34 D. A. Bunker, "Passing of the old Seoul Union," *The Korea Mission Field*, 1929. p.156.

35 J. L. Boots, "The Seoul Union 50th Anniversary," *The Korea Mission Field*, 1939.

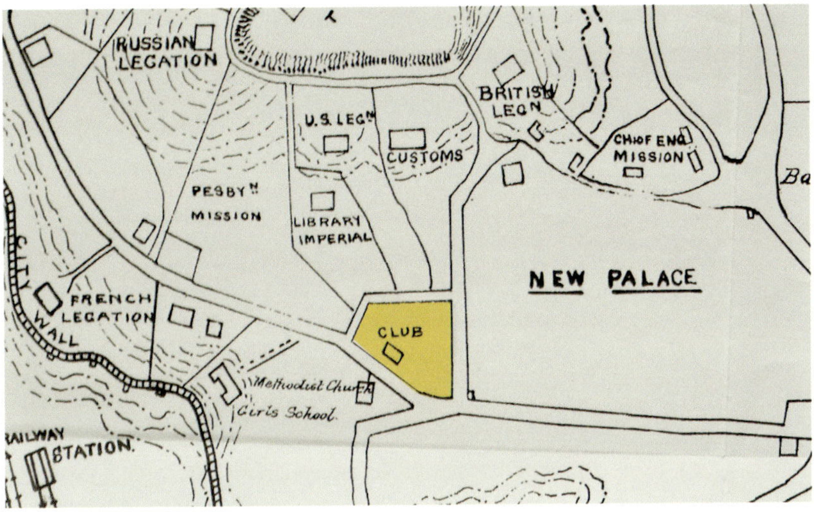

초창기 서울유니언 클럽 센터 위치
출처: 〈Western Quarter of Seoul〉(Col G. F. Brown., 1901).

초기 서울유니언 클럽하우스(우측)와 테니스코트
출처: 이배용 외, 《이화영상실록》, 이화역사관, 2006, 61쪽.

p.97; "Notes and Comments," *The Korean Repository*, 1897, p.480.

〈표 1〉《The Independent》에 언급된 서울유니언 음악 관련 모임

	공연 날짜	장소	출연자
1	1897. 01. 15	Seoul Union Reading Room	Mrs. Waeber, Miss Paine and Miss Frey
2	1897. 02. 06	〃	Miss Parkhill, Alice Appenzeller. Mrs. Hulbert, H. B. Hulbert, Bunker etc.
3	1897. 02. 12	〃	H. G. Appenzeller (Reading) Miss Katharine Wambold (Song) Alice Appenzeller (Piano, Song)
4	1897. 11. 26	〃	H. G. Underwood (Reading) Art Exhibition: Mrs. H. N. Allen (Vice President of the Club)
5	1897. 12. 10	〃	Mrs. H. G. Appenzeller
6	1897. 12. 24	〃	Mrs. H. B. Hulbert (Christmas Celebration)
7	1897. 03. 02	〃	Mr. E. Stein & Mr. R. Willis (Violin, Piano) Miss Parkhill (Piano solo), Mr Brown (Reading)
8	1898. 01. 07	〃	Mr. Baldock & Mr. Bowering (Viloin & Piano) children's play "The Babes in the Wood" (training: Parkhill)
9	1898. 01. 21	〃	Harry and Maurice Allen, Alice Appenzeller (Banjo solo, Singing, Reading)
10	1898. 02. 11	〃	Mrs. Hulbert Mr. Bowring and Dr. Baldock (Violin & Piano) Miss Parkhill (Piano solo) Mr. Bunker, Miss Pierce, Miss Wambold (Song)
11	1898. 12. 24	Union Parlors	Children Choir (W. C. Swarer trainer, Alice Appenzeller Piano) Grelchen Jones (Song "Joliy Old St. Nicolas")

출처: *The Independent*, 1897. 1. 14.; 1897. 2. 4.; 1897. 2. 9.; 1897. 2. 16.; 1897. 11. 30.; 1897. 12. 9.; 1897. 12. 23.; 1898. 1. 6.; 1898. 1. 11.; 1898. 1. 20.; 1898. 1. 25.; 1898. 2. 15.; 1898. 12. 19.; 1898. 12. 22.; 1898. 12. 27. 기사 등을 토대로 정리하였다.

《독립신문》의 영문판인 《The Independent》의 한 필자는 자신들에게 이 모임의 의미가 무엇인지를 밝히고 있다.

> 마음에 안정을 가져다주는 음악회나 연극, 강연 등은 문명화된 삶을 위해 없어서는 안 될 것들이다. 동양의 여러 항구들이 대중오락 시설을 갖추었지만 불행히도 한국의 수도에는 아직 그런 것들을 지원할 역량이 없다. 그런 점에서 비록 소규모지만 강연이나 낭독회, 음악회 등의 다양한 여흥을 선사하는 서울 유니언이 정말 자랑스럽다. 현재 소수에 불과한 거주자들을 고려하면 준비한 모든 이들의 수고가 매우 값지다.[36]

《The Independent》에 따르면,[37] 클럽하우스에서 매주 금요일의 티타임, 음악회와 전시회 등의 주기적인 문화행사가 열렸고, 매년 봄·가을에 테니스 경기 등의 체육 행사가 치러졌다. 당연히 대부분의 모임에는 음악이 중요한 몫을 차지했다. 《The Independent》 기사를 토대로 정리한 음악 관련 서울유니언 모임은 〈표 1〉과 같다.

음악과 관련된 모임은 11월부터 이듬해 3월까지 집중되었는데, 선교사업이 상대적으로 활발하지 않은 겨울 시즌에 주로 문화 예술 모임이 활성화되었던 것으로 보인다. 대부분의 예술 문화 프로그램은 서울유니언의 여성 모임이었던 여성테니스클럽이 각종 행사를 주관하는 형식을 띠었다. 이들의 음악회 모임 중 1897년 2월 6일에 있었던 모임의 주요 프로그램과 연주자는 다음과 같다.[38]

36 "Editorial Notes", *The Independent*, 1897. 3. 2.

37 1894년 4월부터 1899년 12월 폐간할 때까지 서울유니언 관련 기사를 상세하게 기재하고 있어, 이를 통해 당시 서울유니언의 초기 모임의 형태를 파악할 수 있다.

38 "Local Items", *The Independent*, 1897. 2. 9.

Part I.

(1) Piano Solo, 〈Schubert's Impromptu〉 Miss Parkhill.

(2) Trio, 〈Venetian Boatmen's Song〉 Mrs. Hulbert, Mr. Bunker, Mr. Hulbert.

(3) Piano Solo, 〈In the Hammock〉 Miss Alice Appenzeller.

(4) Song, Serenade, 〈Nita Giltana〉 Mr. H. B. Hulbert.

(5) Piano Trio, Alice Appenzeller, Harry and Manrice Allen.

Part II.

(1) Violin Solo, Mr. Stein.

(2) Reading 〈Through Death's Dark Vale〉 H. B. Hulbert.

(3) Piano Solo, March 〈Ivanhoe〉

(4) Trio, 〈When Hauds Meet〉 Mrs. Hulbert, Bunker, Hulbert.

이날 연주에 참여한 이들은 러시아 공사관의 서기관이었던 스테인Mr. Stein을 제외하고는 모두 선교사나 선교사 자녀들로, 헐버트 부부와 벙커D. A. Bunker, 알렌의 자녀인 해리와 맨리스 알렌Harry and Manrice Allen, 아펜젤러의 딸인 앨리스 아펜젤러Alice R. Appenzeller 등이 출연하였다. 짧은 소품이나 응접실 음악parlor music[39] 등으로 구성된 피아노, 성악 등의 솔로 연주와 학생들의 삼중주, 낭독 등의 프로그램은 19세기 미국 중산층의 가정 음악 공연 성격을 보인다. 1898년 2월 11일에도 이와 유사하게 시즌을 마감하는 연주회가 있었다. 이 때 역시 기악 연주와 성악 솔로 연주 그리고 책 낭송 등이 2부에 걸쳐 이어졌고, 발독Baldock,[40] 헐버트 부인과 벙커, 아펜젤러 부인, 피어스 양

39 아마추어 음악가들이 가정의 응접실에서 연주했던 대중적 음악의 한 종류이다.
40 성공회 의료선교사이다.

Nellie Pierce,[41] 왐볼드 양Katherine C. Wambold[42] 등 선교사들이 다수 출연하였다. 구노Gouno의 〈Ballet Music of Faust〉와 베버Weber의 〈Overture-Peter Schmoll〉, 슈만Schumann의 〈Wanderer's Song〉, 베토벤Beethoven의 〈Piano Sonata No. 20〉, 버나드Barnard의 〈The Plains of Peace〉, 로시니Rossini의 〈Overture-Semiranide〉, 본Bohn의 Song 〈Still wie die Nacht〉, 드 베리오De Beriot의 〈Scene de Ballet, Op. 100〉 등 다양한 프로그램 구성을 확인할 수 있다.[43] 베토벤, 슈만, 구노, 로시니, 베리오 등 대체로 서구유럽 클래식 작곡가들의 레퍼토리를 보여주고 있어, 마치 18~19세기 유럽의 부르주아 집안에서 지인들이 함께 음악으로 교류하고 계층적 가치를 만들어 갔던 살롱의 실내음악 공연을 상기시킨다. 이러한 살롱 문화는 가정음악을 통해 스위트홈을 지향하고 중산층의 가치를 체현하고자 했던 19세기 미국 문화로 이어졌다. 실제로 근대 시기 내한했던 선교사들의 다수가 중서부의 기독교 중산층 가정 출신이라는 점은 서울유니언 모임을 통해 이들의 계층적 특성이 반영된 음악회가 반복적으로 재현되었던 이유를 상기시킨다.

《독립신문》의 이른 폐간으로 인해 1899년부터 서울유니언의 활약상에 대해서는 자세히 파악하기 쉽지 않다. 하지만 내한 외국인의 숫자가 꾸준히 늘어났을 뿐 아니라, 1929년에 낙후된 첫 건물을 허물고 배재학당 서쪽 편에 새 건물을 지어 모임을 이어갔다는 사실은 이 모임에 대한 필요가 선교사를 비롯한 외국인들에게 상당했음을 짐작케 한다.[44] 새로이 건축된 서울유니언 센터는 볼링장과 여러 모임 홀social room, 방문객을 위한 객실check roon 등을 갖춘 클럽하우스와 이를 둘러싼 다섯 개의 테니스 코트 및

41 1897년 미감리교 선교사로 내한하여 이화학당 초기 합창지도를 하였다.

42 1896년 미북장로교 선교사로 내한하여 정신여학교 운영에 참여하였다.

43 "Merry Christmas", *The Independent*, 1898. 12. 19.

44 John L. Boots, "The New Seoul Union," *The Korea Mission Field*, 1930, p.14.

수영장으로 구성되었는데,[45] 내한 외국인의 "심신의 건강"을 위해 존재했던 만큼 초기와 유사한 다양한 체육·문화·예술적 행사가 지속되었을 것으로 보인다. 물론 선교사들 간의 모임이 잦은 상황에 대한 자성의 목소리가 초기부터 불거졌던 데다가[46] 한국교회가 비약적으로 발전하고 선교 사업이 커지면서 자연스럽게 선교사들의 참여도가 낮아졌을 가능성이 있다.

요컨대, 서울유니언을 통한 선교사들의 문화 활동은 "마음에 안정을 가져다주는" 동시에 자신들의 문화 정체성을 확인하고 강화해 주는 역할을 했다. 즉, 음악을 집 안에서만 즐기고 향유하는 것에서 벗어나 무대라는 공적 공간을 통해 문명화된 서구 문화의 뿌리를 공동체적으로 확인하고 다음 세대로 전수하는 과정이었다. 따라서 서울유니언 센터는 이방인의 땅에서 살아가야 하는 선교사들에게 "없어서는 안 될" 공간이었던 것이다. 이들에게 이방인을 계몽하고자 했던 강한 의지는 자신들의 문화에 대한 자부심, 이른바 '문명화'된 '세련된 교양'이 기독교와 깊이 연관되어 있다고 본 이들의 신념과 무관하지 않다. 결국 서울유니언 활동은 선교사들이 한국인들에게 서양음악문화의 표본으로 자리매김하고 한국인들을 대상으로 한 다양한 서양 음악의 세례로 이어지는 동력이 될 수 있었다.

2) 서양음악의 원형으로서 대외 무대 활동

선교사를 비롯한 외국인들에게 문화적 구심점의 역할을 했던 서울유니언의 활동은 선교사들의 대외적인 무대 공연으로도 이어졌다. 물론 초기 선교사들의 대외 무대 활동에 관한 구체적인 자료는 그 수가 많지 않다. 그러나 초기에는 교회나 호텔 등에서 꾸준히 무대 공연을 펼쳤고,

45 John L. Boots, "The New Seoul Union," *The Korea Mission Field*, 1930, p.15; "The Seoul Union 50th Anniversary," *The Korea Mission Field*, 1939, pp.96~97.

46 류대영, 앞의 책, 2001, 63~65쪽.

YMCA회관
출처: 한국YMCA전국연맹.

조선호텔 콘서트홀
출처: 부산시립박물관.

1903년 황성기독교청년회관, 1920년 공회당이 세워지면서 차례로 그 중심 무대를 이동해 가며 연주 활동을 이어갔다.

먼저 외국인 그룹 주최의 공연 내용을 살펴보면, 1905년 9월 25일 황성기독교청년회관에서 열린 맹아학교와 교회학교 돕기 자선연주회,[47] 1909년 11월 10일 애스터하우스에서 열렸던 외국인 음악회[48] 등 선교사를 비롯한 외국인 출연진 중심의 무대가 1920년대까지 꾸준히 등장한다. 1917년 서울유니언의 수장을 맡고 있던 헤론 스미스Frank Herron Smith[49]가 본국에 보낸 편지에 서울유니언이 "다양한 음악활동을 하고 있어 삶의 즐거

47 김희진, 〈한국의 근대 연주회장 연구: 매일신보를 중심으로〉, 한국예술종합학교 음악원 석사학위논문, 2011, 18쪽.

48 《대한매일신보》 1909년 10월 24일 · 11월 2일.

49 헤론 스미스는 1905년에 감리교 선교사로 내한해 1925년 한국을 떠났다. 주로 주한 일본인을 대상으로 선교활동을 했던 인물로, 특히 일본의 한국에 대한 비인도적인 만행을 세계에 알리고자 노력하고 3 · 1운동을 지원했던 캐나다 선교사 프랭크 스코필드(Frank William Schofield, 1889～1970)의 고발 기사에 대해 비판하고 일제를 옹호하는 글을 썼던 친일 인물이기도 하다.

움을 더해 준다."고 밝혀 이들의 무대 활동이 조직적으로 이루어졌음을 알 수 있다.[50] 〈표 2〉는 서울에서 선교사들이 참여한 외국인 그룹 주최 주요 음악회를 정리한 내용이다.

〈표 2〉 1920년대 초반까지 주요 외국인 음악회

	날짜	공연 명칭	장소	연주자 (선교사는 볼드체)
1	1909. 09. 25.	맹아학교와 교회학교 돕기 자선연주회	황성 기독청년회관	**서양 각국 유지신사**
2	1909. 11. 10.	외국인 음악회	새문밖 법인 여관 (애스터하우스)	**외국신사와 부인들**, 한국 군악대
3	1915. 12. 23.	경탄대음악회	황성 기독청년회관	**마이어스**, **하디**, **본위크**, **맥케리 부인**, **모리스 부인**, 합창 (**아펜젤러 양**, **마이어스 양** 지도)
4	1920. 06. 23.	선교사 음악회	조선호텔	**경성 선교사단**(宣教師團)
5	1921. 03. 04.	서울 외국인학교 주최 외국인 음악회	공회당	**서울 거주 서양인**, **클라크 부인**
6	1921. 03. 07.	클낙 부인 독창 대음악회	조선중앙 기독청년회관	**클라크 부인**
7	1921. 05. 06.	서울음악구락부 주최 서양인구락부 연주회	조선중앙 기독청년회관	**빌링스 부인**, 고어만 부인,[52] **루츠 부인**, **반버스커크**
8	1921. 06. 03.	외국인 음악회	공회당	**서울 거주 외국인**
9	1921. 10. 29.	태화관 엡웟청년회 주최 음악회[53]	공회당	**서울 거주 서양음악가** 다수
10	1922. 02. 27.	서울외국인학교 주최 음악회	공회당	셰익스피어 연극 '템페스트' 외 다수의 음악 **외국인 출연**
11	1923. 06. 09.	룻츠-솔토 음악회[54]	공회당	**루츠 부인**, **솔타우 부인**
12	1923. 12. 03.	알레니아 고아구제회 주최 음악회	조선중앙 기독청년회관	**부츠 부인**, **아펜젤러 양**, **콕 양** 등

출처: 《동아일보》, 《조선일보》, 《매일신보》를 중심으로 정리한 내용(출연자 이름은 필자가 현대식 표기법으로 옮겨 적었음).

50 A letter to the Rev. Frank Mason Morth from Smith Frank Herron, Nov 1. 1917.

위의 내용을 살펴보면, 1910년대까지는 본위크Gerald William Bonwick,[54] 모리스 부인O'Gilvy Louis Morris,[55] 마이어스Mamie D. Myers,[56] 하디Eva Hardie[57] 등 음악을 전공하지 않은 비전문가들이 무대에 올랐던데 반해 1920년대부터는 점차 전문가들의 활약이 두드러지는 형국이다. 앨리스 아펜젤러, 빌링스 부인Helen Taylor Billings,[58] 부츠부인Florence S. Boots,[59] 클라크

51 각종 기사에 '꼴만' 혹은 '꼴문'이라고 표기된 인물은 피아니스트 고어만(Kathleen R. Gorman)으로 스탠더드 석유회사의 지사장인 남편과 함께 내한한 인물이다. 오스트리아 빈 콘서바토리를 졸업하였으며 1937년부터 1940년까지 이화전문에서 피아노를 가르치기도 했다(K. R. Gorma, *My Music Pulpil around the World*. 이화여자대학교 음악연구소,《이화여자대학교 음악대학의 역사, 1886-2002》 2003, 257쪽 재인용).

52 《동아일보》 1921년 10월 29일.

53 이 공연은 솔타우 부인의 개인 보고서에 언급된 내용이다(Grace B. Soltau, "Dear Friends" 1923).

54 1908년 구세군 선교사로 내한하여 구세군 찬송가 출판에 관여하였고 다수의 음악회에 출연하였다.

55 1900년 내한한 여성선교사로 평양외국인학교 초등교원으로 부임하였고, 1903년 미북감리교 선교사였던 찰스 모리스(Charles D. Morris)와 결혼하여 선교활동을 지속했다.

56 기사에 '마이쓰'라고 언급된 인물은 1906년부터 1934년까지 내한한 미남감리교 파송 여성선교사 마이어스로 기독교 태화여자관을 설립하기도 했다.

57 1890년에 내한했던 미남감리교 선교사 로버트 하디(Robert Hardie, 1865~1949)의 딸로 미국에서 공부한 뒤 역시 미남감리교 선교사로 1913년 경 재내한 하였다. 배화에서 음악을 가르쳤다.

58 1908년 감리교 여성선교사로 남편 블리스 빌링스(Bliss W. Billings, 1881~1969)와 함께 내한하여 여러 학교 사역에 관여하였으며 1930년대 연희전문에서 음악부서에서 일하기도 했다.

59 1921년 남편 존 부츠(John Leslie Boots)와 함께 미북장로교 선교사로 내한하였다. 비버대학과 제네바대학에서 음악을 수학하였으며, 평양외국인학교, 서울외국인학교, 이화여전 등 여러 학교에서 음악을 교육하였고, 우리나라 초기 관현악단인 중앙악우회 설립에 크게 기여하였으며 다수의 음악회에 참여하는 등 적극적인 음악활동을 펼쳤다.

부인Ada C. Clark,[60] 콕Mable Cocke,[61] 루츠 부인Lenove H. Lutz,[62] 솔타우 부인Grace B. Soltau[63] 등은 모두 음악 전문가로 알려져 있다. 특히 루츠, 솔타우, 부츠 등은 음악교육, 무대 공연, 방송 및 음반 제작, 한국 음악인들과의 교류 등 다양한 방면에서 음악적인 영향력을 드러냈던 전문가들이다.[64]

한편 1910년대 말부터 홍난파洪蘭坡, 김형준金亨俊, 김영환金永煥 등 한국인 1세대 음악가들이 주축이 되는 국내 단체 주최 음악회가 수적으로 증가하면서, 한국인들과의 교류 차원에서 이루어진 선교사들의 음악회 출연 또한 눈에 띄게 늘어난다. 1917년 11월 20일 중앙기독교청년회관에서 열린 동서음악연주회,[65] 1919년 11월 18일 같은 곳에서 열린 경성악대 음악연주회,[66] 1919년 12월 19일에 조선호텔에서 열린 경성악대 후원 음악회,[67] 1920년 6월 9일 경성악대 원찬 음악대회,[68] 1921년 9월 23일 열

60 1909년 미남장로교 여성선교사로 남편 윌리엄 클라크(William M. Clark, 1881~1940)와 함께 내한하였다.

61 미남감리교 파송 선교사로 서울외국인학교, 수표교교회 매일학교에서 음악교사로 활약하였다. 1924년 귀국을 앞두고 두 차례에 걸쳐 송별음악회가 개최되기도 했다. 《동아일보》 1924년 6월 13일·14일·15일·16일.

62 1921년 남편 덱스터 루츠(Dexter N. Lutz)와 미북장로교 선교사로 내한하였다. 오벌린 콘서바토리(Oberlin Conservatory) 출신으로 평양외국인학교, 숭실전문, 숭의여학교 등에서 음악을 교육하고 무대 활동을 전개했다.

63 1921년 남편 데이비드 솔타우(David L. Soltau)와 함께 미북장로교 선교사로 내한하였다. 노스웨스턴 대학과 워싱턴대학에서 음악을 공부한 전문가로, 평양외국인학교, 숭실전문 등에서 음악을 교육하고 다수의 공연에 참여하였다.

64 이에 대해서는 김사랑, 〈1920~30년대 음악 전문 여성선교사: 미북장로교 선교부 파송 주요 선교사를 중심으로〉 《음악학 31권》, 2016에서 자세히 다루었다.

65 《매일신보》 1917년 11월 20일.

66 《매일신보》 1919년 11월 15일.

67 《매일신보》 1919년 11월 17일.

68 《동아일보》 1920년 6월 11일.

린 동서음악대회,[69] 1921년 12월 16일 경상악대 후원회 주최의 동서양음악연주회,[70] 1922년부터 매년 열렸던 종로청년회소년부 주최의 신춘음악대회,[71] 1923년 6월 26일 중앙기독교청년회관에서 열린 동아부인상회 창립기념 음악무도회,[72] 1924년 5월 10일 연전음악회,[73] 1924년과 1925년에 열린 연악회 주최 연악회 음악회,[74] 1925년 11월 30일 경성여자음악대회[75] 등 다양한 음악회에서 선교사들이 한국인들과 함께 무대에 올랐다. 앞서 밝힌 부츠 부인, 빌링스 부인, 루츠 부인, 솔타우 부인, 앨리스 아펜젤러, 콕, 클라크 부인, 이외에 그로브Paul H. Grove,[76] 그레그George A. Gregg,[77] 반버스커크James Dale Van Buskirk,[78] 스미스Frank Heron Smith, 홉커크Myrtle C. Hopkirk,[79]

69 《매일신보》 1921년 9월 23일.

70 《매일신보》 1921년 12월 9일·13일·14일·15일.

71 《매일신보》 1922년 2월 4일; 1923년 2월 1일; 1924년 2월 8일; 1925년 2월 5일.

72 《매일신보》 1923년 6월 25일.

73 《동아일보》 1924년 5월 9일.

74 《매일신보》 1924년 6월 19일; 《동아일보》 1925년 4월 28일.

75 《동아일보》 1925년 11월 30일.

76 1910년 미북감리회 선교사로 내한하여 목회 위주의 선교활동을 하였다. 오르간, 피아노, 코넷 등 다양한 악기 연주에 능했던 그로브는 미국에서 다년간 전문음악가 및 악단 리더로 활동한 경험을 바탕으로 국내에서 30회 이상의 연주회에 참여하였으며 《창가집》 발간, 음악단체 '낙영회' 조직 등에 직접적으로 관여하는 등 다양한 음악활동 또한 전개하였다.

77 1906년 중앙기독교청년회관 내 학관의 간사 및 교장을 역임했고, 첼로 연주자이기도 다수의 연주회에 참여하였다.

78 1908년 미북감리회 의료선교사로 내한하여 세브란스에서 의사 및 교수로 활동하였다. 음악에 대한 이해가 깊어 음악과 관련된 글을 KMF에 기고하기도 하였다.

79 1921년 의사인 남편과 함께 북장로교 선교사로 내한하였다. 피아노와 성악의 전문 교육을 받은 합컥은 미국의 공립학교에서 음악을 가르친 경험을 바탕으로 서울외국인학교에서 음악 교육을 하였고, 고봉경 등 한국 학생들의 개인지도를 맡기도 했다.

핸더슨Lois Elizabeth Henderson[80] 등이 다수의 연주에 참여한 것으로 확인되었다. 국내 단체 주최의 음악회에 출연한 다수의 선교사들은 음악회 무대뿐만 아니라 학교나 여러 단체에서 한국인들과 음악적 교류를 활발하게 펼치고 있는 경우가 많았다. 중앙악우회 창단의 구심점이자 합창음악 발전과 방송 제작에도 관여했던 부츠, 《챵가집》 발간에 적극적으로 관여한 그로브, 경성악대 후원을 주도했던 스미스, 음반 제작에 참여하기도 하고 숭실전문을 중심으로 음악 인재 양성에 힘쓴 솔타우와 루츠 등 그 활약상이나 영향력을 볼 때 이들은 단순히 외부인이 아닌 한국 초기 음악계의 중요한 일원이었다.

이처럼 적극적으로 무대 활동에 참여했던 선교사들은 한국의 서양음악계가 형성되어가는 과정에서 상당기간 동안 아마추어와 전문가를 막론하고 서양음악의 원형이라는 이미지를 가질 수 있었다. 한국인의 근대화 열망 위에 선교사들이 가진 음악적 자부심이 교차했기에 가능했던 결과였다. 무엇보다 선교사들은 음악이라는 예술을 대하는 태도, 즉 인식의 개선을 통해 한국의 음악 풍토가 바뀌어야 한다는 생각에 이론이 없었던 것으로 보인다. 예를 들어 "예술을 대하는 신성한 태도"를 보여주기 위해 "입장권을 팔지 않고 초대장을 사용"하기도 했고,[81] 예술적 가치에 대한 투자가 부실한 한국의 현실에 대해 안타까움을 표현하기도 했다. 《동아일보》 1920년 6월 8일자에는 당시 서울음악클럽 수장이었던 그로브의 음악적 명성을 언급하면서 인터뷰 기사를 싣고 있는데,[82] 그로브는 서양음악이 들어온 지 얼마 되지 않은 조선이지만 좋은 인재들이 활동하고 있는 만큼

80 1922년 북장로교 선교사로 내한하여 서울외국인학교에서 교사로 일하였다. 교회 오르간주자로 활약하면서 성가대를 지도했다.

81 〈西洋人俱樂部의 演奏會〉《동아일보》 1921년 5월 28일.

82 〈音樂家에 同情하라〉《동아일보》 1920년 6월 8일.

이들을 중심으로 음악단체를 조직하는 것이 음악 발전에 중요한 요소라고 보았다. 그런 점에서 경성악대가 재정적 어려움으로 존폐의 위기 속에 있다는 사실은 음악에 대한 가치를 제대로 이해하지 못한 풍토에서 비롯되었다고 판단하였고 엘리트층의 예술에 대한 가치 이해가 급선무라고 조언한다. 예술의 총체적인 의미를 '알고 있는' 그들의 시선이 감지된다. 기자 또한 날이 갈수록 서양음악에 대한 한국인들의 관심이 높아가고 있지만 한국사회가 여전히 그 진수를 이해하기에는 "전도가 요원하다."고 언급하며 그로브의 말에 권위를 부여하고 있다. 이러한 시선은 근대화와 서양음악의 발전이 결코 분리될 수 없었던 한국인들에게 선교사의 권위가 종교를 넘어 문화적인 면에서도 큰 힘을 발휘하도록 했다. 즉 여러 무대 공간에서 선교사들이 재현하는 19세기 미국 중산층의 클래식 음악문화는 근대적인 소리문화의 표상으로 이미지를 획득했던 것이다.

4. 기독교 사립학교의 설립과 '음악하기'[83] 공간의 형성

미국 중서부 중산층으로서의 음악 정체성을 가진 미국 선교사들은 중요한 선교 사업이었던 학교 설립 초기부터 음악교육을 이끌면서 자연스럽게 학생들을 위한 서구식 소리 공간을 형성할 수 있었다. 물론 시작은 찬송가 교육이었다. 서구적인 음악어법이 생경한 한국인들에게 예배의 중요한 요소인 찬송가를 교육하는 것은 무엇보다 중요한 과제였던 것이다. 단

83 "음악하기"란 크리스토퍼 스몰(Christopher Small)이 주장한 개념으로, 그는 기존의 관습적 음악이론을 넘어 음악을 둘러싼 실천적인 관계를 강조하였다. 선교사들의 활동은 학생들이 주체적으로 음악을 실천할 수 있는 학교라는 공간을 만들었다는 점에서 한국인의 새로운 '음악하기'를 견인했다고 볼 수 있다.

순한 찬송가 교육에서 벗어나 좀 더 체계적인 음악교육이 본격적으로 실시된 것은 1905년 선교연합회Federal Council of Mission in Korea가 조직되고 교파별로 선교 지역이 분할되어 학교 운영에 내실을 기하면서부터이다. 이때부터 각 학교는 서구적인 음악교육 시스템을 갖추기 시작하였고, 이때 선교사들의 문화적 정체성이 보다 구체적으로 투영될 수 있는 토대가 마련되었다고 할 수 있다. 서울의 경우, 남자 중등교육을 담당했던 배재(감리교), 경신(북장로교)과 여성중등학교 이화(감리교), 배화(남감리교), 정신(북장로교) 등의 학교가 미국의 세컨더리 학제 수준의 교육을 전개하였으며, 대학 수준의 교육도 이화(감리교)와 연희(교단 연합)에서 각각 1910년과 1915년에 시작되었다.[84] 이들 기독교계 사립학교는 관립학교와 달리 합창대, 글리클럽, 밴드, 오케스트라 등 음악부서 활동이 매우 두드러지게 나타나는 등 음악 교육에 매우 적극적이었다. 특히 이화 대학과는 음악을 필수직으로 교육하면서 해방 이전까지 음악 전문가를 길러내는 유일한 기관이었던 이화전문으로 발전하는데 교두보 역할을 했고, 연희도 적극적인 음악부 활동을 전개하며 두 차례에 걸쳐 음악 전공 개설을 시도하는 등 우리나라 초기 음악인 양성에 중요한 발판이 되었다.

1) 여학교의 음악교육과 여성 정체성 구성

(1) 기독교 사립 여학교의 음악교육

선교 초기부터 여성의 인권 신장과 여성 교육에 대한 필요성을 강조했던 선교사들은 서울에서 고아와 하층민을 대상으로 한 여학교사역을 시작했다. 1886년 미감리교 해외여성선교회 파송의 메리 스크랜튼에 의해

84 Federal Council of Mission in Korea, *The Korea Mission's Year Book 1932*, The Christian Literature of Society, 1932, p.22~37.

시작된 이화학당과, 같은 해 미북장로교선교회 파송의 애니 엘러스가 정동의 제중원에서 시작한 정신여학교가 그것이다. 이후 1898년 미남감리교 여선교부 캠벨Josenphin P. Cambell이 세운 캐롤라이나 학당에서 비롯된 배화학당이 이화, 정신과 함께 경성의 주요 기독교계 사립학교로 자리를 잡게 되었다. 이렇게 기독교계 사립학교에서 시작된 여성교육을 통해 선교사들은 '음악'에 '여성'이라는 이미지를 입히는 첫 단추를 끼우게 된다.

앞서 밝혔듯 초창기 음악 교육은 예배를 위한 찬송가 교육에서 비롯되었다. 본국에서 가져온 찬송가와 중국이나 일본에서 발행된 찬송가를 가지고 선교 초기부터 번역작업에 몰두하던 선교사들은 1894년 《찬양가》를 필두로 1895년 감리교의 《찬미가》, 장로교의 《찬셩시》 등을 발간하면서 교단별로 찬송가 보급에 주력했고 1909년의 장로교 감리교 연합찬송가인 《찬송가》를 발간하는 등 20세기 전반기 내내 찬송가의 새로운 편집과 발간을 지속했다. 이는 종교적인 필요뿐 아니라 학생들의 교육을 위한 교재로서의 의미가 매우 컸다. 학교 사업이 체계를 갖추기 이전 찬송가가 음악교재이자 한글교재였음은 이미 잘 알려져 있는 사실이다.[85] 찬송가를 활용한 음악교육에 있어서 가장 큰 난제는 서양식 음악어법에 익숙하지 않은 학생들에게 반음의 개념을 체득하도록 하는 데 있었다. "한국인들의 방식"으로 찬송가를 부르는 것에 대한 문제의식[86]에서 선교사들의 창가 교육 방향이 결정된 것이다. 음악적 토양의 변화는 시간을 요하는 일이었던 만

85 선교사들은 "성서보다 찬송가가 가장 인기 있는 읽기 교재"라고 평하기도 했다. F. S. Miller, "Early Korean Hymnology," *The Korea Mission Field*, 1930, p.190.

86 Samuel E. Moffet, 앞의 책, 2000, p.677; P. L. Grove, "Adequate Song Book," *The Korea Mission Field*, 1915, p.110; W. C. Kerr, "Music in Men's and Women's Bible Class," *The Korea Mission Field*, 1915, p.107; Lenore Lutz, "Music in Korea-Old and New," *The Korea Mission Field*, 1938, p.77; W. J. Anderson, "Hymn Sing Movement," *The Korea Mission Field*, 1938, p.86.

이화학당 심슨홀(1915)
출처: 이배용 외, 앞의 책, 2006, 48쪽.

이화 대학과 프라이홀(1923)
출처: 이배용 외, 앞의 책, 2006, 58쪽.

큼 시창(악보 읽기)과 청음(소리 구분하기) 등을 통해 꾸준히 서구식 음계를 익히며 노래하는 교육은 1920년대까지 지속되었다.[87]

가장 먼저 음악교육의 전문성을 갖추어 갔던 학교는 이화였다. 음악을 진공한 피어스Nellie Pierce 선교사가 1897년 부임하면서 합창단이 조직되어 훈련되었고,[88] 이후 1909년 정식 인가를 받으면서 '음악' 교과가 채택되고 창가 교육과 더불어 기악 개인레슨이 본격화되었다. 이 때 베시 부인Vesey, Mattie M.과 브랜드 부인Mrs. Brand 등이 기악교육에 관여하여 음악부의 발전해 큰 역할을 했다고 전한다.[89] 1910년에는 대학과가 신설되면서 교수의 전문성이 강화되었다. 맥켄드리 칼리지McKendree College 피아노 전공 출신의 하몬Grace Harmon이 1911년 부임하면서[90] 음악 전공 과정의 골격이 갖

87 Helen W. Anderson, "Personal Report," 1921.

88 이화여자대학교 음악연구소, 앞의 책, 2003, 42~43쪽.

89 Methodist Episcopal Church Korea Woman's Conference, Korea Woman's Conference of the Methodist Episcopal Church(1910), 기독교대한감리회, 1903-1930(이화여자대학교 음악연구소, 앞의 책, 2003, 43쪽에서 재인용).

90 허지연, 앞의 글, 2015, 101쪽.

추어지기 시작했는데 합창은 대학과 전 학생의 필수과정이 되었고 오르간 교육은 신청자에 한해 추가 레슨비를 받고 실시되었다.[91] 1915년 하몬이 결혼과 동시에 사임하게 되면서 그녀의 사촌인 롤라 우드가 영입되었는데, 그녀 또한 맥켄드리 칼리지에서 음악을 전공하고 미감리교여성선교회의 파송을 받아 1914년 내한하였다.[92] 이후 음악 콘서바토리Baker University Conservatory에서 학위를 취득한 메리 영Mary E. Young이 1920년 내한하여 이론 교육이 강화된다.[93] 전문 교사의 영입으로 합창교육과 건반 및 이론 교육이 강화되면서 음악 교육이 이화 교육의 큰 축으로 다져졌고, 1925년 대학교 음악과를 신설하는 중요한 밑거름이 되었다.

정신의 경우 1912년 새로운 기숙사 건물이 완성되면서 교육의 여건이 개선되고 본격적인 음악교육을 실시할 수 있었던 것으로 보이는데, 체계적인 보고 내용을 확인할 수 있는 시기는 1910년대부터이다. 연례보고서에 따르면 새 건물에는 교실과 체육관, '음악 교실' 및 각종 행사가 가능한 '강당'이 갖추어져 있었다.[94] 현재까지 파악한 내용에 따르면 선교사 자녀였던 에비슨Lera C. Avison이 1914년부터 15년까지 가창과 기악 교육을 맡아 다수의 학생들이 지역 교회 반주자로 활동할 수 있는 수준으로 끌어올렸고,[95] 릴리안 딘Lillian Dean이 1916년부터 1920년까지 미시건의 공립학교에서

91 Mary E. Young, "What the King Did not Know," *Korean Mission Field*, 1938. 4, p.69.

92 허지연, 앞의 글, 2015, 102쪽.

93 Woman's Foreign Missionary Society of the Methodist Episcopal Church, "Application of Mary E Young," 1916.

94 MargoLee Lewis, "Annual Report of Woman's Academy, Seoul, Korea", 1912~1913, p.1

95 MargoLee Lewis, "Annual Report of Woman's Academy, Seoul, Korea," 1913~1914, p.2

미술과 음악을 가르쳤던 경력을 바탕으로 정신여학교에서 음악, 미술, 영어 교과 담당 교사로 일하였다.[96] 딘이 결혼과 함께 청주로 사역지를 옮기면서 새로운 음악교사가 필요했는데, 음악을 풀타임으로 담당할 교사 없이 5명의 부인 선교사들이 음악교육을 담당했다. 1920~1921년 연례보고서는 이 5명의 교사들 덕에 기악 수업을 선택한 60명의 학생들이 모두 오르간 교육을 받을 수 있었다고 전한다. 보고서에서 정기적으로 학교 교육에 관여했다고 명시된 겐소 부인Mabel R. Genso, 언더우드 부인Ethel Van Wagoner Underwood, 코엔 부인Mary B. Coen, 쿤스 부인Lucy F. Donaldson Koons 등이 이 오르간 수업에 관여했을 가능성이 크다.[97] 1922년부터 1923년까지는 앤더슨 부인이, 그 후엔 핸더슨 부인이 음악 교육에 관여하였다. 지금까지 밝혀진 중등여학교 이상의 기관에서 1920년대 중반까지 재직한 선교사 음악 교원들을 정리하면 〈표 3〉과 같다.[98]

〈표 3〉에서 알 수 있듯, 다수의 여성선교사들이 정식[풀타임] 및 보조[파트] 교원으로 교육에 참여하였으며, 기본적으로 독신여선교사는 정식 교원으로, 부인선교사가 보조 교원으로서 서로 공조하여 여학생들의 가창 및 기악교육을 맡았다.[99] 당시 음악에 대한 여학생들의 수요가 급격하게

96 Division of Literature and Publications, "Mrs. Frederick S. Miller," the Board of Foreign Mission of the Presbyterian Church in U. S. A., 1958; M. Lillian Dean, "Personal Report", 1918, p.1

97 MargoLee Lewis, "Annual Report of Woman's Academy, Seoul, Korea", 1920~1921, p.2

98 이화여전은 1925년에 시작되었기에 이 논문에서는 다루지 않도록 할 것이며, 따라서 도표화한 선교사들은 정신, 이화, 배화 중등여학교에서 1925년까지 활약했던 선교사들과 이화 대학과 시기의 음악 전문 선교사들만을 대상으로 하였다.

99 이에 대해서는 김사랑, 〈내한 여성선교사들의 음악활동과 청각적 근대화: 1885-1940년까지 미북장로교를 중심으로〉, 이화여자대학교 음악학부 박사학위논문, 2017에서 자세히 논하였다.

〈표 3〉 서울의 기독교계 여자중등학교 주요 선교사 음악 교원 명단

학교	재직기간	이름	교수내용
배화 이화	1908~1909 1909~?	Mrs. Vesey, Mattie M.	배화 가창 지도 (파트) 이화 합창 지도 (파트)
배화	1914~?	*Hardie, Eva	가창 및 오르간
배화	1922~?	Lee, Ruby K.	교가 작곡 및 음악 지도
배화	1922~1923	Jackson, Carrie Una	교장 및 음악 지도
이화	1891~?	**Bengel, Magaret (Mrs. George Heber Jones)	가창 및 오르간 지도
이화	1895년 경	Mrs. Hulbert	가창 지도 (파트)
이화	1897~1912(?)	**Pierce, Nellie (Mrs. Hugh. Miller)	합창 지도
이화	1907~1909	Mrs. Bunker	오르간, 노래 지도 (파트)
이화	1909~1911	Mrs. Brand	오르간 지도 (파트)
이화	1911~1915	**Harmon, Grace (Mrs. Edward McGary)	대학과 합창 및 기악 지도
이화	1915~1919	Wood, Lola	대학과 음악 담당
이화	1919~1920	Apenzeller Alice	대학과 음악 담당
이화	1920~1940	Young, Mary Elizabeth	대학과 음악 이론 지도 이화여전 음악과 설립
이화	1925~1939(?)	Mrs. Boots, Florence Elsie Schumancher	이전 합창 및 피아노 강사 이화고등보통 합창 담당
정신	1912~1914	Avison, Lera C.	가창과 기악 전체를 담당
정신	1916~1920	Dean, M. Lillian	오르간 지도
정신	1921~1931(?)	Mrs. Coen, Mary Buchanan	오르간 지도 (파트)
정신	1922~1923	Mrs. Anderson, Lillian Elizabeth	가창 지도 (파트)
정신	1923~?	Mrs. Henderson, Lois Elizabeth	오르간 지도 (파트)

비고: *는 선교사 자녀, **는 내한 이후 결혼한 사례를 의미한다.

늘어가는 상황에서, 여학교는 선교 사업의 주변부에 머물렀던 여성선교사들이 적극적으로 학생들을 만나고 기악 교육의 수요를 감당하기 위해 연대하는 장으로 기능할 수 있었다.

음악수업은 크게 가창과 기악[오르간 혹은 피아노]교육으로 나누어 진행되었다. 정규 수업 시간에는 가창 교육이 이루어지고, 기악교육은 신청을 받아 원하는 학생들을 대상으로 이루어졌다. 중등여학교 뿐 아니라 이화의 대학과 역시 합창은 전교생의 필수 과목이었고 기악교육은 레슨비를 지불하고 선택 수업 방식으로 이루어졌다. 이화, 정신, 배화 등 모든 여학교에서 오르간, 피아노를 배우고자 하는 학생들은 넘쳐나 교사 1명당 10명이 넘는 학생들의 레슨을 맡아야하는 경우도 많았고,[100] 교사의 부족함을 메우기 위해 선배들에게 레슨을 받는 경우도 많았는데, 이와 같은 현상은 세 학교 모두 공통적이었다. 게다가 배우려는 학생에 비해 악기의 수가 턱없이 부족하여 학교마다 연례보고서에는 악기 지원을 요청하는 사례가 자주 등장하고 빚을 내어 피아노를 구입하는 열정을 보이기까지 했다.[101] 이렇게 여학생들의 건반 교육이 특히 중시되었던 것은 표면적으로는 교회의 반주자를 양성하고자 하는 기독교계 학교의 특수성에서 비롯되었다. 또한 피아노가 소녀들의 필수 교양이었고 건반 악보 시장의 주요 고객이 여성이었던 19세기 유럽 및 미국의 음악문화와 결코 무관하지 않다. 선교사 부인들과 자녀들이 본국과 가정에서 습득한 음악문화와 그 정체성이 음악교육 체계에 그대로 반영되었다고 할 수 있다.

이러한 여학생들의 음악교육은 개인의 지식 습득을 넘어서 반드시 무

100 Lera Avision은 정신여학교에서 매주 5개의 가창수업과 14명의 오르간 연주 학생들을 맡았다고 보고한다.

101 김영삼, 《정신75년사》, 계문출판사, 1962, 215쪽.

대 경험으로 이어졌다는 점 또한 선교사들의 음악적 관습을 반영한다. 가창을 통한 음계훈련과 악기 훈련은 반드시 학생들 앞에서 노래를 부르고 연주를 하면서 음악적 성취를 공개적으로 확인하였다.

> 매월 실시되는 시험 이외에 학생들은 동료들 앞에서 듀엣이나 4중주를 불러야 한다. (중략) 내가 생각하기에, 기악이나 성악에서 리사이틀이나 공개 연주만큼 학생들에게 가능성을 고양하고 끌어내도록 돕는 것은 없다. (중략) 고학년 학생들의 피아노와 오르간 공개 연주를 제외하고도 나는 매학기에 다른 선생님들과 함께 오르간을 배운 40명가량의 저학년 학생들의 개인 연주회를 가졌다.[102]

위의 글은 이화 교원이었던 그레이스 하몬의 글로 가창과 기악 수업 모두 공개 연주가 중요한 과정이었음을 잘 보여주고 있다. 이와 같은 공개 연주 훈련 방식은 그 수준과 상관없이 대부분의 여학교에서 일반적인 교육 과정이었다. 이러한 작은 무대 훈련은 크고 작은 학교 행사 및 봉사활동, 외부 공연 등으로 확장되는데, 학생들은 이러한 경험을 통해 근대적인 공연의 형식과 메커니즘을 체득하게 된다.

먼저 교내 행사에서의 공연으로 무대 경험이 시작되었다. 이화의 경우, 1912년 3월 학교 졸업식이나 1913년 창립기념식 등의 내부 행사에서 합창단의 공연이 프로그램에 포함되기 시작했다.[103] 1916년 이화학당 창립 30주년 행사에는 칸타타 〈The Flower Queen〉을 영어로 노래하는 등 합창

102 G. H. McGary, "Music in the School," *The Korea Mission Field*, 1915. p.104~105.

103 "Ewha Haktang Commencement," *The Korea Mission Field*, 1912, p.143; "Founder's day at Ewha Haktang, 1882-1916," *The Korea Mission Field*, 1916, p.217.

단은 학교 행사에 중요한 역할을 했다.[104]

여학교 학생들의 교외 공연에 대한 첫 기록은 1909년 4월 11일에 있었던 '특별대복음회'이다. 이 때 학생연합합창이 연주했다고 전하는데, 구체적인 내용은 알 수 없으나 사경회를 위해 기독교계학교 학생들로 구성된 합창 무대가 만들어졌던 것으로 추측할 수 있다. 그 뒤 1914년 12월 24일 중앙기독교청년회관에서 열린 '구주탄경축하 대음악회'에서 이화학당 합창대와 배화학당 합창대가 출연했다는 언급을 찾아볼 수 있다.[105] 1915년 11월 22일에는 '종교교회 엡윗청년회 주최 대음악회'가 열려 여러 선교사들과 이화학당 합창대, 배화학당 합창대가 순서를 맡았다.[106] 1900년대 말에 들어서면서부터 교회 주최의 공연 외에도 '경성악대음악연주회'[107]를 비롯해 '연희전문청년회주최 음악회',[108] '종로청년회주최 음악회',[109] '연악회주최 음악회'[110] 등 보다 다양한 음악회에 참여하게 되는 경향을 보이고 있으며, 이화전도내나 정신여학교 음악단 등의 이름으로 전국의 교회와 기독교계 학교 등을 중심으로 순회 집회 및 공연에 적극적으로 참여하였다.

이처럼 합창단을 중심으로 이루어진 학생들의 대외 활동은 음악 공부에 대한 열의를 견인하여 그 수준을 끌어올리는 중요한 교육의 장인 동시

104 "Founder's day at Ewha Haktang, 1882-1916," *The Korea Mission Field*, 1916, p.217.

105 《매일신보》 1914년 12월 24일.

106 《매일신보》 1915년 11월 21일.

107 《매일신보》 1919년 11월 15일; 이유선, 《한국양악백년사》, 중앙대학교출판부, 1976, 159쪽.

108 《매일신보》 1923년 5월 17일.

109 《동아일보》 1920년 9월 25일; 1923년 4월 14일 · 10월 23일.

110 《동아일보》 1924년 6월 19일.

에 교회의 한 부분으로써 예배와 선교 사업을 돕는 기능을 담당하였다. 뿐만 아니라 대외적인 음악활동은 학생들의 성취감과 애교심을 불러일으키는 좋은 기폭제가 되기도 하였다. 공동체성이라는 집단적 동질감은 이전에 여성들이 경험해보지 못한 독특한 감각으로 여학교가 음악을 통해 연대와 협력을 경험할 수 있는 장으로서 역할을 했다고 평가할 수 있으며, 음악은 이를 위한 가장 효율적인 도구였던 것이다. 또한 대외적인 무대 활동은 학생들의 자의식이 커져가는 과정이 되었다. 클래식 음악으로 채워진 음악회 프로그램은 학생들의 취향을 형성하며 "음악 없이 살 수 없어요. 음악이 없는 가정은 아이가 없는 것과 같아요. 저는 파이프 오르간을 좋아해요. 음악은 순수하다고 생각해요. 슈베르트 음악을 좋아해요."[111]라고 표현하도록 이끌었다. 다양한 무대 활동을 통해 자아를 인식한 여학생들은 음악을 통해 일종의 근대인이자 교양인이라는 정체감을 형성할 수 있었던 것이다.

(2) 교사이자 역할 모델인 여성선교사

여성교육기관은 이전에 없었던 여성들만의 공동체이자 연대의 공간이었다. 가족에 종속된 부속 인력으로 이름조차 갖기 어려웠던 여성 개개인이 모여 여러 교과목이 알려주는 세상의 이치를 배우고 음악을 통해 서구 음악 자체가 함의하고 있는 '근대성', 음악을 행하는 개인으로서의 '주체의식' 그리고 음악을 함께 공유하고 재현하는 집단으로서의 '공동체성'을 재구성하는 감각을 익힐 수 있었다. 이러한 새로운 감각은 선교사와의 동

111 Miss Catherine Baker, "Korean Youth and Music," *The Korea Mission Field*, 1929, p.100.

일시 그리고 모방에 기초하여 형성될 수 있었다.[112] 여전히 가부장적인 시스템이 견고한 학교 밖 세상과 전혀 다른 세계였던 학교 내부는 단순한 학교 이상의 특별한 공동체였고 그만큼 선교사는 새로운 삶의 모델이 될 수 있었던 것이다.

홍미롭게도, 기숙사에서 여성선교사들과 함께 생활하고 신앙을 다졌던 기독교사립여학교 공동체의 유대관계는 자주 "가족"으로 치환되었고 선교사 교사와 여학생들을 '어머니'와 '딸'의 관계로 이해되었다. 앨리스 아펜젤러는 자타 공인 '이화 엄마'였으며,[113] 정신여학교와 같은 북장로교 교단 학교에서 음악을 가르쳤던 넬 호이트Nell Henderson Hoyt 또한 자신을 어머니로 인식하였다.[114] 이러한 '준 가족 공동체' 관계는 선교사 교사가 학생들에게 심리적 동질화의 가능성을 제공하였다. 이전에 자신만의 미래를 꿈꾼다는 생각조차 가질 수 없었던 학생들에게 선교사 교사들은 음악을 가르치고 무대에서 공연을 하며 자신도 모르는 사이 근대화된 여성의 전형이자 학생들의 미래가 될 수 있었던 것이다.

이러한 '준 가족 공동체' 관계 인식은 당시 여성선교사들이 갖고 있었던 '모성적' 여성관에서 기인했다고 볼 수 있다. 19세기 미국의 여성운동은 '가정'과 '모성'을 내세워 가정을 변화시킬 수 있는 "경건하고 순결한 신앙의 어머니", 더 나아가 "더 나은 공화국을 만드는 모성적 정체성"을 가진 여성으로서의 권리를 주장했다.[115] 이러한 논리 속에 교육적 혜택을 받은 여

112 강선미, 〈조선파견 여선교사와 (기독)여성의 여성주의 의식형성〉, 이화여자대학교 여성학과 박사학위논문, 2002. 153~154쪽.

113 "Our Ewha Mother, Miss Alice R. Appenzeller" *College Girl*, 1936. 3. 6. 허지연, 《제국 속의 제국》, 민속원, 2019, 146쪽에서 재인용.

114 Nell H. Hoyt, "Annual Report," 1924.

115 하희정, 《역사에서 사라진 그녀들》, 선율, 2019, 271~273쪽.

성들이 이교도 땅에도 기독교적인 가정과 사회를 세워야한다는 사명감으로 한국행을 감행했고, 그들의 모성적 여성관이 가족과 같은 독특한 여성교육 공동체를 만든 것이다.

이는 학생들의 졸업 이후의 행보에도 영향을 주었다. 가족들의 압박이나 사회 진출의 문이 좁다는 현실적인 이유로 졸업생들의 50% 정도가 가정을 꾸렸지만 나머지 졸업생들은 유치원, 초등학교 및 교회학교 교사로 활동하거나 유학을 하는 경우가 대부분이었다. 특히 1925년 이화여전이 시작되기 전까지 여성은 상급학교 진학을 위해 유학이 필수적인 상황이었다. 이에 선교사들은 교단 네트워크를 활용해 학생들의 유학을 적극적으로 지원하고 도왔다. 1912년부터 정신여학교의 교장을 역임했던 북장로교 선교사 루이스Margo L. Lewis는 우수 학생들의 유학을 지도하고 학비와 생활비 일체를 지원하기도 했다. 이 과정에서 졸업생 김마리아와 김필례 등이 같은 장로교 교단 선교사에 의해 세워진 도쿄여자학원의 대학과정을 이수하였고 모교에 교원으로 재직하였다.[116] 이화의 경우, 1910년대까지 일본 나가사키의 같은 미감리여성선교회 소속 학교인 갓스이여학교로 유학하는 경우가 많았다. 이화의 음악 교수로 활약한 이은라 또한 당시 이화학당장이었던 조세핀 페인Josephine O. Paine 선교사의 후원으로 갓스이여학교 고등과와 대학부에서 공부하였다.[117] 이러한 과정에서 선교사들의 가족적 영향력은 졸업생들의 사회와 공동체에 대한 책임의식으로 지속되었을 것이며, 기독교적 신여성이자 시대의 교사로서의 정체성으로 이어졌을 가능성이 크다.

116 김영삼, 《정신75년사》, 계문출판사, 1962, 98~99쪽.

117 허지연, 앞의 책, 2019, 60쪽.

하지만 한국 여성에게 진정한 해방을 선사하려던 19세기 미국의 여성적 모성관은 가정과 모성이라는 사적 영역 안에 여성의 역할을 제한했던 유교적 젠더 이데올로기 안에서 또 다른 성차별적 교회 구조를 만드는 데 일조했다. 그런 맥락에서 '음악하기'라는 행위 등을 통해 주체적인 자의식을 형성해 갔던 한국 여성들이 작사 및 작곡의 영역에 처음부터 자유롭게 접근하지 못했다는 점은 시사하는 바가 크다. 19세기 유럽과 미국 문화적 정체성이 반영된 음악 시스템을 구축한 여성 선교사들에 의해 교육받은 한국의 여성들은 음악에 재능 있던 남성들이 서양 음악 유입 초기부터 악기 연주와 함께 다양한 음악을 작사·작곡하면서 애국가 운동에 동참하거나 음악 교재를 출판했던 것과 달리, '음악하기'의 범위를 넓히지 못한 채 좁은 시야를 갖게 되었기 때문이다. 선교사와의 동일시와 모방은 '남성의 영역=창작의 영역'이라는 공식을 암묵적으로 받아들이는 과정이 되어버린 것이다. 물론 이화 출신 임배세의 〈금주가〉, 신마실라의 〈창립기념일 노래〉 등 학생 혹은 이화 출신 음악가들이 작사 및 작곡한 곡들이 존재하긴 했지만, 이 역시 조직 내부의 일로 이해되거나 1930년대 음악이론의 체계적인 교육과 작곡 전공 교육이 어느 정도 실효성을 거두게 된 시점에서 나타나는 현상이었다. 1890년대 찬송가에 한국인이 작사한 곡들이 수록되고 한일병합 이전까지 무수히 많은 애국가들이 쏟아져 나왔던 사실을 감안하면, 여학생들의 '음악하기'가 노래하고 악기를 연주하는 것으로 이해되는데 그쳤다는 사실을 부정하기 어렵다. 이러한 한계는 기독교계 사립학교를 졸업하고 미국, 일본 등을 유학했던 여성들 가운데 급진적 자유주의 신여성들이 기독교 진영 및 선교사들과 스스로를 구분 지었던 이유를 가늠케 한다.

2) 남학교의 음악교육과 '근대적 민족성'의 감각적 체험

(1) 기독교계 남성 사립학교의 설립과 음악 교육

서울의 대표적인 남자 기독교계 사립학교는 언더우드(북장로교)가 고아학교를 세우면서 시작된 경신학교와 아펜젤러(북감리교)가 기독교적 사회개혁의 의지를 담아 시작한 배재학교이다. 이 두 교단의 학교사업은 출발 시기와 장소는 유사했지만 교육의 방향은 매우 다르게 전개되었다. 감리교는 학교, 병원, 인쇄 매체 등을 중심으로 사회전체의 변화를 꾀하는 '기독교적 문명론'에 입각한 교육을 지향한 반면, 북장로교 선교부의 교육 목적은 대체로 교회 지도자 양성에 있었다. 하지만 언더우드는 미북장로교 파송 선교사임에도 불구하고 교단과 달리 타교단과의 연합과 공조, 기독교 정신에 입각한 일반 교육 시스템 구축에 관심을 갖고 있었다. 덕분에 여러 부침에도 경신학교는 1910년대부터 고등과 사범과 대학과 등으로 학제를 체계적으로 개편하는 등 일반 교육기관의 면모를 갖출 수 있었다. 배재학교는 영어학교로서의 명성과 본부의 재정적 지원에 힘입어 설립 초기부터 명실상부한 근대적 교육 기관으로 자리매김하였고, 더 나아가 대학 수준의 학교를 준비하였다.[118] 이처럼 일반 교육 시스템 구축을 지향했던 언더우드와 감리교 선교사들은 1911년 경신과 배재의 연합 대학부를 운영하게 되었고 1915년 연희전문 설립으로 이어지게 되었다. 이와 같이 서울의 남자학교 설립 과정은 일반 학문을 통해서도 하나님의 뜻이 드러나며[119] 따라서 한국인 스스로 나라를 개혁할 수 있는 수준 있는 교육을 해야 한다는 선교사들의 의지를 보여준다. 이러한 교육 방향은 배재와 경신, 연

118 Henry G. Appenzeller 저, 이만열 역, 〈배재학당의 첫 연례보고서〉《아펜젤러: 한국에 온 첫 선교사》, 연세대학교출판부, 1985, 330쪽.

119 McCune and Thomson, *Michigan to Korea*, 143(안종철, 〈아더 베커의 교육선교활동과 연합기독대학의 설립〉《한국기독교와 역사》 34, 2011, 254쪽에서 재인용).

경신학교 존디웰스기념관(1906)
출처: 서울역사아카이브.

배재학교 초기 교사(1887)
출처: 아펜젤러 기념사업회(appenzeller.paichai.co.kr).

희에서 이루어진 음악교육의 양상에 영향을 주었다.

"학생들에게 서구의 과학과 문학 교육과정에 대한 철저한 훈련을 제공하는 것"을 목적으로 하고 있던 배재학당은 일찍부터 학교 교사를 짓고 운영되었나. 1887년에 완공된 이 교사에는 지상 1층에 강당(예배실), 도서실, 교장실과 네 개의 교실이 갖춰졌고, 지하실에는 인쇄소[120]가 마련되어 학생들의 학비마련을 도왔다.[121] 이같은 서구식 건물, 너른 강당, 운동장 등은 공연 무대로 기능하며 근대적인 음악적 경험을 제공할 수 있었다. 1897년 잠시 폐당을 하기도 했던 장로교의 경신은 1901년 연못골의 연동교회 부속 한옥에서 학교 운영을 재개하였고, 1906년 본관인 존디웰스기념관이 준공되면서 본격적인 중등 교육의 체계를 잡아가기 시작했으며 이 무렵부터 '경신'이라는 이름으로 개칭하게 되었다.[122] 1927년에는 본관 동쪽에 포스트기념 예배당이 새로 건축되어 경연회, 웅변회, 음악회, 연극회

120 《The Korean Repository》, 《죠션크리스도인회보》 등을 인쇄 및 간행했던 삼문출판사의 시원이다.

121 Henry G. Appenzeller, 앞의 글, 1985, 310쪽.

122 고춘섭, 《경신사》, 경신중고등학교, 1991, 216~218쪽.

등을 통해 학생들의 다양한 무대 경험 및 근대적 문화를 재현하는 공간으로 활용되었다.[123]

강당에서 가장 많이 연주된 음악은 단연 찬송가였다. 그도 그럴 것이 정규 음악 시간은 주당 1~2회에 불과한데 비해 매일 아침 9시에 진행되는 예배는 학생들에게 의무적이었던 교칙으로 인해 의도와 상관없이 찬송가에 친숙해질 수밖에 없는 분위기였다. 배재의 경우엔 처음에 학생들의 자발적인 채플 참여를 독려하였으나 1895년부터 의무화한데다 모든 학생들은 주일 오전, 오후 예배 및 수요일 저녁 예배를 포함해 매주 10회에 걸쳐 예배에 참여하였다.[124] 경신 역시 크게 다르지 않아, 정동 시절에는 새문안교회가, 연못골 시절에는 연동교회가 경신의 교실이자 예배당이 되기도 했다.[125] 학생들은 매일 참여해야 하는 주중 예배와 교회에서의 주말 예배, 방학 때는 각종 집회 및 전도대회 덕에 기독교 예배식 의례가 습관화될 수 있었다. 결과적으로 찬송가는 학생들에게 가장 익숙한 음악으로 체화될 수밖에 없었다.

찬송가는 초기 학교 창가 시간의 교재이기도 했다. 앞서 여학교에서와 마찬가지로 서양식 음계를 노래하는데 익숙하지 않은 학생들에게 음계 훈련을 하고 찬송가를 정확하게 부를 수 있도록 가르치는 음악 교육의 가장 핵심적인 내용이었다. 더불어 선교사들이 다루었던 코넷이나 아코디언, 오르간 등이 학생들의 호기심을 자극하기에 충분했을 것으로 보이

123 고춘섭, 앞의 책, 1991, 418~419쪽.

124 D. A. Bunker, "Pai Chai College," *The Korean Repository*, Sept. 1896.

125 언더우드의 선교편지에 나타나는 초기 학교 사역은 그 시초가 고아원이었던 점, 언더우드가 주일 예배를 학생 및 일반 시도들과 모두 함께 했다는 점에서 학교가 교회 사역이 분리될 수 없는 구조였다. 연못골로 교사를 옮긴 뒤에도 이러한 지속되었다(연동교회, 《연동교회 90년사: 1894-1984》, 1984, 71쪽).

며, 따라서 재능을 가진 학생들을 개인적으로 레슨을 하는 일은 선교사들에게는 그리 특별하지 않았다. 안기영 등 근대 초기 음악가들이 어린 시절 선교사에게 풍금과 코넷을 배웠다고 전하기도 하고,[126] 《경신사》에서는 1891년 나팔을 들고 있는 학생의 사진을 언급하는 등 남학교에서도 비공식적인 기악 교육이 이뤄졌음을 증언한다.

음악교육에 관여하였던 교사진을 살펴보면, 먼저 배재 교원 가운데 가장 초창기 음악교사로 기록된 선교사는 베르타 올링거Bertha S. Ohlinger로 1888년부터 배재에서 음악교과를 담당하였고 1893년 미국으로 귀국했다.[127] 이후 벙커가 육영공원을 그만두고 1895년부터 배재로 자리를 옮겨 1912년까지 음악 교과를 맡아 교사 생활을 이어갔다.[128] 언더우드는 벙커를 음악전문가라고 언급하면서 1894년 발행 《찬양가》 편집 작업에 도움을 받았다고 보고하였다.[129] 특히 벙커가 번역된 한글 가사와 멜로디를 '결합adapt'시키는데 일조했다는 점에서 서양 노래에 가사를 바꿔 부르는 풍토가 형성되는데 포문을 열었을 가능성이 있다. 이름이 분명히 명시된 이들 외에도 당시 서울 거주 선교사 부인들이 학생들의 풍금 교육에 관여하고 필요시 반주하는 등의 보조 교사 역할을 했다. 경신의 경우에도 1890년대까지 헨리 데이비스J. Henry Davies, 헤론John W. Heron, 기포드D. L. Gifford 등이 부인들과 함께 학교의 교원으로 근무했다는 기록을 보아 언더우드 부인Lillias Horton underwood을 비롯한 선교사 부인들이 가창교육에 관여했던 것으로 보

126 송방송, 《한국근대 음악인사전》, 보고사, 2009, 307쪽.

127 올링거 선교사가 1893년 사임하고 귀국하면서 학교를 그만두게 된 것으로 보인다(Henry G. Appenzeller, 앞의 글, 1985, 332쪽).

128 D. A. Bunker personal card.

129 Horace G. Underwood, 김인수 역, 《언더우드 목사의 선교편지(1885-1916)》, 장로회신학대학교출판부, 2002, 273쪽.

인다.[130] 1892년에는 밀러Frederick S. Miller가 학당장으로 파견되었는데, 그는 한국 시가를 깊이 연구하고 찬송가 위원으로도 활동하는 등 문학적, 음악적 소양이 컸던 것으로 알려져 있어[131] 창가교육에 직접적으로 관여했을 개연성이 크다. 전반적으로 두 학교 모두 초창기 남학교의 음악 교과 담당 교원은 선교사 부인이거나 음악에 재능을 가진 몇몇 남자 선교사들로 구성되었다. 그러나 1910년대 들어서면서 한국인 교사로 대체되어 가는 경향을 나타난다. 이는 1920년대까지도 전문성을 가진 외국인 선교사 교원에 대한 필요성을 강조했던 여학교와 분명한 차별점이기도 하다.

경신학교는 1913년 학교 교육조건을 대폭 강화하고 교사 인력을 보충하였고 이때 음악교사로 한국의 초기 음악가인 김인식金仁湜을 영입하였다. 이후 1917년 11월부터는 역시 평양 숭실 출신인 김형준이 경신의 음악교사로 활동하였다.[132] 당시 김형준은 연희전문에서 음악부의 초기 운영에 중추 역할을 했을 만큼 초기 음악교육계에 적극적으로 개입하였음을 짐작할 수 있다. 김인식은 1915년부터 배재에서도 교사로 일을 하기 시작했는데,[133] 이곳에서 20년간 음악교사직을 수행하였다. 당시 새문안교회, 상동교회, 종교교회 등 여러 교회와 YMCA에서 찬양대를 조직하고 지휘하고 각종 청년회 모임에서 음악이론 강사로 활약하는 등 명성을 얻었던 만큼 일찍부터 기독교계 학교에서의 음악교사 활동은 자연스러운 수순이었을 것이다. 1912년까지 배재에서 음악을 담당했던 벙커가 교사직을 그만두

130 고춘섭, 앞의 책, 1991, 149쪽.

131 Miller, Frederick S. "A Korean Poem," *The Korea Review*, 1903; "Early Korean Hymnology," *The Korea Mission Field*, 1930; Rhodes, Harry A., "Rev. Frederick S. Miller: 1866-1937," *The Korea Mission Field*, 1937.

132 고춘섭, 앞의 책, 1991, 394~395쪽.

133 〈교육공로자 김인식〉《동아일보》 1927년 6월 28일; 전택부, 《인간 신흥우》, 홍성사, 2021, 112쪽.

게 되면서 이후 마침 서울에서 활발하게 활동하고 있던 김인식을 교사로 영입한 것으로 보인다.

초기 기독교인이자 우리나라 서양음악계의 선구적인 인물들인 김인식과 김형준의 영입은 학생들에게 좋은 선배이자 모델이 될 수 있었다는 점에서 학교 교육의 목적과 방향성을 학생들과 공유하는 실제적인 방법이 될 수 있었다. 그러나 선교사들이 직접적인 교육에서 한 발 물러나 있었던 점은 음악 교과의 중요도가 여자중등학교에 비해 상대적으로 낮았던 것으로 해석할 수 있다. 실제로 여자중등학교에 비해 교회 음악 인력 양성에 대한 관심이 상대적으로 적었던 것으로 보이는데, 이는 여학교 연례보고서에서 쉽게 찾아볼 수 있던 교회 학교 교사 및 반주자 양성에 대한 언급을 남학교 보고서에서는 찾아보기 어렵다는 점이 이를 뒷받침한다. 앞서 언급했던 남자학교 설립 과정을 상기해 보면, 아펜젤러, 언더우드, 밀러, 베어드 등 남학교 교장을 역임했던 인물들이 그 종교적 방향성과는 별개로 하나같이 대학 수준의 학교 설립에 더욱 큰 관심을 가지고 한국인 엘리트 양성 혹은 교회 리더 양성에 방점을 두었다는 점에서 음악 교과가 가지는 남학교의 비중이 그리 크지 않았다는 점을 짐작할 수 있다.

(2) 학생들의 애국가 운동과 민족 경험

학교에서의 찬송가 교육은 사실상 기초적인 한글교육과 종교 전파에 목적을 둔 것이었지만, 열강의 침략과 위태로운 왕실의 현실은 찬송가에 새로운 의미를 덧씌웠다. 바로 애국가 운동이 그것으로, 배재를 비롯한 기독교 사립학교 학생들이 그러한 움직임의 최전선에 있었다. 또한 애국가 운동이 가능할 수 있었던 사상적, 음악적, 물리적 토대를 마련하였다는 점에서 초기 선교사들과 결코 무관할 수 없는 일이었다.

애국가 운동은 1896년 독립협회의 설립 및 《독립신문》의 발간과 함께 시작되었기에 배재와 깊은 연관성을 가진다. 친미 성향의 서재필과 윤치호는 아펜젤러와의 친분으로 배재에서 신문 창간을 준비하며 학생들과 교류할 수 있었다.[134] 이 과정에서 학생들의 학비 조달과 문서 사역을 위해 배재학당 내에 마련되어 있던 인쇄소에서 《독립신문》이 발간되었고, 1896년 4월 최돈성의 〈애국가〉[135]를 시작으로 3~4년간 수 십 종의 애국가 가사가 신문을 통해 공개되었다. 하지만 지면을 통해 알려졌던 애국가는 글귀로만 존재한 것이 아니었고 멜로디와 함께 유통되었다. 황제탄신기념일, 독립문 정초식, 개국기원절 등의 기념행사에 대한 기록들은 애국가 운동이 초기부터 노래운동이었음을 증언한다. 1896년 9월 9일 새문안교회와 모화관에서 열린 황제탄신기념식과 관련해 조선성교서회朝鮮聖敎書會, the Korean Religious Tract Society[136]의 창설에 관여한 북장로교 선교사 빈톤C. C. Vinton은 다음과 같이 기록하였다.

> 조선성교서회는 황제탄신일을 맞아 현지 기독교인들 사이에서 새롭게 불붙은 열의에 편승하여 이날 열리는 대중 집회의 프로그램 형식으로 특별 간행물을 내놨다. 주요 내용은 전 세계적으로 친숙한 6개의 찬송가로 구성되어 있으며 마지막 곡은 국가(national anthem)인 〈아메리카(America)〉 혹은 〈신이여 우리 여왕을 돌보소서(God save the Queen)〉에 새로운 가사를 붙인 것이다.[137]

134 정치적인 인사들과의 협력하는 아펜젤러의 진취적 태도를 못마땅하게 여긴 선교사들도 있었지만(〈논설〉 《협성회회보》 1, 1898(고춘섭, 앞의 책, 1991, 69쪽에서 재인용)) 아펜젤러는 미국교육을 받은 서재필과 윤치호를 통해 미국식 교양교육의 수준을 끌어올리고 싶어 했던 것으로 보인다.

135 〈글〉 《독립신문》 1896년 4월 11일.

136 대한기독교서회의 모체.

137 C. C. Vinton, "Literary Department," *The Korean Repository*, 1896, 375~376쪽.

빈톤은 이날 새문안교회 교인들이 부른 찬송가 6편을 실은 프로그램이 조선성교서회에 의해 발행되었고 마지막 곡은 미국·영국 국가에 새로운 가사를 붙인 것이라고 밝힌다. 이 프로그램 인쇄물은 수천 부 인쇄되어 젊은 그리스도인들과 학생들에게 배포되었는데, 이 과정을 주도한 인물은 새문안교회와 경신을 이끌고 있던 언더우드였다.[138] 상당수의 기독교인들과 학생들이 이 책자에 실린 〈황제탄신경축가〉를 접할 수 있었던 배경이다. 흥미로운 점은, 1958년에 발행된 《새문안70년사》에 이 노래가 〈피난처 있으니 환란을 당한 자 이리오게〉의 곡조에 맞추어 불렀다고 언급한 점이다. 추측컨대 일반인들은 〈황제탄신경축가〉를 영미의 국가라기보다 애국시를 붙인 찬송으로 이해했을 가능성이 매우 크며, 실제로 현장에 있었던 많은 대중에게 찬송가와 애국가사의 결합이라는 중요한 모델을 제시했을 것으로 보인다. 결과적으로 대중 집회를 기독교 전파의 기회로 생각하고 배포했던 프로그램 소책자의 노래는 애국가 운동이 '부르는 노래 운동'으로 빠르게 전파되는데 기폭제 역할을 한 것으로 파악할 수 있다.

이후 1896년 11월 독립문 정초식과 1897년 8월 13일 독립협회 주관으로 설행된 개국기원절 기념행사 등에서도 여러 애국가가 제창되었고 배재 학생들이 그 중심에 있었다. 독립문 정초식에 모인 5-6천 명의 군중들 앞에서 배재학당 학생들이 식순을 맡아 〈조선가〉, 〈독립가〉와 〈진보가〉 등의 애국가를 제창하였고 공식 행사가 끝난 뒤에도 모여 있던 학생들이 여러 애국가를 불렀다고 전해지며,[139] 개국기원절 기념행사에서도 〈무궁화노래〉, 〈나라사랑하는 노래〉등을 함께 부르는 등 그야말로 애국가는 실천

138 L. H. Underwood/이만열 역, 《언더우드, 한국에 온 첫 선교사》, 기독교문사, 1990, 172-173쪽.

139 《독립신문》 1896년 11월 22·24일.

적 운동으로 퍼져나갔던 것이다. 노래의 멜로디는 찬송가였을 개연성이 매우 높은데, 이 운동을 주도한 배재학생들에게 찬송가는 가장 친숙한 멜로디이자 제창되는 음악이라는 점이 그 이유가 된다. 뿐만 아니라 당시 배재의 음악교사였던 벙커가 학생 합창단의 지도와 지휘를 맡았다는 점은 그가 《찬양가》 편집 과정에서 멜로디와 번역 가사의 결합adapt을 감수하였던 만큼, 배재학생들이 부른 애국가의 선율을 입히는 과정에 관여했을 가능성을 내포한다.[140] 어쨌든 배재의 학생들은 독립협회와의 직접적인 교류 속에서 민족에 대한 개념을 정립해 나가는 하나의 방식으로 애국가 쓰고 부르기 운동에 적극적으로 동참하였고, 선교사들의 직·간접적인 협력 속에 초기 애국가 운동은 찬송가 멜로디를 차용하는 방식으로 전개될 수 있었다. 이처럼 초기 애국가 운동은 기독교사립학교에서 전개된 계몽운동이 민족운동과 결합되는데 중요한 접점이 되었고, 찬송가 멜로디는 민족의 독립과 부국강병이 기독교 문명을 통해 가능할 것이라는 믿음을 각인시키는 매개가 되었다.[141]

이후 찬송가 뿐 아니라 다양한 멜로디를 차용하며 만들어진 애국가는 한일병합이 일어난 1910년 전후로 윤치호 《찬미가》(1908), 명동학교 《신찬창가집》(1913), 광성학교 《최신창가집》(1914), 하와이판 《애국창가집》(1916), 안수산 소장본 《구한말 애국창가집》(출판년도 미상),[142] 손승용 필사

140 배재중고등학교, 《배재 80년사》, 1965, 186~187쪽.

141 선교사들과 유대관계를 맺고 있었던 급진개화파나 미국 유학파 엘리트들 모두 서구 문명화와 기독교 수용을 거의 동일시하는 모습을 보인다. 이는 초기 독립운동에 나선 인물들의 다수가 기독교인이었다는 사실을 이해하는 중요한 고리이기도 하다.

142 신용하는 이 책이 1905~1910년 사이에 만들어진 것으로 추정하였다. 이 책은 활자본으로 1~8장, 31장이 누락되어 있으며, 〈정신가〉, 〈무궁화가〉, 〈권학가〉, 〈국가〉, 〈학도가〉, 〈용병가〉, 〈대한제국 애국가〉, 〈국민가〉, 〈독립전쟁의 노래〉 등 1910년 이전의 애국 창가를 싣고 있다.

본《창가집》(출판년도 미상) 등 다수의 악보집으로 발간되었고 해외 독립운동가들에 의해 독립운동노래로 맥을 이어갔다. 노래책에 수록된 애국가의 수가 수백 곡에 이른다는 점에서 당시 그 운동의 파급력이 상당했음을 가늠할 수 있다.

(3) 시대를 선도하는 '엘리트 음악인' 양성

배재와 경신의 설립 초기에는 열강의 침략과 혼란스러운 정국 속에서 학생들이 '민족'이나 근대적 '국가'를 인지하고 문명화와 기독교를 분리될 수 없는 개념으로 수용했던 만큼, 선교사들의 찬송가 교육과 다소 자유로운 학풍 조성은 찬송가 중심의 창가 교육이 민족운동의 형태인 애국가 운동으로 이어지는 결과를 보였다. 하지만 1910년 한일병합을 계기로 이러한 애국가 운동은 공식적으로 불가능하게 되었고, 학생회 활동의 활성화와 함께 음악부를 통한 소수 엘리트 음악교육이 전개되었다.

배재와 경신에서 음악부 활동의 중심은 밴드부가 차지하고 있었다. 결성된 경위는 아직 정확하게 파악되지 않았으나, 많은 음악인을 배출한 평양의 숭실에서도 1916년에서야 모우리E. M. Mowry에 의해 밴드부가 처음 결성되었고[143] 대구의 기독교계 남학교인 계성학교도 1923년 윌리엄 라이언William B. Lyon 선교사에 의해 밴드부가 시작되었다는 사실[144]은 배재와 경신도 1920년대에 본격적으로 밴드부를 결성 및 운영할 수 있었을 개연성을 암시한다. 흥미로운 점은 지방의 학교들에 비해 경신과 배재의 본격적인 음악부 신설과 활성화는 학생자치회의 결성이 중요한 동력으로 작용했다는 점이다. 배재는 1898년 협성회가 독립협회와 함께 강제 해산되고

143 김세형, 〈한국에서 서양음악의 예술화발전과 마우리 박사〉《예술원보》11, 1967.
144 "Annual Report of Taiku Station", 1927.

난 뒤 1903년 YMCA 운동과 함께 다시 조직되어 1910년에야 완전한 네 개 부서(의사부, 종교부, 사교부, 운동부)를 갖추고 활동을 재개했다. 음악부가 신설된 것은 1922년의 일이었는데, 이때 음악부는 종교부의 전도 활동에 동행하여 음악으로 대중들의 호응을 일으키는 역할[145]을 했고, 운동부(야구, 축구 등)의 다양한 외부활동에서 응원전의 선두에 섰다.[146] 경신 역시 비슷한 수순으로 1922년경부터 활발하게 학생운동을 전개하였는데 밴드부가 각종 스포츠 행사 등에서 활약하였음을 기사를 통해 확인할 수 있다.[147]

밴드와 운동부의 결합은 학교를 넘어 민족적 대표성을 가지고 전장에 나서는 듯한 결연한 이미지를 극대화했다. 1922년 배재학교 운동장에서 열린 제3회 전조선야구대회는 악대를 선두로 한 선수단의 거리 행렬로 시작되었고 많은 행인들이 지켜보는 가운데 송현동에서 종로, 대한문 앞을 거쳐 배재학교 운동장까지 이어졌다.[148] 이 대회에 참석한 한 학생은 "악대를 선두에 세운 우리 선수의 행렬 가운데 한 사람으로 참가한 광영"에 가슴이 뛴다면서, 행렬에 선 이들의 눈에서 "동포의 희망의 빛"을 느낄 수 있다고 전한다.[149] 악대의 주악에 맞춰 행진하는 학생들의 모습이 화자의

145 《배재》 창간호, 1922, 99쪽(배재백년사편찬위원회, 《배재백년사》, 1989, 246쪽에서 재인용).

146 〈全朝鮮의 健兒가 날내인재조를 자랑하는 금일의 전조선야구대회. 來하라! 此民族的運動에〉 《동아일보》 1922년 10월 14일; 〈意氣, 霜風에 沸騰〉 《동아일보》 1922년 11월 24일; 〈第四回全朝鮮野球大會第二日 擧校一致의 激戰〉 《동아일보》 1923년 5월 19일; 〈培材再次優勝 專門團은 延專校 성황리에 원만히 맛친 體育會主催本社後援 全朝鮮野球大會〉 《동아일보》 1924년 10월 19일 등.

147 〈五回 全朝鮮 蹴球大會 天馬騰空의 氣勢로〉 《동아일보》 1924년 10월 31일.

148 〈滿都의 人氣는 沸騰〉 《동아일보》 1924년 10월 15일.

149 〈第三回 全朝鮮野球大會所感二〉 《동아일보》 1922년 10월 22일.

눈에는 전의로 충만한 "전 민족을 대표하는" 인물들로 비쳤던 것이다. 이러한 악대를 대동한 선수단 시내 행렬은 1922년부터 매년 대회 때마다 진행되었고, 군중과 학생들은 음악부 악대의 웅장한 사운드를 통해 공동체와 민족을 감각적으로 경험할 수 있었다.

한편 1915년 설립된 연희전문은 음악부를 통해 "지식인이 가져야 할 음악적 소양을 기르는"[150]데 목표를 두고 보다 체계적이고 전문적인 클래식 음악교육을 지향하였다. 배재나 경신과 결이 다른 행보는 연희가 대학 과정의 고등교육기관이었다는 점 외에도 당시 연희 음악부 교수로 관여하였던 인물들이 음악 전문 선교사라는 점 그리고 유학을 통해 미국 문화의 세례를 제대로 받은 한국인들이 음악부에 영입되었다는 점에서 그 이유를 찾을 수 있다. 결과적으로 연희 밴드 및 오케스트라는 순수 음악회를 개최하는 등 전문 음악가 단체와 유사한 행보를 이어간다.

예비학교 시절부터 음악부를 담당했넌 베커 부인Louise Ann S. Becker[151]은 앨비온 대학 콘서바토리Conservatory of Music, Albion College에서 음악을 공부한 전문가이다.[152] 1914년 한국을 떠나기 전 밴드부를 조직하고 교육한 루푸스 부인Maud S. Rufus 역시 음악을 공부한 인물로 미국으로 돌아가 미시건대학교 연합 합창단으로 활동하기도 했다. 1917년 경 서울유니언 대표로 다양한 음악활동을 펼친 헤론 스미스가 음악 전임강사로 부임하였는데, 각종 음악회에서 저음 독창을 선보였던 것을 보아 성악 레슨을 했을 것으로 보

150 E. M. Cable · H. H. Underwood, *Twenty-five years of the Chosen Christian College* (1915-1940), Seoul: Chosen Christian College, 1940.

151 1905년 감리교 선교사로 내한하여 숭실전문, 서울외국인학교 등에서 교원으로 일한 뒤 1914부터 1940년까지 연희에서 음악부 활동에 관여하였다. 1915년에는 애니 베어드(Annie Laurie Baird)와 함께 《창가집》을 편집 및 발행하기도 했다.

152 Louise Ann S. Becker, "Application of Candidate" 1905. 3. 28.

인다. 20년대까지 동경의 우에노 음악학교 본과에서 음악을 전공한 피아니스트 김영환이 조교수로 베커와 함께 음악부를 지도했으며, 1930년대에 미국에서 음악을 공부한 현제명玄濟明이 베커 및 다수의 부인선교사들[153]과 함께 밴드, 오케스트라, 글리클럽 등을 이끌어갔다.[154]

음악전문가들이 참여하는 음악교육은 음대 기초 전공수업에 준하는 내용을 갖추었다. 1940년에 발행된 《Twenty-five years of the Chosen Christian College(1915~1940)》에 따르면, 문학과 1학년 학생들을 위해 주 1~2시간씩[155] 기보법, 시창, 음악사, 화성 등을 배울 수 있는 수업이 개설되었으며, 모든 학생들은 음악부를 통해 피아노, 바이올린, 오르간, 성악 이외에도 여러 다른 악기 교육을 받을 수 있었고 원하는 경우 악리, 작곡 등도 배울 수 있었다는 점에서 음악부 교수들의 음악 교육에 대한 열의와 기대치가 적지 않았음을 보여준다. 실제로 음대 개설에 대한 의지가 매우 확고했었다는 사실이 1920년과 1929년 두 번에 걸친 음악과 설치 요청에서 드러났다. 이사회에 제출한 수업과정 변경 요청서에는 음악과 개설과 악기 지원, 전 학년에 걸친 음악 정규 수업 실시 등을 내용으로 하고 있다.[156] 이러한 요청은 결과적으로 받아들여지지 않았지만, 이러한 교수들의 열정과 교육 덕에 음악부에 대한 학생들의 관심과 참여율이 매우 높

153 에디스 로즈(Edith B. Rhodes), 헬렌 빌링스(Helen Taylor Billings)가 여기에 포함된다.

154 "Report of the Dean," 1930. 10. 2, p. 9. C.C.C. Board (1928~1931); "Report of the Dean," Sept. 25, 1931. p. 7. C.C.C. Board (1928~1931); "Report of the Dean (1935~1936)," Feb. 26, 1936, p. 16. C.C.C. Underwood (1936). 문백란, 앞의 글, 2019, 315쪽에서 재인용.

155 E. M. Cable · H. H. Underwood, *ibid*, 1940, p.53~54. 수업 시간은 몇 번의 조정이 있었던 것으로 확인되나 주 1시간 혹은 주 2시간 정도에 그쳤다.

156 문백란, 앞의 글, 2019, 309~312쪽.

았고 밴드부, 글리클럽, 오케스트라(1927년 이후) 등에 전교생의 1/4의 학생들이 참여하여 음악부가 크게 활성화될 수 있었다.[157]

> 매일 하학 후 전원이 모여 오케스트라, 합창, 밴드 등 일정대로 음악학교 학생 같은 생활이 시작되었다. 학교의 계획은(언더우드 학장의 의견으로) 매년 춘추로 음악회를 가지며 지방 순회로 학교를 선전하면서 음악 계몽 사업을 전개한다는 것이었다. 나는 테니스 선수로도 뽑혀 바쁘기 한이 없었지만 재미있어 피곤함도 느끼지 아니했다.[158]

음악부는 매년 2회에 걸쳐 일반인을 대상으로 한 연전음악회를 공회당이나 중앙기독교청년회관 등 서울의 주요 공연장에서 개최했고, 다양한 지방 공연을 통해 대대적인 계몽운동을 선전해 나갈 수 있었다. 이러한 과정에서 학생들은 공적인 자리에서 엘리트이자 교양시민이라는 자신들의 정체성을 형성하며 고상하고 세련된 문화를 선도해 나간다는 자부심을 가지는 한편, 문명화된 민족 공동체를 상상해 나갈 수 있었을 것이다. 더욱이 이들은 이화 글리클럽의 대외적인 활동이 대중으로부터 그리 긍정적인 평가를 받지 못했던 것과 대조적으로, 계몽운동의 최전선에서 '고상한' 클래식 음악의 대중화에 기여할 리더로 자리매김할 수 있었다는 점에서 여러 무대 공간에 투영된 정체성의 결이 달랐음을 짐작할 수 있다.

157 E. M. Cable · H. H. Underwood, *ibid*, 1940, 16쪽.
158 이유선, 《2불 80센트의 기적: 이유선 회고록》, 작은우리, 1999, 63쪽.

5. 맺음말: 다중의 이해관계가 투영된 소리 공간

공간이란 인간의 활동을 통해 성격이 규정되나 동시에 그 활동 자체는 공간의 산물이기도 하다. 따라서 공간과 인간의 활동은 상보관계로 볼 수 있으며, 그 의미는 모여있는 개개인의 정체성과 이해관계에 따라 계속해서 변화할 수밖에 없다. 그런 의미에서 서울에서 활약했던 선교사들과 그 주변의 수많은 한국인들의 음악 활동은 표면적으로 19세기 미국의 중산층 음악 문화라는 공통점을 가지고 있음에도 그 내부의 욕망과 정체성이 서로 다른 양상을 드러냈던 것이다.

종교적인 대의명분을 가지고 한반도에 발을 디뎠던 선교사들은 서울유니언이라는 클럽이 운영하는 공간을 통해 자신들의 문화에 대한 자부심과 정서적 안정감을 지속적으로 확인하며 중산층으로서의 정체성을 투영했으며, 다음 세대로 그 정체성이 공유되는 장으로 활용하였다. 더욱이 기독교 세력이 확대되고 선교사들의 영향력이 커지면서 이들의 문화적인 활동의 반경도 더욱 확장되었고 대외적인 음악 공연 활동으로 이어지는 양상을 보였다. 이 과정에서 선교사들은 근대화와 서양음악의 발전을 결코 분리시킬 수 없었던 한국인들에게 "세련된" 문화적 감각을 전수하는 권위를 갖게 되었다. 결과적으로 미국의 중산층 음악문화는 근대적인 소리문화의 표상으로 이미지를 획득할 수 있었던 것이다.

한편 종교의 전파와 함께 선교사들에게 가장 중요한 사명 중 하나는 이교도를 계몽하는 일이었고 따라서 학교설립은 선교 초기부터 중요한 과업이었다. 이때 음악은 교회문화와 직결된 매우 중요한 교과였기에, 학교는 자연스럽게 학생들이 주체적으로 '음악학기'를 경험할 수 있는 공간으로 자리매김할 수 있었다. 물론 이 공간은 미국적인 멜로디를 가진 찬송가 교육의 장이었고 나중엔 서구 클래식 문화를 체득할 수 있는, 계층적 함의를 갖는 음악 문화 공간이었다. 물론 학교 학생들의 성별에 따른 차이도 분명하게 드러났다. 여학생들에게 건반 악기와 합창을 중심으로 음악교육이 전개되어 사적인 공간이었던 19세기 유럽의 살롱과 여성음악문화를 연상케 한다. 이러한 음악이 갖는 젠더 이미지는 여성선교사들의 보수적인 여성관의 영향과 결합해 여성의 음악활동이 창작보다 연주에 집중되는 경향을 낳았다. 학교 공간은 여학생들을 근대적인 어머니이자 아내로 성장시키고 교회의 여성인력으로 양성하려 했던 선교사들의 의도와 달리 오히려 여학생들에게 자아 정체성을 형성할 뿐아니라 자신을 개발하고 사회에 진출하려는 욕구를 불러일으키기도 했지만, '작곡 = 남성적 분야'라는 인식을 여성 스스로 내재하는 한계를 빚기도 했던 것이다.

남자학교의 경우 배재와 경신의 자유로운 학풍을 배경으로 기독교사립학교의 계몽운동이 초기부터 민족운동과 결합되는 경향을 보인다. 특히 애국가 운동을 통해 배재의 학생들은 민족에 대한 개념을 정립해 나갈 수 있었고, 선교사들의 직·간접적인 협력 속에 초기 애국가 운동이 찬송가 멜로디와 함께 '부르는' 노래 운동으로 전개될 수 있었다. 이는 민족의 독립과 부국강병이 기독교 문명을 통해 가능할 것이라는 믿음을 각인시키는 계기가 되었을 것이다. 1910년 이후에는 전형적인 미국문화라 할 수 있는 음악부 활동을 통해 학생들이 근대적 소리 감각을 키워갈 수 있었다. 특히 1920년대부터 활성화되기 시작한 배재와 경신의 밴드부는 스포츠 활동과 함께 공동체 문화를 상징적으로 경험할 수 있는 공간적 사운드를 제공했다. 연희의 음악부는 음악전문가인 선교사와 한국인들에 의해 보다 전문적인 클래식 교육을 실시하였고, 학생들은 엘리트이자 교양시민이라는 정체성을 형성하며 전문음악단체와 같은 행보를 이어 나갔다.

위와 같이 서울유니언과 여러 공연무대, 사립학교 등의 다양한 공간은 선교사들의 선교적인 목적과 문화 정체성이 반영된 곳이자 종교적이고

‘고상한’ 음악하기를 위한 공간이라는 성격을 가지고 있었지만, 각각의 공간에서 활동한 인물들과 그들의 관계성에 따라 서로 다른 공간적 의미를 만들어 냈다. 선교사들에 의해 들어온 새로운 사운드는 여러 다양한 공간 속에서 자아정체감과 취향을 형성하기도 하고 근대화에 대한 열망을 부추기거나 충족시키기도 하며 문명화된 민족을 상상하기도 하는 근대 시민을 탄생시켰던 것이다. 그야말로 다양한 이해관계가 교차하고 만나면서 정체성이 변화하고 형성되는 다성적 공간이자 서울의 사회·문화적 토대가 급변하고 있음을 보여주는 최전선이었음을 일깨워준다.

제4장

모던열풍 속 혼종의 음악공간, 경성공회당

신혜승(이화여자대학교 강사)

1. 머리말

이 글에서는 모던 열풍이 불기 시작하는 1920년대 중반부터 부민관 건립으로 인해 공연의 중심공간이 부민관으로 옮겨가기 시작하는 1935년 경까지의 시기동안 경성에서 벌어진 '음악하기musicking'[1]의 양상을 경성 공회당을 중심으로 조망하고자 한다. 1920년대는 일제의 기만적인 문화정치로의 정책변화와 함께 새로운 대중문화, 소비문화의 경험이 확산되기 시작하는 시기이다. 특히 1920년대 중반을 기점으로 그 이전과 이후의 문화에는 큰 변화가 나타났는데, 1920년대 중반까지는 계몽적 지식인이 문화 일반을 이끌었다면, 1920년대 중반 이후부터는 새로운 소비주체인 '모던 세대'[2]가 도시문화를 이끌면서 모던 열풍을 만들어내기 시작했다. 1920년대 중반부터 본격적으로 일기 시작한 모던 열풍은 기성문화와는 다른 음악문화사적 의미를 지닌다. 즉 1910년대에는 서구에 대한 선망과 동

1 '음악하기'는 크리스토퍼 스몰(Christopher Small)이 제시한 용어 'musicking'을 번역한 것으로, '음악하기'란 창작이나 연주 뿐 아니라 청취, 관람, 기획 행위를 포함한 음악과 연관된 모든 활동을 의미한다. 스몰은 그동안의 음악사와 음악비평이 작품과 작곡가, 그리고 전문 연주가의 역사에만 몰두해 온 것에 반문하며, 그 역사를 묵묵히 지켜온 청중들과 아마추어 음악애호가들에 대한 연구의 중요성을 역설하였다(크리스토퍼 스몰 저, 조선우·최유준 역, 《뮤지킹, 음악하기(*Musicking: the Meanings of Performing and Listening*)》, 효형출판, 2004 참조).

2 도시화, 서구화를 추종하면서 근대를 경험한 모던세대는 1910년 이후 태어나서 정규 식민지 교육을 받은 사람들이다. 이들은 일본어 구사 능력에 어려움이 없고, 일본을 통한 서구를 경험하면서 성장했다. 이들이 주도한 모던 스타일은 1920년대 후반에 어느 정도 고착되어 1930년대 중반까지 지속되었다(주창윤, 〈1920-1930년대 '모던 세대'의 형성과정〉《한국언론학보》 52-5, 2008, 202쪽). 본 논문에서는 이와 같이 생애주기적인 세대구분과 더불어 사회적 경험을 공유하는 세대로서의 모던세대가 만들어낸 음악문화 전반을 경성공회당을 중심으로 조망해 보고자 한다.

경 속에서 서구의 음악을 받아들이는데 급급했고 서구로부터 유입된 음악이 주로 계몽과 문명개화의 도구로 사용되었다면, 1920년대 중반부터는 서구 음악의 연주와 향유는 물론 재구성된 전통음악의 모습이 일상의 영역에 자리 잡게 되면서 다양한 문화적 의미를 발현하게 된다.

이에 본 글에서는 경성의 공공음악회 문화의 활성화라는 측면을 경성공회당의 지리적·상징적 위치와 정치적·문화적 역할을 통해 조망하고자 한다. 또한 음악 자체를 진지하게 경청하는 음악회 문화를 통해 이 시기 근대인의 삶에서 도래로 가득 찬 시간을 의미하는 '두터운 현재thick presents'[3]의 개념이 마련된다는 차원을 근대성이라 상정하고 이 맥락에서 음악문화 담론을 전개해 나가고자 한다.

그동안 일제강점기 문화에 대한 연구는 "청각문화와 시각문화가 함께 확산되고 있었지만 상대적으로 시각문화가 '문화적 우세종'으로 작용했다."[4]는 견해에 따라 연구가 진행되어 왔다. 이에 시각문화에 대한 연구는 도시의 과시적인 근대적 건물들, 볼거리 문화를 위해 운영되는 도로망

3 '두터운 현재(thick presents)'란 포스트휴먼 학자 해러웨이(Donna Jeanne Haraway)가 자신의 책 《트러블과 함께 머물기(*Staying with the Trouble: Making Kin in the Chthulucene*)》에서 "과거에 있었고 여전히 있으며 아직 그럴 수 있을 시간"이라는 의미로 제안한 용어이다(Donna Jeanne Haraway, *Staying with the Trouble*, Duke University Press, 2016, p.31·133). 해러웨이는 시공간에 대한 개념을 새롭게 정의해 나가면서, 과거, 현재, 앞으로 올 모든 것이란 의미에서 두터운, 진행 중인 현재라는 의미를 제안했다. 즉 두터운 현재란 "연대기적 시간 개념인 관습적인 현재, 과거, 미래와 달리 지나온 과거나 다가올 미래를 일소하는 시작이 아니라, 전승, 기억, 여전히 무엇이 있어야 할지를 가르쳐주는 도래(coming)로 가득 찬 시간"을 의미한다(현남숙, 〈D. 해러웨이의 다종적 생태정치: '함께-되기'와 '응답-능력'을 중심으로〉 《한국여성철학》 35, 2021, 84~85쪽).

4 박명진, 〈1930년대 경성의 시청각 환경과 극장문화〉 《한국극예술연구》 27, 2008, 64쪽.

과 이를 가능하게 해주는 교통수단, 출판과 영상예술과 같은 시각적 매스컴, 볼거리를 중심으로 개편되는 박물관, 백화점, 동물원 등의 스펙터클이 언급되면서 이를 통한 문화현상과 그 의미들이 다양하게 연구되어 왔다.

청각문화는 주로 전차소리, 유성기 음반이나 라디오에서 흘러나오는 소리, 길거리의 소음들, 일상을 점령한 사이렌 소리 등과 같이 물질문명이 만들어낸 기계음을 주 연구 대상으로 삼고 있거나, 주로 장르사의 관점에서 전통음악, 대중음악, 서양음악이 각각 연구되어 오면서 서로 다른 시사점들을 생성해 왔다. 혹은 유성기 음반이나 라디오를 통한 음악의 확산에 주로 초점이 맞추어져 오면서 주로 레퍼토리의 차원에서 데이터베이스를 구축하고 이를 해제하는 방식으로 연구가 진행되어 왔다. 공공음악회 문화가 정착되는 과정과 이를 통한 우리 민족의 예술적 발화의 다양한 의미들, 그리고 이를 향유한 청중들이 이 시기 무엇에 열광했는지 등에 관한 연구는 다각도로 이루어지지 못하였다.

따라서 본 논문에서는 청각문화의 여러 연구대상 중 음악회장을 통한 '공공음악회 문화'와 여기서 공연된 '음악적 실제'에 초점을 맞추어 1920년대 중반에서 1930년대 중반 사이 경성의 음악문화 양상을 조망해 보고자 한다. 특히 이 시기 경성공회당에서 연주되고 향유되었던 음악이 당시 경성인들에게는 어떤 의미였을지를 해러웨이Donna Jeanne Haraway의 '두터운 현재'라는 개념과 함께, 하버마스Juergen Habermas의 '부르주아 문예공론장'[5]으

5 하버마스에 의하면 17~18세기 서구의 부르주아 사회는 공론장을 통해 정치적·경제적 생활세계의 담론을 확장시켜 나갔다. 특히 부르주아 계급은 철학, 문학, 예술, 일상생활 등을 주제로 한 비판적, 합리적 토론의 내용들을 신문, 잡지, 편지 등에 적극적으로 표명했으며, 정치에 대한 솔직한 생각을 예술담론으로 승화시켜 나가는 과정에서 '문예적 공론장'을 형성시켜 나갔다(위르겐 하버마스, 한승완 역, 《공론장의 구조변동: 부르주아 사회의 한 범주에 관한 연구》, 나남출판, 2001).

로서의 공공음악회 개념을 바탕으로 설명해 보고자 한다. 여기서, 음악을 만들고 기획하는 작곡가와 연주자, 기획자, 그리고 이를 향유하는 청중들이, 즉 '음악하기'에 포함되는 이 시기 경성인들이 음악을 통해 만들어내는 혼종성[6]은 어떤 의미를 발현하게 되는지도 주목해 보고자 한다.

2. 1920년대 후반 경성에 부는 모던 열풍

1) 식민권력의 공간정치

1910년 이후 경성은 이중도시의 양상을 띠며 식민지 도시의 모습으로 구획되어 갔다. 청계천을 경계로 하여 조선인들이 생활한 곳은 북촌과 마포 등을 중심으로 한 전통적인 거주 지역이었고, 일본인들은 본정(현 충무로), 명치정(현 명동) 등의 남촌과 용산에 거주하였다. 당시 도시인구의 대략 20% 정도를 차지했던 일본인들은 땅값이 싼 곳을 선택하고 계획적으로 주택지를 개발하여 자신들만의 거주공간을 만들어갔다. 이들은 정거장, 관청, 은행, 그밖에 근대적인 기능을 수행하는 중요한 기관들을 자신들이 거주하는 곳에서 가깝고 편리한 곳에 세웠다. 그리고 상하수도·도로포장·교통·통신·전기·보건 위생시설도 일본인 중심으로 만들어 나가면서

6 탈식민주의 문화이론가인 바바(Homi Bhabha)에 의하면, 종주국은 식민지배의 정당성을 확보하기 위해 자신들을 모방하도록 하면서도 차별화 전략을 통해 자신들의 우월성을 인식시키고자 하는데, 이 과정에서 피지배인들은 따라 하기와 구별짓기라는 양가적 욕망 속에 놓이게 되고 이때 '혼종성'(hybridity)이 발현된다고 보았다. 또한 바바는 식민지인의 이 흉내 내기가 저항 혹은 전복의 가능성을 지닌다고 보았다. 즉 피지배인들은 지배 권력에 순응한 듯 보이지만 이 흉내 내기는 지배문화를 수용하는 동시에 이를 전복시켜 혼종이라는 결과를 낳게 만든다는 것이다(박종성, 《탈식민주의에 대한 성찰》, 살림, 2006, 58~59쪽).

낙후된 조선인 거주지와는 상당히 다른 근대적 외관의 일본인 거리를 조성해 나갔다.

이렇게 지배 권력에 의해 나누어진 공간은 후진성과 야만성이 가득한 조선인 지역과 선진적이고 문명화된 일본인 지역이라는 대조적인 형태로 고착되었는데, 이는 근대화된 남촌의 모습을 통해 힘을 과시하고 문명에 의한 지배의 정당성을 선전하고자 한 일제의 정치적 기획의 산물이었다. 즉 그들은 물리적으로 공간을 이원화하고 조선의 공간을 타자화하여 조선인들의 지배에 대한 정당성을 확보하고자 하였다. 이를 위해 '무단통치기' 일제는 왕조의 위상을 낮추고 식민지로 전환시키고자 경성을 식민행정을 위한 도시로 그 규모를 축소하고자 했다. 이 과정에서 일제는 정치적·군사적·경제적 목적을 위해 서슴없는 파괴를 일삼았으며 새로운 상징적 건축물들을 세워나가면서 피식민인들에게 자신들의 위력을 과시해 나갔다.

1920년대에 들어서면 식민도시화 전략의 전환과정에서 식민권력 내부에 감추어져 있던 서로 다른 여러 입장과 목소리들이 등장하게 된다. 먼저 총독부의 입장을 살펴보면, 그들은 북진 성향의 도시개발을 추진하고자 했다. 즉 총독부는 건물의 위치를 남촌의 왜성대에서 북촌의 경복궁으로 이전하여 광화문통 대로를 활용하고자 했고 이를 통해 총독부의 권력을 과시할 수 있는 전시적 도시를 창출하고 싶어 했다.

이러한 총독부의 북진 성향의 도시계획은 조선인들은 물론 남촌의 일본인들에게도 다소 충격적이었던 것으로 보인다. 이것은 당시 북촌의 조선인들에게는 주거지에서 쫓겨나게 될지도 모른다는 위기감으로 다가갔고, 남촌의 일본인들에게는 그동안 청계천을 경계로 암묵적으로 나뉘어져 있었던 민족 간의 경계가 사라질지도 모른다는 불안감으로 다가갔다. 특히 일본 상인들에게는 총독부의 이전으로 경성의 중심상권이 본정에서 종로로 옮겨질지도 모른다는 위기감으로 다가갔다. 이에 재경성 일본인들은 남촌과 그 이남 지역의 생활수준 향상을 위해 도시 인프라 등의 확충이 더 필요하다고 강하게 주장했다.[7] 이처럼 1920년대에는 권력내부의 여러 입장들이 다양한 목소리를 내며 경성개발에 대한 여러 의견을 내게 되고, 거의 매년 새로운 계획안이 상정되어 논란의 대상이 되다가 결국 재원 문제로 좌절되는 과정을 반복하게 된다.

결국엔 총독부의 입장대로, 1926년 조선총독부의 광화문 신청사로의 이전이 이루어졌다. 이를 계기로 경성의 도시공간에 변화가 나타나기 시작했다. 먼저 경제 중심과 정치 중심의 분화를 비롯하여 도시 공간이 기능적으로 구분되었다. 즉 정치중심의 광화문통, 경제중심의 본정, 군사중심의 용산, 교육중심의 동숭동 등이 형성되어 도심지 공간의 기능적 분화가 이루어졌다. 남촌과 북촌의 이중적 구성을 보이는 도시 중심부의 시가지 형태는 여전히 유지된 채, 공간의 해체와 재배치가 이루어진 것이다. 남촌에는 새로운 볼거리와 들을 거리가 넘쳐나면서 화려한 외관으로 점점 변모해 갔고, 이러한 시청각적 장치들을 통해 일제의 통치는 교묘히 내선일체라는 방향으로 지식인들을 이끌어 나갔다.

2) 스펙터클의 매혹: 타자화 전략

1920년대 중반 이후 경성의 도시 문화를 지배한 것은 본격적으로 대두하기 시작한 상업주의의 물결이었다. 1925년 남산의 조선신궁 건립, 1926년 조선총독부와 경성부청의 신청사 이전 등을 계기로 식민지 행정수도로의 전환이 일단락된 경성의 도시 공간에 소비문화가 번성하기 시작한 것이다. 더욱이 1930년대에는 조선공업화 정책 실시에 따라 산업구조

7 김백영, 《지배와 공간: 식민지도시 경성과 제국 일본》, 문학과지성사, 2009, 400~401쪽.

의 변화가 나타나게 되면서 구매력을 갖춘 도시 중산층이 성장하게 되는데, 이에 따라 경성 최대의 번화가였던 본정을 중심으로 소비시장이 더욱 활성화되어 갔다. 특히 본정 일대에 건립된 4개의 백화점은 스펙터클화된 제국의 힘을 과시하는 일종의 미디어로서 역할을 하며 소비문화 확산에 크게 기여하였다.[8] 아시아의 프로이센을 꿈꾼 일본은 백화점을 비롯한 주요 건축물들을 이러한 차원으로 구축해 놓은 것이다.[9]

이처럼 1920년대 중반 이후 전개된 도시 공간의 변화는 소비가 중심이 되는 환경이 조성되면서 주체의 변화를 불러일으켰다. 거주 주체가 변한 것은 아니지만, 많은 조선인들이 본정을 드나들며 상가의 소비자로 자리 잡게 되면서 일본의 소비 자본과 조선인 피식민 대중 간의 상호 작용이 본격적으로 이루어지게 되었고, 새로운 문화향유의 방식이 나타나기 시작했다. 이 시기는 경성공회당이 1920년에 문을 연 이후, 각종 강연회와 집회, 공연, 음악회 등이 활발하게 개최되었던 시점과 일치하기도 한다. 아래의 인용문들은 당시 남촌의 상점과 경성공회당에 몰린 사람들에 대해 묘사하고 있는 글이다.

> 日本店에 朝鮮人은 八割, 朝鮮店에 日本人은 五分. 이러하고도 살수가 잇나 일본상뎜으로 가는 원인은 무엇인가 조선인의 크게 생각할 일.[10]

8 김백영, 앞의 책, 2009, 500쪽.
미츠코시 백화점이 들어선 이후 본정 일대에는 미나카이 백화점, 히로다 백화점이 잇따라 신축·증축되었고, 남대문로에도 조지야 백화점이 신축되어 남대문로 본정 1정목은 경성을 대표하는 백화점 거리로 조성되었다.

9 전진성, 《상상의 아테네: 베를린·도쿄·서울》, 천년의 상상, 2015, 288쪽.

10 〈商店의 顧客〉《동아일보》 1922년 11월 22일.

청중은 내지인과 서양인이 태반이오 조선인인 이화 연희 배재 등에서 선생과 생도 약간 왓었으며 특히 유길 총감의 영부인으로부터는 천진한 소녀로 하여금 화환을 증정하였더라.[11]

대판조일의 京城支局主催로 해마다 열니는 京城各女學校聯合音樂會가 금년에는 11월 19일 오후 2시 長谷川町 公會堂에서 열렷다. 귀국 後의 첫구경으로 점심후의 거름을 느질가하야 급히 가닛가 시간전이것만은 會衆이 꽉 차고도 또 넘처서 문밧게 층계에까지 갓득하엿다. 억제로 베집고 들어가 보니 출연할 11女學校의 學生들로 반이나 넘어찬 것 갓하야 미리부터 異彩를 보엿다.[12]

당시 본정을 위시하여 남촌에 조성된 가로경관과 새로 지어진 다양한 기능의 건축물들은 조선인들에게 열망과 절망을 함께 맛보게 해 주는 다중적 의미의 시각적 공간들이었다. 다시 말해 일본화 된 서구식 거리로서의 남촌은 문명의 매혹을 맛볼 수 있는 공간이자, 침략자 일본의 타자화 전략이 실현되어 있는 공간이었던 것이다.

앞서 언급한 바와 같이, 남촌에 건설된 여러 문명의 상징들 중 도심부 공간의 변화를 주도한 매혹적인 소비문화의 대표적 장치는 백화점이었다. 조선에 구현된 일본식 백화점은 모던한 상품의 전시 뿐 아니라 여가와 향락을 즐길 수 있는 다양한 시설을 제공한다는 면에서 서구의 백화점과는

11 캐나다 태생의 세계적인 바이올리니스트인 팔로(Kathleen Parlow) 여사의 바이올린 연주회가 경성공회당에서 1923년 2월 12일에 개최되었다는 내용의 기사에서 발췌한 것이다(〈세계적 여류제금가의 연주〉《매일신보》 1923년 2월 14일).

12 경성공회당은 장곡천정(현 소공동)길에 위치하고 있어 장곡천정 공회당이라고도 불렸다(又隱生, 〈京城 各女學校聯合音樂會를 보고〉《별건곤》 10, 1927년 12월 20일).

차이가 있었다. 따라서 모던 세대들에게 백화점은 도시 산책의 정점 중 하나가 되어 주었다. 당시 백화점은 다양한 상품을 체험하고 소비할 수 있었던 욕망의 공간이자 전시된 상품을 관찰하며 모던을 상상하는 미학적 공간이기도 했고, 각종 즐길 거리를 위한 부대시설을 갖춘 복합문화공간이기도 했다. 도시 중산층들은 백화점을 통해 도시를 느끼고 소비하며 자본주의에 물들어갔다. 이처럼 침략자 일본인의 본거지였던 '진고개'가 소비문화의 중심지이자 제국의 스펙터클을 나열하는 공간인 '혼마치'로 그 성격이 전환되면서, 남촌과 북촌을 가르는 민족적 경계는 점차 개발과 소외를 가르는 자본주의적 경계로 변화해 갔다.[13] 개발이 집중된 지역과 그로부터 소외된 지역 간에 경제적·문화적 양극화가 더욱 두드러지게 되었고 북촌의 조선인들이 제국의 문명을 맛보기 위해서는 필연적으로 남촌을 방문해야만 했다. 타자화 된 조선인들에게 남촌의 백화점들은 따라 하기의 공간이면서 흉내 내기의 공간이 되었다.

식민지도시 경성에서 남촌의 가로경관과 백화점들이 뿜어내는 스펙터클의 매혹은 양가성을 띠고 있었다. 이것은 이어 살펴볼 음악회 문화와도 연관성이 있는 부분이다. 공간을 이끄는 주체 세력은 민족적이라기보다는 자본주의적인 원리 하에서 움직였고, 여기에 기호, 취향, 소비라는 측면이 새로이 등장하게 되면서 도시문화의 향유는 민족이라는 경계를 넘어서서 누구든지 추구할 수 있게 된 것처럼 보여 졌다. 그러나 일제의 공간 정치의 내면에는 차별화 전략이 작동하고 있었다. 그들은 자신들의 우월성을 인식시켜 헤게모니의 정당성을 확보하고자 하는 타자화 전략을 실행하고 있었던 것이다. 즉 모더니티를 추구하는 새로운 세대들에게 매혹적으로 다가가면서 은연 중 권력 담론을 받아들이도록 한 것이다.

13 김백영, 앞의 책, 2009, 500~501쪽.

모던 세대들이 도시 공간을 산책하며 모던 열풍을 만들어내면 낼수록 아이러니하게도 조선인들은 더욱 더 타자화 되어 가게 된다. 흉내 내기의 단계에서 벗어나 결코 그들과 같아질 수 없다는 구별 짓기를 결국 인지하게 되는 것이다. 스펙터클의 유혹이 넘쳐났던 남촌의 공간은 문명을 과시하고 전시하는 일제의 야욕의 공간이었고, 민족 간 양극화를 소비자본주의 형태로 전환시킨 정체성 정치의 공간이었다. 더욱이 남촌은 같은 민족 내에서 엘리트 계층과 도시 빈민층이라는 양상으로 나뉘어 서로를 배제하게 만드는 차별적 공간이었다.

3) 모던 경성의 산책자들

1920년대 중반부터 남촌은 모던 세대가 즐길 수 있는 볼거리, 즐길 거리로 넘쳐나게 된다. 극장, 공연장, 잡화점, 카페와 다방 등이 남촌에 들어섰고, 이를 따라 새로운 소비 주체인 모던 세대들이 본정과 명치정에 몰려들었다. 1926년 윤심덕과 김우진의 정사情死사건, 1920년대 후반 영화와 대중음악의 확산, 서양클래식 음악의 창작 및 연주의 활성화, 1929년 일제의 시정20주년기념 조선박람회 개최 등은 모던 세대가 형성되는 계기를 제공하였다. 이러한 분위기 속에서 이전시기 신여성이라 불렀던 계층과 함께 모던걸, 모던보이라고 불리는 세대가 여론 공간에 자주 등장하기 시작했다. 이상·박팔양·박태원·나혜석·김일엽·이선희와 같은 작가나 예술가들이 이 세대에 속하는 인물들이다. 이들은 경성의 거리를 산책하는 '산책자'[14]로 식민지 공간의 모더니티를 드러내는 주체가 되었다.

14 발터 벤야민은 보들레르의 도시 체험을 통해 '산책자' 개념을 고안하여 근대를 탐색하는 문화 비평 용어로 제시하였다(서지영, 〈산책, 응시, 젠더: 1920~30년대 '여성 산책자'(flânerie)의 존재 방식〉《한국근대문학연구》 21, 2010, 221쪽).

도시 산책자들의 주요 경로는 북촌 종로에서 시작하여 남촌 본정(혼마치[本町])으로 넘어간다. 본정 부근을 배회하는 이들을 '혼부라[本ぶら]'라고 명명했는데, 이는 경성에서의 산책활동이 도쿄에서의 산책활동인 '긴부라[銀ぶら]'와 연관성이 있음을 보여주는 명칭이다. 당대 조선 지식인들에게 동경에서의 근대 체험을 매개로 긴자와 혼마치는 물리적·민족적·문화적 간극이 흐릿해지는 '경계적' 공간으로 인식되었다. 본정을 오가는 혼부라들의 산책 행위는 민족적 차이나 학력, 직업, 이념적 지향성, 성별을 넘어서 취미의 한 형태로 확산되었다. 이들에 대한 기록은 보는 시각에 따라 긍정과 부정의 표상이 혼재되어 나타난다. 한편으로는 식민자의 근대를 동경하고 모방하는 문화적 식민성의 모습으로 묘사되기도 하고, 다른 한편으로는 도시 부르주아 계층의 자본주의적 소비문화를 냉소적으로 비판하는 모습으로 표현되기도 한다.[15] 공적 공간에 나타난 여성을 비하하는 젠더화 된 시선도 기사에 자주 등장했다.

이 당시 모던 경성 산책자들의 양상과 의미는 이 시기를 배경으로 하고 있는 문학작품들, 예를 들어 박태원의 소설 《소설가 구보 씨의 일일》(1934)을 비롯하여 김기림과 이상의 작품들, 안석영의 만문만화, 나혜석의 파리 기행기, 이선희의 소설 등에 투영되어 있다. 박태원의 소설 《소설가 구보 씨의 일일》에서 주인공 구보는 광교 집에서 나와 종로와 광화문을 거쳐 최신식 일본 상가와 은행가, 번화가가 있는 남촌 본정을 오가다가 장곡천정길의 다방 '낙랑파라'로 되돌아오기를 거듭하는 산책자로 등장한다. 이상의 소설 《날개》(1936)에서는 주인공이 자폐된 일상을 박차고 나와 남촌 본정의 미츠코시 백화점 옥상으로 올라간다. 작품 속 내용들을 통해, 도시 산책은 모던 세대들에게 근대성의 허구를 직시하는 과정이 되어주기

15 서지영, 앞의 글, 2010, 224~225쪽.

도, 시선의 주체로서 근대의 이상적 가치들을 추출해 내는 인식의 시간이 되어주기도 했다는 것을 알 수 있다. 즉, 이러한 산책행위는 한편으로는 자기 인식의 차원으로 나아가게도 했지만, 다른 한편으로는 주변인으로서의 정체성을 더욱 느끼며 좌절을 맛보게도 했던 것이다. 식민지 경성은 산책자의 정체성 위치에 따라 이처럼 각각 다른 의미망을 구성하고 있었다. 경성의 거리를 산책하는 활동은 단순한 '배회'가 아니라 근대적 인식을 가능케 하는, 더욱이 이러한 인식이 '현재'와 결합되게 하는 '역동적인 문화 행위'였다고 볼 수 있다.

3. 공공음악회 문화의 활성화: 계몽에서 취미로 그리고 교양으로

1) '음악회' 정의에 관한 문제

'음악회'는 18세기 유럽에서 계몽주의 사상과 시민혁명 등을 배경으로 활성화된 음악향유 방식으로, 당시 신흥 중산층을 대상으로 한 새로운 문화현상이었다. 궁정의 살롱에서 왕이나 귀족을 대상으로 연주되는 사적인 영역에서의 음악이 아닌, '공적인 공간'에서 '공공의 청중'을 의식하고 행하는 음악활동이라는 측면에서 음악회가 가지는 사회사적 의미는 매우 크다. 즉 음악회는 하버마스가 말한 '부르주아 문예공론장'으로서 문화적·정치적 의사소통이 이루어지는 공간이라는 의미를 갖는다. 그러나 점차 토론의 잠재력이 사라지게 되면서 소비의 공간으로서 주로 작용하게 된다.

서구에서도 18세기 음악회 문화와, 중산층이 주도권을 장악했던 19세기의 음악회 문화는 프로그램 구성과 그 향유방식에 있어서 상당한 차이를 보인다. 시대정신과 주도세력의 변화 등에 따라 음악회 방식도 많은 변형이 이루어지게 된 것인데, 한국의 음악회 문화 역시 도입 초기와 이후의 상황이 어떻게 다르게 전개되어 가는지 당시의 사회문화적 배경 하에서 조망해 보고자 한다.

한국에서 음악회 문화는 기독교를 전파하기 위한 수단으로서 자선 음악회의 형태로 등장하기 시작했다. 이후 가난한 학생들의 학비를 보조하기 위한 수단으로, 고아원 보조를 위한, 혹은 문명개화의 목적으로도 음악회는 이용되었다. 서양의 경우는 주로 귀족과 중산층의 권력의 문제와 연관된 사회문화적 환경이 공공음악회 탄생의 배경이었다고 한다면, 우리나라는 식민과 피식민 사이의 권력의 문제, 대중매체를 통해 새롭게 구성되는 전통음악과 그것의 향유 방식에 대한 문제, 서구 제국주의 문화가 만들어낸 서구중심주의적인 문화 우월성에 대한 문제, 그리고 일본식으로 받아들여진 서구음악의 문제 등이 복합적으로 얽히면서 서구와는 다른 차원의 음악회 문화를 만들어 나가게 된다.

현재까지 확인된 한국 최초의 음악관련 공연 기사는 1899년 4월 3일자 《황성신문》에 나타난 무동연희장에서의 공연이다.[16] 이를 근간으로 한국공연예술사 관련 연구물들에서는 한국의 연극·음악·연희·무용 공연의 시작점을 1899년으로 보고 있다. 이후 1920년경까지는 서구음악이 유입되면서 근대음악이라는 개념이 형성되어 가는 시기였는데, 이 시기의 음악공연은 음악으로만 한정되지 않은 복합 공연물의 양상을 보이고 있기 때문에 '음악회', '연주회' 등으로 표현되어 있지 않은 경우가 많았다. 연주

16 《皇城新聞》 1899년 4월 3일, "(開雜遊戲)西江開雜輩가 阿峴 等地에서 舞童演戲場을 設ᄒᆞ엿ᄂᆞᆫᄃᆡ 觀光ᄒᆞᄂᆞᆫ 人이 雲集ᄒᆞ얏거ᄂᆞᆯ 警務廳에서 巡檢을 派送ᄒᆞ야 禁戢ᄒᆞᆫ즉 傍觀ᄒᆞ든 兵丁이 破興됨을 憤痛히 녁이어 該巡檢을 無數亂打ᄒᆞ야 幾至死境ᄒᆞᆫ지라 本廳에서 其開雜輩幾許名을 捉致ᄒᆞ고 該演戲諸具를 收入ᄒᆞ야 燒火ᄒᆞ엿다더라."

회라는 명칭을 사용한 최초의 기록 중 하나는 1909년 9월 25일자 《대한민보》[17]에 게재된 것으로 그 내용은 다음과 같다.

> 자선연주. 경성에 재류하는 서양 각국 유지신사 제씨가 평양에 맹아학교와 강화군 교회학교에 보조하기 위하여 내월 7일 오후 7시에 청년회관에서 연주회를 설행한다더라.[18]

이보다 앞서 《황성신문》 1909년 4월 11일자에도 음악공연을 행했다는 기록을 찾아 볼 수 있다.

> 特別大福音會本日은 救主 耶蘇氏의 復活ᄒᆞ신 主日인 故로 當日下午二時에 鍾路青年會館에서 特別大福音會를 開ᄒᆞ고 英國神父 사컥 氏가 講道ᄒᆞᄂᆞᆫ딕 모리스 夫人이 唱歌ᄒᆞ며 醫學博士 朴瑞陽氏와 本學館과 儆新學校學生이 聯合唱歌ᄒᆞ며 各樣 音樂을 奏ᄒᆞ야 盛大ᄒᆞᆫ 紀念慶祝禮를 行ᄒᆞᆫ다더라.[19]

이처럼, 1909년에 몇몇 음악공연 기록이 나타나기 시작한다. 또 다른 기록으로는 당시 플루트와 만돌린 연주자로도 활동했던 최동준의 회고담을 들 수 있는데, 그는 다음과 같이 이승만 박사가 귀국할 당시 환영회의 일환으로 열린 신춘 음악회가 경성에서 열렸던 첫 '음악회'였다고 적고 있다.

17 대한협회가 1909년 6월 2일 창간한 신문으로, 1910년 8월 31일 폐간되었다.

18 김희진, 〈한국의 근대 연주회장 연구: 『매일신보』를 중심으로〉, 한국예술종합학교 예술전문사과정 논문, 2011, 18쪽 재인용(밑줄 저자 강조).

19 《皇城新聞》 1909년 4월 11일.

미국에 가 계시던 이승만 박사가 귀국하시던 봄, 그의 환영 비슷하게 소위 '신춘 음악회'라는 것을 한번 해보기로 동의가 되어, 여러 가지 준비를 나 혼자 맡아 보게 되었는데, 원래가 경성서는 처음 열리는 음악회이기 때문에 識者들은 잘 되지 않으리라고 걱정을 하는 동시에 준비도 하지 말라는 엉뚱한 소리까지도 하는 것을 기어이 해보겠다는 결심으로 준비한 결과 (후략)[20]

이승만은 1910년 10월 미국의 프린스턴대학에서 박사학위를 받고 귀국하였는데, 위의 기록에서는 '신춘 음악회'라고 언급되어 있는 것으로 보아 이 음악회는 그 이듬해인 1911년 봄에 열린 것으로 보인다.[21] 음악회가 열렸던 장소는 YMCA 회관으로 1부는 음악회로 열렸고 2부는 신파극이 공연되었다. 당시 1부 음악회의 프로그램은 다음과 같았다.

1부

밴드 ………………… 이왕직 악대

플루트 독주 ………… 정사인

테너 독창 …………… 후커

피아노 독주 ………… 스나이더

고음 독창 …………… 김배세[임배세]

피아노 독주 ………… 허카드

밴드 ………………… 이왕직 악대[22]

20 최동준, 〈경성에서의 첫 음악회: 20년 전 옛날을 회고하면서〉 《여명의 양악계》, 세광음악출판사, 1989, 78~79쪽.

21 이승만은 귀국 후 1912년 3월에 다시 미국으로 가기 전까지 YMCA 학생부 간사와 청년학교 학감으로 강연을 하고 성경을 가르치며 교육과 전도 활동을 펼쳤다.

22 최동준, 앞의 글, 1989, 79쪽.

피아노와 플루트의 독주들, 소프라노와 테너의 독창들이 있었고 이왕직 악대의 연주가 처음과 마지막을 장식했다는 점만 파악할 수 있고, 어떤 곡이 연주되었는지는 알 수 없지만 1부는 음악만으로 구성된 본격적인 음악회라는 점에서 음악 공연사적 의의를 가진다. 이처럼 1910년을 전후로 음악공연이 다수 있었음을 신문기사나 회고담 등을 통해 확인해 볼 수 있다.

이후 1920년경까지는 음악만으로 이루어진 음악회보다는 주로 강연이나 전도활동의 연장선상에서 행해졌던 보조적 의미의 음악공연이 많았다. 1920년 이후에는 서양음악만으로 이루어진 순수 음악공연이 등장하기 시작했는데, 1924년 《매일신보》에 소개된 홍영후(난파)의 제금독주회는 이러한 음악회의 초기 예 중 하나이다.

> **洪永厚氏獨奏**
>
> 鐘路中央基督敎靑年會의 쥬최로 오는 십구일 오후 일곱시 반에 洪永厚씨의 「바이올린 독쥬회」를 열터이라는대 입장료는 오십젼권 일원권 이원권의 세 죵류이요 당일의 曲目은 젼부 유명한 작곡을 골나셔 독주하리라더라.[23]

1920년대 중반 경성은 스펙터클한 사회로 만들어져 가면서 인구도 증

23 〈洪永厚氏 獨奏〉《매일신보》 1924년 1월 18일.
당시 연주된 곡은 그리그의 〈F장조 소나타〉, 브루흐의 〈G단조 콘체르토〉, 쇼팽의 〈녹턴 Op. 9의 No. 2〉, 하이든의 〈F장조 미뉴에트〉, 슈만의 〈트로이메라이〉, 베토벤의 〈G장조 미뉴에트〉, 위어(Albert Ernest Weir, 1789~1945)의 〈집시무곡〉, 브루흐의 〈콜 니드라이〉(Kol Nidrei, 신의 날), 루빈스타인의 〈F장조 멜로디〉, 암브로시오의 〈판타지〉였으며 피아노 반주는 김영환이 맡았다(난파연보공동연구위원회 편, 《새로 쓴 蘭坡 홍영후(1898-1941) 연보》, 한국음악협회경기도지회·민족문제연구소, 2006, 49쪽; 김희진, 앞의 글, 2011, 28~29쪽).

가하였다. 당시 경성의 인구 구성 중 1/4정도가 일본인이었는데 조선에 진출하여 자본을 축적하고자 했던 관리나 대소상인, 기업가들이 대부분이었다. 조선인들은 소수의 지주급을 제하고는 농촌을 떠나온 극빈한 사람들이 대부분이었다. 경성 인구의 대다수가 빈민층이었다고 볼 때, 음악회를 통해 음악을 향유할 수 있었던 계층은 소수였다고 볼 수 있다. 교육을 받을 수 있었던 학생들과 그들을 가르쳤던 교육자들, 상업에 종사하여 자본을 축적할 수 있었던 상인들, 그리고 남촌에 거주했던 재경성 일본인들과 선교사들이 주요 청중들이었다. 따라서 본 글에서 다루는 청중들은 일본인과 외국인을 포함하여 도시에서 소비생활을 어느 정도 누릴 수 있는 중상층 조선인들로 한정된다. 대다수의 조선인들에게 음악회란 스펙터클의 공간이 주었던 의미와도 비슷하게 누구에게나 열려있던 공간이 아니라 선택적 배제의 공간이었다. 이때 음악회는 어떤 의미로 기획되었으며 어떤 문화적 역할을 수행했는지 이어서 살펴보고자 한다.

2) 계몽의 도구로서의 음악

1920년 이전까지, 즉 경성공회당이 건립되기 이전까지 음악회는 대부분 자선연주의 형태였다. 서양음악을 중심으로 다양한 음악장르들이 혼합된 형태로 교회나 학교의 강당, 회관 등지에서 음악회가 열렸다. 기독교를 전파하기 위한 선교활동의 일환으로 기획된 것이기도 했고, 재난을 당한 사람들을 위한 모금운동, 가난한 학생들의 학비보조, 중요한 건축물의 기금마련 등을 위해 기획된 것이기도 했다. 1917년 《매일신보》에 126차례에 걸쳐 연재된 이광수의 소설 《무정》의 한 장면을 통해서 계몽을 꾀하고자 하는 이 시대 지식인들의 사상을 간접적으로 엿볼 수 있다. 소설 속 음악회의 상황을 요약하면 다음과 같다.

《무정》의 주인공 형식, 영채, 선영, 병욱은 음악회를 열어 수재민들의 슬픔을 위로하고 수입은 수재의연금으로 사용하려는 계획을 세운다. 장소는 기차역 대합실로 정한다. 먼저 병욱이 바이올린으로 〈아이다〉를 연주했다. 농촌 사람들은 바이올린을 알지는 못했지만 바이올린에서 뿜어져 나오는 처연한 소리를 자신들의 처지와 동일시하면서 눈물을 흘린다. 영채는 찬미가를 부르고, 마지막으로 합창을 하며 약 한 시간의 짧은 음악회를 마친다. 음악회를 구경한 사람들은 모두 감동을 받아 수재 극복의 의지를 불태운다. 형식은 자연에 의존하는 농업만으로는 문명한 국가를 만들 수 없다고 생각하여 근대적 교육의 중요성을 외치게 된다. 이것을 실행하는 것이야말로 민족을 계몽하는 일이라고 여긴 것이다. 삼랑진의 홍수 때문에 마련된 음악회를 통해 형식은 자연의 재앙 앞에 무기력한 민족이 처한 현실을 목도하고 계몽의 의지를 불태운다.[24]

이광수는 계몽의 의지가 음악을 통해 더욱 자극 받게 되는 것으로 소설을 구성하였다. 소설 속 이야기이기는 하지만, 이 때 음악은 계몽의 소리였고, 이 소리는 음악회를 통해 전달되고 공유되었던 것이다. 여기서 서구의 음악은 새로운 소리체계로써 새로운 자극을 주는 주요 수단으로 등장했다. 즉 오늘날 '힙hip'하다는 표현처럼, 당시 사람들에게 서양음악은 '힙'한 사운드로 강력하게 다가간 것으로 보인다. 실제 음악회의 예를 하나 들어보자. 1916년 10월 29일자 《매일신보》에 실려 있는 '자선음악회'이다.

24 이승원, 《소리가 만들어낸 근대의 풍경》, 살림, 2005, 44~45쪽의 글을 요약한 것이다(밑줄 필자 강조).

慈善音樂會

청년회관에서

유겸철 등 제씨의 발긔로 계동공립학교의 경비를 보죠키 위ᄒᆞ야 삼십일 하오 칠시반브터 죵로청년회관 안에서 ᄌᆞ선음악회를 거행ᄒᆞ고 좌긔와 ᄀᆞᆺ치 여러 가지 음악을 연쥬홀터이라ᄂᆞᆫ데 동정잇스신 신ᄉᆞ슉녀에게 ᄌᆞ미잇ᄂᆞᆫ 음악도 드리시려니와 진심으로도 찬조ᄒᆞ시기를 바란다더라.[25]

이어 음악회의 순서가 제공되어 있는데 다음과 같다.

주악 ………………… 이왕직양악대

독창 ………………… 스미스 목사, 하듸양, 우드양, 김인식 외 제씨

사현금 ……………… 조선호텔 음악주임 암기각군

양적독주 …………… 양악대장 백우용군

피아노독주 ………… 내외국부인

합창

구악연주 …………… 정악전습소

위의 기사로는 어떤 작품이 연주되었는지 알 수 없으나, 서양식 독창과 독주, 합창이 있었고 이왕직양악대의 시작 연주와 정악전습소의 마무리 연주로 구성되어 있다는 점은 파악할 수 있다. 즉 약간의 전통음악과 함께 서양음악 중심으로 구성된 음악회였다는 것을 알 수 있다. 이광수의 《무정》에서 등장하고 있는 음악회의 구성과 비슷한 양상을 보인다. 이 당시 서양음악은 높은 수준의 문화로 인식되었는데, 바이올린과 피아노의

25 《매일신보》 1916년 10월 29일(밑줄 필자 강조).

사운드, 외국 성악곡과 찬송가 선율 등은 이러한 음악회를 통해 조선인들의 일상에 서서히 스며들기 시작했다. 어떤 메시지를 음악을 통해 전달하려는 목적이 있었다기보다는 서양음악을 듣게 함으로써 민중계몽과 미래의 주체임을 인식하게 하는데 청각적으로 '강화'시켜 주려는 것이었다고 이해해야 한다. 낯선 악기, 낯선 음계, 낯선 리듬으로 이루어진 음악체계이지만 서구 열강의 문화예술을 알아야만 문명개화를 할 수 있다는 구호 아래 서양음악은 급속도로 퍼져 나갔고 여러 자선음악회에서 계몽을 목적으로 연주되었다. 이는 청각까지도 계몽의 대상으로 본 것이라 할 수 있겠다.[26] 따라서 서양음악을 가르치는 교육기관도 점차 늘어나게 된다.

이렇듯 1910년대에는 기독교 관련 단체나 학교에서 주최하는 자선음악회의 형태가 음악회의 주축을 이루었다면, 1920년대로 넘어가면 음악회 기획에 또 다른 양상이 나타나기 시작한다. 음악을 보다 전문적으로 공연할 수 있는 경성공회당이 개관을 하면서 좀 더 다양한 유형의 음악회가 등장하게 되는 것이다. 즉 1920년대에 이르면, 자선 · 전도 · 선교 · 기념을 위한 음악회의 기획은 물론 음악 자체, 즉 소리 자체의 유희를 위한 음악회 기획도 등장하게 된다. 이제 무엇의 도구로서의 음악이 아니라 예술을 위한, 혹은 음악을 위한 음악으로 바라보는 시각이 생기게 된다.

3) 음악을 위한 음악: 취미의 형성과 소리의 유희로서의 음악

전문교육기관을 통해 음악을 전공하는 사람들이 많아지고, 고상한 취미로서 서양음악을 감상하는 계층이 등장하게 되면서 1920년대 중반에 이르면 음악을 음악자체로서만 감상하려는 경향이 나타나게 된다. 이러한 경향은 1920년대 초반에 시작된 서구 유명 연주자들의 초청음악회를 필

26 이승원, 앞의 책, 2005, 43쪽.

두로 국내 연주자들의 독주회와 독창회가 상당수 개최되면서 나타나게 된 현상이라고 볼 수 있다. 국내 연주자의 음악회인 경우는 해외로 음악공부를 하러 가거나 유학을 마치고 귀국을 하면서 여는 도구음악회, 도미음악회, 송별음악회, 귀국음악회 등의 형태로 많이 등장하였는데, 초창기에는 바이올린 독주회가 많았으나 점차 성악, 첼로, 피아노 독주회도 많이 개최되었다. 공연은 독주회 혹은 독창회로 기획되었더라도 이들 공연에는 다른 악기나 장르의 찬조출연이 포함되어 있었다. 이 밖에도 '베토벤 탄생 기념 음악회'와 같은 특별주제의 음악회도 열렸고 '신춘음악회', '추기음악회' 등 계절별로 음악회가 기획되어 개최되기도 했으며, 학교나 단체의 정기연주회도 자주 열렸다.

1924년, 나혜석은 경성에 머무는 20일간 YMCA 회관에서만 4번의 음악회가 있었다고 하면서 그 중 한 연주회에 대한 소감을 《개벽》에 밝히기도 했다. 그는 글에서 각 출연자의 연주에 대한 비평을 하면서 서양음악을 제대로 연주하기 위해서는 연주 기술도 중요하지만 예술적으로 들려야 한다는 것을 강조했다.

> 金永煥氏의 「소나다」는 인제 고만 햇스면 조켓다.(중략) 그가티 아모 생각도 업고 표정도 업시 눈만 보고 손만 놀리랴면 우리 가튼 사람도 할 것 갓다. (중략) 韓긔주氏의 냉정하고도 침착한 태도에는 예술적 기분이 충만하엿다. (중략) 안저 듯기에 하도 유명한 성악가 尹心悳氏이기에 마침 기회가 잇서 드러간 것일다. 음량은 충분하나 쏘푸란音이 아니오 알터音 이엿다. 다른 때 독창한 것도 그러한지 모르지만 이 날 두 가지 독창한 거슨 음악이란 것보다 唱歌이엿다. (중략) 회원 일동의 빠이올닝 합주에는 잘잘못보다도 공부하는 어느 여가에 그가티 음악공부를 하엿슬가 하고 감복하는 동시에 스스로 붓그러웟섯다. 洪水厚氏의 빠이올닝은 작년 듯든 때나 기술의 진보가 별로 나을

것 업시 들녓다. 입장료를 벌기 위함인지 음악을 들녀주기 위함인지는 모르겟스나 (중략) 하여간 작년보다도 더 음악은 보급되는 모양 갓다. 중학생 중에도 희끗희끗 빠이올닝 만돌닝 끼고 가는 것을 보면 대단이 희망 잇서 보이고 깃분 일일다.[27]

이 글이 발표된 이후, 다음호인 《개벽》 1924년 8월 1일자에는 이러한 나혜석의 음악적 견해에 대해 반박하는 "너희의 良心에 告發한다."라는 제목의 김기진(필명 팔봉산인)의 글이 실렸는데, 음악이 가지고 있는 사회적 효과와 일상성에 대해 다음과 같은 의견을 피력했다.

음악이 다른 예술보다도 그 효과가 크고-크다는 니보다도 신속하고 직접적이요 선풍적임은 이것이 직접 사람의 청각에 호소하는 까닭이다. 따라서 잇다금 그 효과가 엄창나게 놀납게 일어나는 때가 잇는 것이다. (중략) 음악은 특히 생활과 밀접한 관계에 잇다. 모든 노래가 직접 그 사람의 생활에서 울어 나오는 것이다. 일상생활의 활로다. 개인적으로의 희로애락은 고사하고 사회생활의 경향 일국가의 흥망까지도 직접 이것이 말하고 잇다. 한 민족의 동요 그 민족의 민요, 여행가, 속요까지도 직접 그 민족의 역사를 말하는 것이다.[28]

음악이 가지고 있는 위와 같은 효과에 비해 조선의 음악가들은 서양음악을 흉내만 내는데 그치고 있다며 다음과 같이 강하게 비판하였다.

27 晶月, 〈尹心悳 音樂會를 보고〉 《개벽》 49, 1924년 7월 1일(밑줄 필자 강조).

28 八峯山人, 〈너희의 良心에 告發한다〉 《개벽》 50, 1924년 8월 1일(밑줄 필자 강조).

구-노나 빼르디 슈-베르트나 베토펜의 메로듸에 취해서 手淫하는 그대들 그대들은 그 사람들의 숭내만 내고 지내가는 것을 명예로 생각하는가? 자기의 생활과 환경을 모르고 다른 사람의 숭내만 내는 예술가는 예술가가 아니다. 저 사람이 지여 논 메로듸-에 취해서 독방에 홀로 안저 자위하는 예술가는 예술가가 아니다. 手淫家다. (중략) 朝鮮에는 예술가가 업다고- 朝鮮에 음악가가 업다고! 그러타! 그대들은 음악가가 아니다. 그대들은 오죽잔은 불련숙한 무기교한 서투른 기술가일 뿐이다.[29]

이어 김기진은 서양음악을 배우는 사람을 보며 희망이 있다고 표현한 나혜석의 글에 대해 진정한 음악사상의 보급이란 어떤 것인지를 설명하면서 반박하고 있다. 이 글은 프롤레타리아 예술의 확립을 위해 앞장섰던 김기진이 평론가로 활동했던 초창기에 쓴 것으로 서양음악을 부르주아 계급의 예술로 인식하면서 이를 크게 비판하고 있는 모습이다.

근래에 朝鮮서 음악회가 자조 생기는 것을 보고 깃분 현상이라고 말하는 사람이 잇다. 학생회관마다 빠이올린 소리가 나며 만도린 소리가 나며 길거리에서 빠이올린갑을 들고 다니는 여학생들을 자조 보게 되는 것이 깃븐 현상이라고 말하는 사람이 잇다. 슬픈 일이다. 무엇이 음악사상의 보급이냐? 사회의 타락이다. 이것들 사이비 예술가들을 숭내내는 반거충이들이 느러가는 것을 가지고 엇지하야 음악사상의 보급이라고 말하느냐? 음악사상의 보급은 그런 것이 아니다. 무형한 곳에서 양심을 찻고 영성이 정화되며 정신이 숭고하야지는 것이다. 시적 관조와 창조적 충동으로 더부러 일어나는 위대한 영혼의 각성이다. (중략) 신문이나 잡지에 무정견하게 써놋코 짓거리는 세계적

29 八峯山人, 〈너희의 良心에 告發한다〉 《개벽》 50, 1924년 8월 1일(밑줄 필자 강조).

음악이 악성이니 하는 텅 부인 껍데기 문학에 정신이 황홀하야저서 덤벙대는 중학생 여학생들이 이것들 서투른 기예가들을 추종하게 된 것이다. 슬픈 일이다.[30]

이렇게 서양음악을 연주하고 감상하며 향유하는 음악문화에 대한 다양한 의견이 오고 가는 분위기 속에서 서양음악과 음악회 문화에 대한 담론이 형성되어 갔다. 음악은 소리 나며 움직이는 형식이라고 보는 19세기 서구의 절대음악적 견해와 비슷한 주장이 옹호되기도 했으며, 이에 반박하여 음악은 사회문화와의 관련성 속에서 인식되어야 하고 사회의 필요에 따른 기능과 역할을 해야 한다는 음악적 리얼리즘의 견해가 등장하기도 했다. 이러한 의견 논쟁을 통해 조선에서 서양음악의 연주와 감상이 가지는 다양한 사회적인 의미가 생성되기 시작했고, 그 속에서 서양음악은 꾸준히 음악회 프로그램의 중심을 차지하게 되었다.

1930년대에 이르면 서양음악을 받아들이고 습득한 시간의 축적으로 인해 이제 조선인들의 연주와 작곡 수준도 높아지기에 이른다. 대표적인 인물로 채동선·홍난파·박경호·정훈모·계정식 등을 들 수 있는데, 이와 같은 클래식 작곡가나 연주자 중에는 홍난파, 정훈모, 채선엽 등과 같이 대중적인 인기를 바탕으로 대중음악 영역에서도 활약한 인물들도 다수 있었다. 이러한 움직임, 즉 음악에 대한 다양한 취미와 취향의 형성과 함께 음악을 향유하는 문화는 점차 상업화되어가기 시작했다. 연주회를 지탱하는 기반이 학교나 기독교 단체, 혹은 일제의 기관만이 아니라 레코드사와 같은 상업적 매니지먼트로 바뀜으로써 음악가와 청중의 관계도 개인적인 것에서 불특정 다수를 대상으로 하는 것으로 바뀌어 간 것이다.

30 八峯山人, 〈너희의 良心에 告發한다〉 《개벽》 50, 1924년 8월 1일(밑줄 필자 강조).

이렇게 음악회 문화가 상업적으로 활성화되어가는 과정에서 전통음악이 음악회를 위한 음악으로 새로운 도약을 한다. 전통음악 연주 방식에 변화가 일어나면서 조선인들이 새로운 장소와 맥락에서 전통음악을 향유할 수 있게 된 것인데, 전통음악은 전통음악만으로도, 혹은 서양음악과의 혼합구성을 보이는 형태로도 기획되어 음악회 프로그램에 자주 등장했다. 새롭게 수용되는 전통음악의 양상은 청중의 범위를 더욱 넓혀갔다.

1920년대 후반에 등장하는 모던 열풍 역시 음악회 문화의 면모와 연결되어 있다. 모던걸과 신여성이라 불렸던 조선인들이 쓴 잡지 속 수필이나 기사를 읽어보면, 산책자로서의 활동 속에 음악회나 음악에 대한 갈망이 있었음을 알 수 있다. 다음의 2개의 인용문은 모던걸이라 자칭했던 이명숙과 조선사회의 여성주의 입장을 대변했던 신여성 김일엽의 글이다.

> 경성에서도 일홈이 가장 놉흔 XX녀학교 은윽한 숩속에서 노래를 부르며 공부를 하여왓습니다. (중략) 어머님 병석엽헤서 하염업시 창밧글 내다보며 동경을 그리고 음악학교를 그리고 그리다가는 <u>공회당 단상에 녀왕 가티 나타나 만중의 박수 속에 화환 속에 쌔여나오는 환상을 그려보기도</u> 하엿습니다. (중략) <u>엇전지 마음이 자연히 적적하여 만지며 집안구석에 안저잇기는 실허지어 공연히 동무를 차저 종로거리로 싸다니기도 하고 밤에는 활동사진관에를 일수 잘 다니게 되여서 음악회 가튼 곳에 가면</u> 저절로 좌우가 살펴지며 공연히 얼골이 붉어지군 하야 가슴이 이상히 혼란하여 들뜨는 마음을 것잡을 수가 업시되더이다.[31]

31 이명숙, 〈모던-껄 참회록〉 《별건곤》 1928년 12월 1일(밑줄 필자 강조).

> 기회도 돈도 재조도 지도도 없는 나에게 음악이 하여질 이도 없엇고 다른 배울 일 할 일도 쌓이고 쌓엿는데 이제 새삼스럽게 배울 수도 없고 그러타고 음악회 같은데 조차 단닐 돈도 시간도 없는 나는 이 욕구도 저절로 시들어 버리기를 기다릴밖에 다른 도리가 없는 것이다. (중략) 집즘생도 날즘생도 개구리도 맹꽁이도 부르는 본능적 노래나마 우리에게 잇엇든가 없엇든가-우리에게도 情이 잇으니 노래가 없을 리는 없다. 그러나 전에는 천대와 무시로 시드럿섯고 지금은 비속하고 에로틱한데만 아첨하고 잇지 아니한가 한다. 우리도 우리 노래의 순진성을 도로 찾는 날이라야 우리의 정신으로 살아가는 날일가 한다. 기럭이 소리라도. 그러나 아! 봄날의 밤이니! 소리가 듣고 싶어라.[32]

서로 다른 성향의 글이지만, 이 글들을 통해 음악은 근대를 열망하는 행위 속에서의 한 공간의 특성으로 나타나기도 하고, 혹은 노래에 빗대어 식민지 현실을 이겨내고픈 간절함으로 연결되어 나타나기도 한다는 것을 파악할 수 있다.

지금까지 여러 글을 통해 음악에 대한 당대인들의 입장을 파악해 보았다. 나혜석처럼 음악을 연주의 측면에서 비평을 하며 감상하거나, 모던보이나 모던걸처럼 음악회를 향락과 과시의 수단으로 삼을 수 있음을 보았다. 김기진처럼 진정한 예술가, 진정한 음악가는 무엇을 해야 하는지에 대해 숙고해야 한다는 것을 강조하는 모습이나, 김일엽처럼 비록 음악을 배울, 들을 여력은 없지만 우리 조선인들이 부를 진정한 노래를 되찾는 날이 오기를 바라는 모습도 목격할 수 있었다. 음악이라고 하는 청각문화는 이처럼 다양하게 다가가서, 조선인들로 하여금 식민지의 현실이나 근대성

32 김일엽, 〈노래가 듣고 싶은 밤〉《동광》31, 1932년 3월 5일(밑줄 필자 강조).

의 허구를 인식하게 해 주기도 했으며, 반면에 눈앞에 보이는 최첨단 유행에 동참하게 하는 욕망에 빠져들게도 만들었다. 이 시기에는 음악을 진지하게 들으려 하는 부류와 오직 사교와 오락으로 여기는 부류 등으로 나뉘게 되고 이들이 뒤섞여 음악을 관람하기도, 혹은 취향에 맞는 음악회를 골라 자신들만의 취미를 형성하기도 했다. 1920~1930년대에도 1910년대에 등장한 '뒤죽박죽 연주회'의 성격이 유지되기도 했지만, 청중의 취향에 따라 음악회 양상은 기능 분화를 시작하게 된 것이다.

무엇보다도, 예술적인 소리의 유희로서 음악회가 중상층의 지배적인 문화 활동 양상으로 자리 잡게 되면서 음악은 교양으로서의 기능도 하게 되었다. 즉 교양의 최고점에 음악회 문화가 있었고, 이것을 향유할 수 있었던 공간으로 남촌에 자리 잡은 경성공회당은 근대적 시각이미지와 청각적 소리의 향유 모두를 제공해 주는 매우 '핫hot'한 시공간이 되어 주었다. 그러나 이 시기의 음악회 경험이나 음반 구입의 기회는 모든 조선인들이 접할 수 있는 평범하고 평등한 선택 항목이 아니었다. 그럼에도 불구하고 중상층 이상의 사람들이 주로 참여했던 음악회 문화에 주목하는 이유는 때마다의 사회적 비판에도 불구하고 음악회를 통한 대중의 향유가 지속되어 왔기 때문이다. 소수라 하더라도 청중의 힘은 음악회를 기획하고 주도하는 주체세력을 교체시켜 왔으며, 이를 통해 새로운 문화현상을 만들어 내기도 했다. 이어지는 4장에서는 1920년대 중반에서 1930년대 중반까지 경성공회당을 중심으로 어떤 소리의 기획과 소비가 있었는지를 구체적인 실례를 통해 살펴보고자 한다.

4. 혼종의 소리문화공간, 경성공회당

경성공회당은 서구의 음악이 직접적으로 전파되었던 장소 중 한 곳이었다. 1920년대 이후 상업과 금융의 중심지이자 소비의 중심공간이었던 남촌 본정에 이러한 소리문화공간이 형성되었다는 것은 어찌 보면 매우 당연한 일인 것으로 보인다. 소비문화는 대중과의 관련 속에서 형성되며, 이때 대중의 욕망은 시각적인 상품에 대한 소비뿐만이 아니라 공감각적인 문화의 향유로도 이어지기 때문이다. 경성공회당은 장곡천정(현 소공동)에 세워진 경성상업회의소 2층에 자리 잡았다.

경성상업회의소는 상공인의 발전과 산업발전을 목표로 하면서 조선 상공업계를 통제하기 위해, 1915년에 소수의 조선인과 일본인 상인 유지

1920년대 경성공회당이 위치해 있던 경성상업회의소 일대 전경
출처: 부산근대역사관.

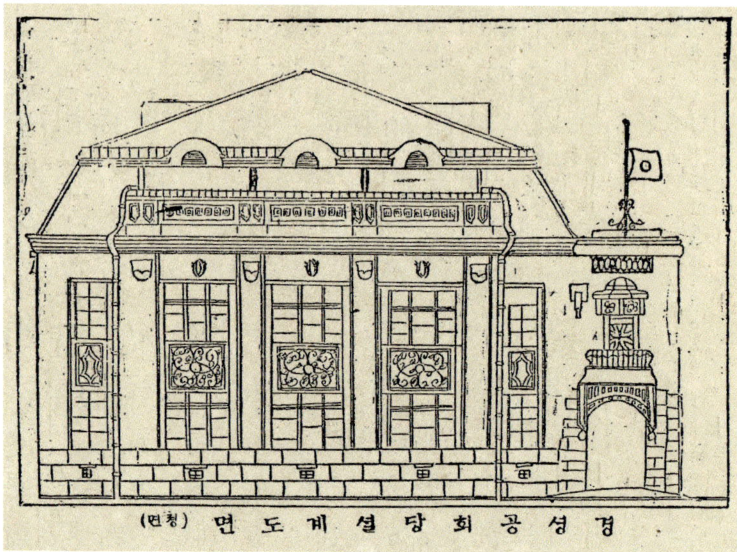

경성공회당 설계도면

출처: 《매일신보》 1918년 2월 27일.

경성공회당

출처: 서울역사아카이브.

20여 명이 발기하여 만든 경성의 경제인 단체였다.[33] 즉 일본인 위주의 상인단체로, 경성에서 상업 활동을 하기 위해서는 이 단체에 가입해야 함은 물론 주요 직책을 맡는 것이 매우 중요했다.[34] 경성상업회의소는 그동안 동양척식회사의 한편을 빌려 사용하고 있던 것을 1920년에 장곡천정 한쪽 끝에 지하 1층, 지상 3층의 연건평 211평의 건물로 새로 지어 이사했다.[35] 1층에는 현관, 사무실, 도서실, 응접실이 있어 경성상업회의소 본연의 업무로 쓰였을 것으로 보이며, 2층 전체가 공회당으로 쓰였고, 3층은 휴게실이었다.[36]

준공 이래, 경성공회당은 부민관이 건립되는 1930년대 중반까지 여러 행사와 공연들이 펼쳐지는 문화예술의 중심공간으로 그 역할을 톡톡히 해냈다. 즉 학술강연회, 각종 총회 및 시민대회, 상공조합회의, 환·송영회, 결혼식, 기념식, 추도회, 음악회, 전람회, 연예회 등 다양한 성격의 행사가 공회당에서 개최되었다.[37] 그러나 무엇보다도, 경성역과 가까이 위치하고 있었을 뿐만 아니라 무대와 대략 300~500석 사이의 규모로 1인용 의자에 앉아 관람할 수 있는 시설을 갖추고 있었기 때문에 음악전문공연장으로서 유일한 곳으로 인식되기 시작하였다. 따라서 해외의 유명한 클래식 연주자들의 내한연주는 이 곳 경성공회당에서 주로 개최되었다. 이에 해외 유

33 김기호 외, 《서울남촌: 시간, 장소, 사람》, 서울시립대학교 서울학연구소, 2003, 255쪽.

34 얼마 안 되는 조선인 회원 가운데 화신백화점의 박홍식은 경성상업회의소의 유력한 멤버였다(김백영, 앞의 책, 2009, 506쪽).

35 김기호 외, 앞의 책, 2003, 255쪽.

36 경성상업회의소는 총독부가 제안한 '경성상업회의소가 건물을 짓고 공회당을 대중에게 무료로 대관한다.'라는 조건을 받아들여 지어진 것이다(김희진, 앞의 글, 2011, 13쪽).

37 〈공회당사용료〉 《조선일보》 1929년 7월 4일자 기사에는 강당사용료에 대한 내용을 5종의 행사 성격에 따라 구분해 놓고 있다.

1924년 12월 18일 오후 1시에 경성공회당에서 있었던 한국 최초의 민간무선방송시험 모습
출처: 《조선일보》 1924년 12월 19일.

1933년 4월 26일, 우리말 방송이 처음 시작되던 날 가수 강석연이 경성공회당 무대 위 카본마이크 앞에서 노래를 부르고 있는 모습
출처: 《동아일보》 1973년 3월 1일.

명 연주자들의 내한공연을 포함하여 경성공회당에서 펼쳐진 음악회를 국내 연주자들의 데뷔 공연, 전통음악의 다양한 변용양상, 장르혼합의 음악회라는 4개의 카테고리로 나누어 그 의미를 분석해 보고자 한다.

1) 서구 유명 연주자들의 내한공연[38]

조용한 음악 홀에서 집중하여 음악작품을 감상하는 음악회의 모습은 음악의 정신적 측면을 강조함으로써 '고급' 음악을 '저속'한 오락음악으로부터 분리시키고자 했던 19세기 서구의 미학 사상을 바탕으로 확립된 것이다. 이때 작곡가 겸 연주자들은 우상화된 비르투오소virtuoso[39]로 부각되

38 이 시기는 한국이라는 국호가 사용되기 이전이므로 '來朝'공연이 맞는 표현이지만 의미전달을 위해 '來韓'공연으로 표현하고자 한다.

39 비르투오소란 탁월한 연주 실력을 갖춘 음악가를 지칭하는 말로, 19세기에 등장한 리스트(Franz Liszt), 파가니니(Niccolo Paganini) 등 뛰어난 기량을 갖춘 연주자들을 표현할 때 주로 사용되는 용어이다.

어 거의 신성한 존재로까지 여겨지게 된다. 이러한 음악회 문화가 조선에 상륙하여 활성화되기 시작한 것은 경성공회당이라는 공간을 통해서였다. 앞서 살펴본 것처럼, 이미 YMCA 회관이나 학교·종교시설 등의 강당에서 음악공연이 펼쳐져 왔으나, 좌석과 무대를 갖춘 전문공연장에서 열린 것은 경성공회당이 가장 먼저였다고 볼 수 있다.

서구 유명 연주자들이 내한하기 시작한 시점은 1923년이다. 1923년 한해에만 5건의 서구 유명 연주자들의 음악회가 이곳 경성공회당에서 개최되면서 서구식 음악회가 본격적으로 조선에 자리 잡기 시작한다.

내한한 첫 연주자는 당시 세계적인 바이올리니스트였던 캐슬린 팔로 Kathleen Parlow[40]였다. 1923년 2월 12일에 열린 그의 연주회에 대해 《매일신보》는 일본 메소디스트 교회성가단이 주최하고 경성일보사와 서울프레스가 후원하여 마련한 음악회라는 보도와 함께 "2,000여 명의 청중이 물 한 방울 샐 틈도 없이" 몰려들었다고 전하였다.[41] 이어 멘델스존의 바이올린 협주곡과 슈베르트의 아베마리아를 비롯하여 10여곡을 연주했으며 이를 본 청중들은 대부분 일본인과 서양인이었고, 조선인은 이화·연희·배재의 선생과 학생들이었다고 전하였다. 당시 팔로 여사의 연주회 소식은 《조선일보》, 《동아일보》와 같은 조선어 신문에는 실리지 않았다.

이어 내한한 연주자는 바이올리니스트 크라이슬러Fritz Kreisler[42]였다. 그의 연주회는 당시 조선 양악계의 선구자였던 김영환의 주선으로 이루어진

40 캐슬린 팔로는 캐나다 태생의 바이올리니스트로서 당시 세계를 무대로 활동한 저명한 비르투오소였다.

41 〈세계적 여류제금가의 연주, 청중도 매우 다수〉 《매일신보》 1923년 2월 14일.

42 크라이슬러는 오스트리아 태생의 미국 바이올리니스트 겸 작곡가로 세계를 무대로 뛰어난 연주기량을 선보이며 활발한 연주활동을 펼친 인물이다. 주요 바이올린 작품으로 〈사랑의 기쁨〉, 〈사랑의 슬픔〉, 〈아름다운 로즈마린〉 등이 있는데, 이 작품들은 현재에도 대중으로부터 많은 사랑을 받고 있다.

〈표 1〉 1923년~1935년 경성공회당에서 개최된 서구 유명 연주자의 내한공연

순번	년도	날짜	공연 명칭	연주자	주최
1	1923	02. 12.	팔로 여사의 대연주회	Vn. 캐슬린 팔로	일본 메소디스트 교회성가단
2		05. 23.	크라이슬러 대연주회	Vn. 크라이슬러	국제친화회
3		07. 27.	줄리어 동코니 독창회	Tenor 줄리어 동코니	기독교청년회
4		11. 05.	하이페츠 독주회	Vn. 하이페츠 Pf. 이시돌 애크론	경성음악동호회
5		11. 25.	짐발리스트 독주회	Vn. 짐발리스트 Pf. 에밀 데이	경성악우회
6	1924	02. 14.	프레미스라우, 오이게니 부처연주회	Vn. 프레미슬라우 Vc. 오이게니	
7		11. 27.	짐발리스트 제금 독주회	Vn. 짐발리스트	음악동호회
8	1925	05. 15.	갸리슨 여사의 독창회		매일신보사, 경성일보사
9		06. 20.	에드워드 존슨 독창회	뉴욕메트로폴리탄 가극단 테너	
10	1926	04. 09.	스투핀 첼로 독주회	Vc. 써케이 스투핀	음악동호회
11		10. 12.	포리스 라스 제금 독주회	Pf. 코크라스 (러시아)	일본 축음기회사
12	1927	11. 16.	미하엘 엘덴코 제금 연주대회	Vn. 미하엘 엘덴코	
13	1930	04. 12.	양 악성 환영 음악연주회	Sop. 뢰베 Pf. 코찬스키	경성일보사
14		09. 13.	안데루 크레만 첼로 독주회	Vc. 안데루 크레만 Pf. 세 스토우니	프랑스원호회
15	1931	03. 26.	삼대 악인 연주회	Pf. 코찬스키 Sop. 뢰베, Pf. 폴라크	동경음악학교 동성회 경성지부
16	1933	06. 29.	자크 티보 바이올린 독주회	Vn. 자크 티보 Pf. 타소 야노폴로	경성일보사
17	1934	04. 25.	크로이처 피아노 독주회	Pf. 레오니드 크로이처	매일신보에만 나옴
18	1935	06. 25.	짐발리스트 제금 독주회	Vn. 짐발리스트 Pf. 자이렌베르크	매일신보사

출처: 김희진, 앞의 글, 2011; 조윤영, 〈경성의 음악회(1920-1935): 식민지 일상과 근대의 경험, 그 다양한 시각에 대하여〉, 이화여자대학교 박사학위논문, 2018, 197~208쪽; 〈외국인의 내한연주〉 《경향신문》 1973년 4월 10일; 이상만, 〈한국음악백년 일화로 엮어본 이면서〉 《경향신문》 1986년 1월 25일; 《경성일보》 1924년 11월 27일.

크라이슬러 대연주회
출처: 《경성일보》 1923년 5월 24일.

초청연주회였다.[43] 총독부의 기관지였던 《경성일보》의 협력으로 이루어진 이 연주회의 주요 청중 역시 위의 그림에서 보이는 것과 같이 주로 일본인과 서양인들이었던 것으로 보인다. 크라이슬러 바이올린 연주회를 주관한 사람은 김영환이었지만 주관기관의 공식 명칭은 '국제친화회'였으며, 이를 통해 당시의 사회상을 짐작해 볼 수 있다.

이 시기는 홍난파가 일본에서 공부를 마치고 귀국한 이후였지만, 독주회를 가질 만큼 기량을 쌓은 사람은 아직 없었던 때이다. 이러한 때에 외국의 유명 연주자가 국내에서 독주를 선보였다는 것은 매우 중요한 사건이었다. 조선인들에게 서구 연주가들이 등장하는 서구식 음악회는 그

43 조선 양악계의 선구자인 김영환은 경성일보 사업부 고문을 비롯하여 각 언론계와 관계하면서 세계적인 음악계의 거장들을 초청하는데 노력을 기울였다. 1923년 크라이슬러의 연주회는 그가 첫 세계적 거장을 초청하는데 성공한 연주회이다(〈외국인의 내한연주〉《경향신문》 1973년 4월 10일).

자체가 새로운 체험이기도 했으며, 더욱이 그들이 연주를 통해 선보였던 새로운 사운드는 서구를 더욱 열망하게 만드는 기능을 했을 것이다. 크라이슬러가 연주회에서 선보인 작품들은 베토벤의 〈크로이처 소나타〉와 멘델스존의 〈바이올린 협주곡〉과 같은 대규모 작품과 함께 여러 소품들이었다고 전해진다. 연주회 후 신문들은 "많은 청중들이 열광했다."고 기사를 썼지만 크라이슬러는 회고록에서 "그때 청중들은 박수를 할 줄 몰랐다."고 상반된 기록을 남기고 있다.[44]

같은 해 7월 27일에는 이탈리아의 테너 줄리어 동코니의 내한으로 오페라 아리아 독창회가 열렸고, 11월 5일에는 하이페츠Jascha Heifetz[45]의 바이올린 연주회가 경성음악동호회 주최로, 11월 25일에는 짐발리스트Efrem Zimbalist의 연주회가 경성악우회 주최로 열리는 등 유명 연주자들의 내한공연이 잇달았다. 러시아 태생의 바이올리니스트 하이페츠의 공연은 장안의 외국사람들은 거의 다 모여 있었다고 표현될 만큼 당시 대성황을 이루었다.[46]

하이페츠가 연주한 곡목 중에 비에니아프스키Henryk Wieniawski의 작품이 포함되어 있었다고 전해지는데, 비에니아프스키의 바이올린 작품은 대부분 비르투오소를 위한 화려한 패시지들이 많이 등장하고 있어서, 당시 관객들에게 바이올린 연주의 격정과 화려한 기교를 충분히 전해주었을 것으로 보인다. 곧 이어 11월 25일에 열린 짐발리스트의 연주회는 경성악우회 주최로 마련된 것으로, 헨델George Frideric Handel의 소나타와 후바이Jeno Hubay의 바이올린 협주곡 등이 연주되었다.

44 이상만, 〈한국음악백년 일화로 엮어본 이면사〉《경향신문》 1986년 1월 25일.

45 러시아 태생의 바이올리니스트 하이페츠는 미국 카네기홀에서의 데뷔 연주회로 선풍적인 인기를 모으면서 16세의 나이에 세계적인 명성을 얻기 시작했다. 내한 당시 하이페츠의 나이는 22세였다.

46 이상만, 〈한국음악백년 일화로 엮어본 이면사〉《경향신문》 1986년 1월 25일.

3장에서 살펴본 홍난파의 1924년 제금독주회는 이러한 해외 비르투오소들의 연주회에 의해 독려된 이후 등장하게 된 것으로 그 영향이 반영되어 있는 것이라 볼 수 있다. 홍난파는 1924년 11월 24일자 《조선일보》에 〈世界的 提琴家 樂聖 『짐발리스트』의 來京을 機하야〉라는 제목으로 칼럼을 발표했는데 주요 내용을 발췌하면 다음과 같다.

> 일작년은 실로 우리 악계의 황금시대였었다. 세계적 대 예술가로 세계 일류의 반에 열한 제금가 팔로 여사를 위시하여 세계 제1위의 제금가 크라이슬러 악성이 내경하였으며 또 작년에도 세계적 제금가로 신진기예한 하이펫츠씨가 내방하였었다. (중략) 이번 세계적 제금가 짐발리스트씨의 내경을 기하여 조선일보사에서는 대대적으로 잠잠하든 조선악단에 선전을 하며 (중략) 짐씨는 위대한 예술가인 동시에 위대한 인격자이다. 이 점으로 보아서 나는 짐씨를 세계 제1위의 제금가라고 단언하고 싶다.[47]

홍난파는 그동안 내한한 연주가들도 훌륭하지만 짐발리스트가 예술가로서 단연 1위라고 단언하며 글을 쓰고 있다. 조선인들에게 특히 많은 찬사를 받았던 짐발리스트는 1924년 11월 27일에 2차 제금독주회를 가진 이후 1935년에 3차로 내경하여 헨델의 〈소나타 E장조〉, 푸냐니 작곡·크라이슬러 편곡의 〈전주곡과 알레그로〉, 멘델스존의 〈바이올린 협주곡〉 등을 연주했다.

현재까지 파악된 18건의 서구 유명 연주자들의 음악회 중 팔로, 크라이슬러, 하이페츠, 짐발리스트의 바이올린 독주회를 중심으로 그 정황을

47 홍난파, 〈世界的 提琴家 樂聖 『짐발리스트』의 來京을 機하야〉 《조선일보》 1924년 11월 24일.

자세히 살펴보았다. 이처럼 처음에는 바이올리니스트의 무대가 주를 이루었는데, 이후에는 점차 피아니스트, 실내악 편성의 두오나 트리오 연주자들이 초청을 받아 국내 무대에 오르게 되었다. 이를 통해 서구의 음악회 문화가 식민지 조선에 깊숙이 들어오게 되었고, 이러한 음악회를 향유하는 계층이 가지는 의미가 생성되어 갔다. 더불어, 서구 연주자들의 무대에 힘입어 1926년 이후에는 국내연주자들의 독주회와 독창회 무대도 많아진다. 서구에서 유학을 하고 돌아온 국내의 많은 연주자들이 경성공회당의 무대를 함께 차지하게 된 것이다. 여러 목적으로 경성에 머물고 있는 일본인들을 결속하고 문화적으로 우위에 있다는 지배담론을 강화하기 위해 마련됐던 서구 유명 연주자 초청음악회들은 어느새 조선의 음악가들에게 큰 자극이 되었고, 조선의 청중들도 서서히 서구의 음악문화와 사운드에 접근해 나갈 수 있게 되었다.

2) 서구 유학파들의 음악회

1920년 중반 이후 조선 음악계는 해외, 특히 독일에서 유학하고 돌아온 음악인들의 활동으로 활기를 띠기 시작했다. 서양음악을 공부하기 위해 주로 일본으로 유학을 떠났던 시기를 지나 1920년대에 들어서면 미국이나 유럽 등지로 그 영역이 넓어져 서구로 유학을 떠나는 학생들이 많아지게 된 것이다. 특히 독일이 선호되었는데, 이는 독일음악의 영향력이 일본을 통해 한국에도 전해졌고, 한국의 서양음악 수용과정에서 에케르트 Franz von Eckert를 비롯한 독일의 음악가들이 커다란 영향을 미쳤기 때문인 것으로 보인다.[48]

48 문소진, 〈한국의 실내악 수용 연구: 1920~1930년대 현악사중주단을 중심으로〉, 이화여자대학교 음악학부 석사학위논문, 2020, 22쪽.

1930년대에 들어서면 독일유학을 마치고 돌아온 음악인들이 자신이 경험하였던 서구의 음악문화를 한국에 선보이기 위해 많은 연주회를 열었고, 서양음악의 역사와 이론, 혹은 연주에 관한 비평 등을 신문이나 잡지에 싣기도 하였다. 채동선을 비롯하여 계정식, 안병소, 이애내 등의 활동이 이를 증명해 주고 있으며 이들의 활동은 국내에서 크게 인정받기에 이른다. 이들은 일본이 아닌 독일이나 미국에서 공부하고 돌아온 음악인들로 국제적 수준만큼 향상된 실력을 갖추고 귀국하여 연주회를 개최하였다.

서구에서 체득한 서구음악을 식민지 조선 내 일본지역에서 우수한 연주 실력으로 펼쳐보였다는 점은 여러 시사점을 남겨주고 있다. 언뜻 보면, 정치성이 배제된 순수음악의 영역이기에 가능했던 것처럼 보이기도 하고, 일제가 내선일체를 이루도록 의도한 문화정치의 결과물처럼 보이기도 한다. 그리고 실제로 음악적 엘리트 그룹들이 보여준 친일행각이 이러한 점을 인정하도록 만들기도 한다. 그러나 음악은 표현되는 음音 이면에 많은 중의적인 뜻을 함축하고 있다. 가사가 없는 기악곡이라 하더라도 작품이 작곡될 당시 여러 정황들을 통해서 예측할 수 있는 각 작품이 가지고 있는 의미가 조선에서의 연주에 활용될 수 있다. 즉 선곡된 곡이 가지는 의미가 무언의 메시지로 기능을 하고 있음도 잊지 말아야 한다. 그리고 탁월함을 보여주는 인물의 등장, 즉 조선인 비르투오소가 성취한 탁월함이라고 하는 가치가 사회적으로 미치는 문화적 영향도 간과하지 말아야 한다.

1923~1938년 사이 경성공회당 무대에 등장하는 조선 음악가들은 주로 1900년대에 태어나 1910년대 조선에서 서양음악을 접하면서 이후 일본과 유럽, 미국 등으로 유학을 가게 된 인물들이다. 당시 경성공회당에서 독주회 혹은 독창회를 열었던 인물들은 〈표 2〉와 같다.

이미 언급한 바와 같이, 경성공회당에서는 서구의 유명 연주자들의 음악회가 있었던 1923년을 기점으로 그 이후에 국내 음악가들의 독주회와

〈표 2〉 1923년~1938년 경성공회당에서 개최된 서구 유학파들의 주요 음악회: 독주회, 독창회

순번	년도	날짜	공연 명칭	연주자	주최 및 후원
1	1923	10. 19.	계정식 송별 연주회	반주: 푸스 찬조: 스미스, 부스	
2	1926	09. 16.	바리톤 김문보 독창회(제2회)	부인: 김직자(Pf) 출연	조선시보사
3		12. 02.	금태랑 부처 연주회		
4	1927	06. 27.	고용길 첼로독주회	찬조: 소프라노 삼□수자 피아노 산본□강	경성메소디스트 교회
5	1928	03. 31.	고용길 첼로독주회	반주: 김영환	
6		11. 16.	김재훈 제금독주회	반주: 스투데니	코리아 재즈밴드
7	1929	09. 07.	안익태 첼로독주회		
8		09. 27.	현제명 독창회	찬조: 부스, 고봉경	연희전문학교
9		11. 28.	채동선 제금독주회		경성일보사, 매일신보사
10	1930	04. 28.	채동선 제금독주회	반주: 스투데니	己乙會
11	1931	01. 15.	채동선 제금독주회	반주: 김원복	와세다대학 동창회
12		06. 16.	홍난파 도미 송별음악회	중앙보육합창대, 홍난파, 김원복, 안기영, 김영환	중앙보육학교 동창회
13		06. 19.	고봉경 송별음악회	고봉경, 현제명, 채동선	중앙악우회
14	1932	02. 18.	안병소 제금독주회	반주: 부스 찬조: 대무련	조선음악가협회
15		02. 23.	전형철 독창회(제1회)		
16		05. 06.	홍난파 제금독주회	반주: 김원복	조선음악가협회
17	1933	05. 16.	홍성유, 김원복 부처 연주회		조선음악가협회
18		06. 02.	박경호 독주회		조선음악가협회
19		11. 25.	김문보 독창회		

순번	년도	날짜	공연 명칭	연주자	주최 및 후원
20	1934	04. 20.	백남철 독창회		조선중앙일보
21		05. 04.	정훈모 독창회	반주: 김신복	동아일보학예부
22		06. 15.	윤극영 독창회		
23		10. 05.	현제명 독창회		연희전문
24		10. 25.	김해 독창회(제1회)	동경중앙음악학교 성악과	본인 후원회
25		11. 16.	곽정순 송별음악회		연전 동문회
26	1935	05. 04.	정훈모 독창회(제2회)	반주: 박경호	동아일보학예부
27		05. 14.	계정식 제금독주회		조선일보사
28		10. 03.	김영길 독창회		조선중앙일보
29	1938	05. 14	채동선 제금독주회		

출처: 김희진, 앞의 글, 2011; 조윤영, 앞의 글, 2018, 197~208쪽. 그 밖에 《조선일보》와 《동아일보》 등을 참조.

독창회가 활발하게 개최되기에 이른다. 홍난파는 1923년 한해에 있었던 음악회에 대해 〈過去一年 樂界를 回想하고〉라는 제목의 칼럼을 통해 그 의미와 전망을 다음과 같이 제시하였다. 홍난파 개인의 시각이긴 하지만, 개인의 시각 속에 담겨있는 의미를 다양한 시각에서 해석하고 조망해 볼 수 있을 것이다.

> 악계는 움직이기 시작했다. 적어도 세계적 대음악가 크라이슬러, 하이펫츠, 짐발리스트 등을 맞이한 조선악계는 움직이기 시작한지 오래다. 해외로 유학 가는 음악청년은 나날이 그 수가 늘어가고 음악회다운 음악회도 가끔가끔 얻어 볼 수가 있다고. (중략) 그 반면으로 우리 사회에는 음악회란 것이 일대유행물이 되어 작년도 총계를 보면 7, 8 양월을 제하고도 10개월간에 경성에 열린 음악회수가 내외국인 합하여 30회란 큰 수를 넘었으니, 그중에는 물

론 음악을 위한 음악회도 없음은 아니었지마는, 십의 팔구는 모두 음악계에 하등의 관련이 없는 단체의 영리적이나 수단적 흥행에 지나지 못했다. 이것이 조선악계가 악화되는 큰 원인이라고 생각한다.[49]

세계적인 대음악가의 공연에 대해 언급하는 동시에 음악과 관련 없는 상업적인 음악회가 다수 등장하고 있는 것에 대해 우려의 목소리를 내놓고 있다. 이어 조선의 연주가에 대한 당대의 시선과 평가를 이야기하며 음악전문교육기관 설립의 필요성을 역설한다. 또한 연주기술을 더욱 연마할 것을 조선악계에 당부하고 있다.

간혹 세계적 악성의 연주를 듣고 나서는 조선의 악가들의 무능한 것만 모매한다. (중략) 음악을 장려하고 음악사상을 선전할 기관은 시설치 않고 한갓 이것을 이용하려만 드는 것이 조선사회가 악계에 대하는 태도이다. (중략) 완비한 음악학교가 있어서 음악가를 양성하는 한편으로 고상한 예술의 힘을 발휘하여서 그 민족의 심정과 사상을 도화시킬만한 특종기관을 설치하여야 되겠다. (중략) 음악회에 출연하는 도수를 줄여가면서 자기의 기술을 연마하기에 애쓰는 빛이 확실히 보인다. (중략) 조선의 악계를 진흥시키려면 무엇보다도 먼저 음악가들의 노력이 필요하다.[50]

1926년부터 경성공회당에서는 조선인의 독주회와 독창회가 본격적으로 열리기 시작한다. 이후 1938년까지 독주회와 독창회를 열었던 연주가들의 양상을 살펴보면, 바이올린 분야에서는 독일 유학파인 채동선, 김

49 홍난파, 〈過去一年 樂界를 回想하고〉《동아일보》 1925년 1월 1일.
50 홍난파, 〈過去一年 樂界를 回想하고〉《동아일보》 1925년 1월 1일.

재훈, 계정식, 안병소 등이 잇달아 귀국독주회를 개최하였다. 성악분야에서는 1926년 바리톤 김문보와 1929년 테너 현제명이 독창회를 개최한 이래로 계속해서 전형철, 백남철, 정훈모, 윤극영, 김해, 김영길 등이 활동하였다. 문헌에 자주 등장하는 김영철(바리톤), 이인선(테너), 이관옥(소프라노), 채선엽(소프라노), 권태호(테너), 이유선(테너) 등의 독창회는 경성공회당에서는 보이지 않는다. 피아노 분야에서는 김영환과 김원복이 두드러진 활동을 하였는데, 이들은 독주자로서가 아니라 앙상블 연주나 반주자로서 많이 등장하였으며 특히 김영환은 앞서 살펴본 것처럼 음악회 기획자로도 활약하였다. 피아노 독주회로 경성공회당 무대에 선 인물로는 박경호가 유일하다. 첼로 분야에서는 고용길, 안익태의 독주회가 있었다.

이처럼 경성공회당에서는 서구 유학파 조선인의 독주회와 독창회가 많이 열렸는데, 이것은 조선인 청중들이 독주 무대도 많이 즐겼다는 것으로도 파악할 수 있다. 1935년 홍종인이 쓴 《조선일보》 칼럼 〈一年間 우리 樂壇總觀: 樂壇의 主流는 果然 무엇인가〉는 1935년 조선음악계의 상황을 잘 묘사하고 있다. 이 칼럼은 홍난파가 1925년에 쓴 글과 10년의 시간 차이를 보이는 글로써 1925년과는 다르게 조선 음악가의 기량과 위상이 높아졌음을 역설하고 있다.

> 계정식씨의 귀국은 우리 음악계에 가장 커다란 파문을 일으켰던 것이다. 음악학도로 또 연주가로서 독일에서 연마한 그의 실력은 이미 저 땅에서도 많은 찬사를 받았던 것은 독일지상의 평으로도 알 수 있었거니와 과연 씨의 연주는 비범하였던 것이다. 우리 악단의 연주사에는 새로운 하 한 "페지"의 큰 기록을 남긴 것이다. 탁월한 기교와 정확, 엄격한 해석과 순수한 예술가적 정열은 씨의 연주로써 십이분 증명되어 악단에 새로운 계몽의 길을 열었다. 바로 씨의 연주가 있은 월여에 에프렘 짐발리스트의 내연을 듣게 됨에 계씨가

연주하였던 멘델쏜의 콘켈트를 듣고, 짐발리스트에게서는 짐발리스트로서 세계적 대가의 명성을 가질 수 있음을 알 수 있는 동시에 우리의 바이올리니스트 계정식씨의 실력도 계정식으로서 엄연한 일가를 이루었다는 것을 다시금 깊이 느끼고 씨의 존재를 우리 악단의 한자랑으로 외국악단에 말하기에 조금도 부끄러움이 없음을 기뻐하지 않을 수 없었던 것이다.[51]

당시 조선일보 기자였던 홍종인은 '계정식의 바이올린 독주회'와 같은 해 6월 25일에 있었던 '짐발리스트의 연주회'를 비교하면서 우리나라 연주자의 높아진 기량과 위상을 과시하듯 글을 써내려갔다.

개관 초기 경성공회당의 음악회는 재경성 일본인들을 위한 것으로 《경성일보》와 《매일신보》를 통해서만 홍보되었고,[52] 따라서 청중도 일본인들이 대다수였다. 일본인들에게 경성공회당은 일본 본국의 음악을 들을 수 있는 장소로써, 더불어 '세련'된 서양음악을 경험할 수 있는 장소로써 주로 사용되었다. 조선인과 분리된 공간에서 자신들만의 문화를 영위하면서 문화적 우위를 맛보는 장으로 기능하고 있었던 것이다. 그러나 점차 서구 유학을 통해 실력을 갖추게 된 조선인들의 활약이 이곳 경성공회당에서 이루어지게 되고, 조선악계는 다양한 기능의 음악문화를 만들어 가게 된다.

점차 음악을 격리된 특권적인 공간에서 조용히 집중해서 들으면서 음 이면에 숨겨져 있는 내용을 이해해야 하는 차원의 음악회, 즉 '순수한 관조의 장'으로서의 음악회 형태가 가장 세련된 방식이자 근대적인 청취방식

51 홍종인, 〈樂壇의 主流는 果然 무엇인가〉 《조선일보》 1935년 12월 18일.

52 홍난파는 〈過去一年 樂界를 回想하고〉 《동아일보》 1925년 1월 1일에서 "우리의 손으로 되는 신문이 2, 3종 있음에도 불구하고 일본신문사의 후원인 까닭에 이러한 호기를 공실케한 것은 아무리 생각을 하여도 사회의 공기라는 보도기관이란 점에서 유감천만의 일이라 아니 할 수 없다."라고 하였다.

으로 인식되어 갔다. 이러한 음악회에서 연주되는 음악들은 대부분 18세기와 19세기에 유럽에서 작곡된 이른바 클래식이라 불리는 작품들이다. 그동안 조선음악계는 이러한 음악을 전공해야 하는 당위성과 함께 음악전문교육기관이 절실하게 필요하다고 입을 모아 성토해 왔다. 그들의 수준에 이르러야 한다는, 즉 '따라하기'의 방식을 제대로 수행하기 위해서는 서양음악교육기관이 필요하다는 주장을 펼쳐왔다. 그리고 10년 사이 이러한 움직임으로부터 만들어진 조선 음악가들의 기량은 실제로 크게 향상되었다.

그러나 '따라하기'라는 수행방식에는 결코 그들과 같아 질 수는 없을 것이라는 의미가 내포되어 있다. 일제는 선택적 배제를 통해 끊임없이 타자화 된 조선을 만들어냈다. 서양 제국주의를 흡수한 일제가 '문화통치'라는 방식으로 조선에서 행한 일은 음악회와 같은 유화정책으로 끊임없는 감시와 통제를 하는 것이었다. 그러나 문화의 전파는 한 방향으로만 진행되는 것이 아니기에, 조선에서 성장하고 있는 음악문화는 문화혼종의 양상으로 진전되면서 새로운 국면으로 나아가게 된다.

3) 서양식 무대에 선 판소리 명창들

서구 유명 연주자들의 초청연주회가 당시 음악회 문화의 한 축을 이루고 있었다면, 다른 한편으로는 조선의 전통음악이 서양식 무대에 오르게 되면서 대중을 위한 음악으로 또 다른 청취방식을 선사하게 된다. 정악위주의 기획으로 민속악이나 기생의 연주를 엄격하게 배제했던 YMCA 회관에서의 공연 양상과는 달리, 경성공회당에서는 판소리 명창들의 무대가 마련되었고 여기에는 기생출신들의 참여도 있었다. 판소리 공연은 이미 '3대 명창', '일류명창', '여류명창' 등의 용어를 만들어내며 전국적으로 큰 관심과 인기를 모으고 있었다.

기존의 판소리와는 다르게 서구식 무대에서의 판소리 공연은 여러 명창들이 판소리의 주요 대목만을 선별하여 노래하는 형태로 진행되었다. 즉 일종의 '갈라 콘서트'였다고 할 수 있다. 당시 명창들의 인기는 대단해서 수많은 기념식이나 행사에 동원이 되기도 했는데, 많은 이익 단체들이 그들의 인기를 이용해 관객을 모으고 기금모금에 참여하게 했다. 한편 이들의 소리는 공연장 안에서 라이브로도 즐겨졌지만, 유성기 음반과 라디오를 통해서도 전파되면서 더욱 광범위하게 공유되었다. 앞서 살펴본 1924년 무선방송실험 현장에서는 당시 대중들에게 최고의 우상이었던 명창 이동백, 송만갑, 박녹주의 창이 선택되어 실험되었다. 어떤 한 장소에서 벗어나 다른 공간에서 동시에 들을 수 있는 음악으로 판소리가 가장 먼저 선택되었다는 것은 당시 대중들의 선호도가 반영된 것이라 볼 수 있기 때문에 당대의 음악문화를 이해하는 중요한 사건 중 하나라고 할 수 있다. 이처럼 경성공회당의 음악문화는 공회당의 주체세력의 의도와는 달리 이전에는 기획되지 않았던 이와 같은 다른 방향도 함께 등장하게 된다.

1927년 6월 11일자 《동아일보》에는 6월 11~13일 사흘간에 걸쳐 "조선명창대회"가 열릴 것이라는 기사가 실리는데, 이것이 경성공회당에서 열린 첫 명창대회였다. 이미 목포, 담양, 인천, 경주, 김해, 김제, 전주, 평양, 대구, 부산, 구례 등 전국 각지의 여러 공간에서 명창대회가 성황리에 개최되고 있었고, 경성에서도 조선극장이나 우미관, 천도교기념관 등지에서 명창 공연이 활발히 이루어지고 있었다. 이에 조선 각도의 명창 7~8명이 크게 유명세를 타고 있었으며 이들의 전국 각지에서의 공연양상이 여러 신문을 통해 활발히 보도되고 있었다. 이러한 상황에서 1927년 6월 11일 경성공회당에서 처음으로 조선명창대회가 "송별 명창대회"라는 이름으로 개최된다. 당시 《동아일보》는 경성에서 명창대회가 이미 3번 있었고 모두 큰 인기를 끌어왔는데, 이제 경성공회당에서 열릴 이 명창대회가 마지막으로 열리는 송별 명창대회임으로 이 공연 역시 성황을 이루게 될

〈표 3〉 1927년~1935년 경성공회당에서 개최된 판소리 명창들의 공연

순번	년도	날짜	공연 명칭	출연자	주최 및 내용
1	1927	06. 11~13.	송별 명창대회	이동백, 송만갑, 김추월, 이화중선 등	연예계 관계자들
2	1929	12. 24.	콜럼비아 음악대회	김초향, 김정문, 박녹주 등	축음기와 비교대조
3	1931	09. 28.	3여류명창 공연음악회	박녹주, 김초향, 박월정 (고수 한성준)	조선음률협회 후원회와 콜롬비아 축음기 회사의 공동주최
4	1932	06. 22.	음률협회공연	일류명기명창들	단가, 춘향가, 수심가 등
5	1933	04. 16~17.	명창경연대회		구극동우회와 시에론레코드 경성지점의 후원
6		12. 20.	자선연예대회	성광현, 신불출, 임방울	
7	1934	05. 02.	명창대회		경성공회당으로부터의 중계
8		06. 12~14.	명창음악대회	송만갑, 정정렬, 김창환, 이동백, 오태석, 김초향, 박녹주, 김옥엽, 이진봉, 주난향, 김채련, 심상건 등 30여 명의 명기명창 출연	조선음악연구회
9		10. 2~3.	조선명창대회	송만갑, 이동백 등 남녀 명창 40여 명 출연	조선성악연구회
10	1935	01. 28.	독자위안 명창대회	이동백, 김창룡, 신진홍, 복진홍 등	매일신보

출처: 금용웅, 〈일제강점기 주요 다목적 공간들에서의 공연양상: 전통음악공연을 중심으로〉《공연문화연구》 36, 2018, 618~628쪽; 김은영, 〈1930년대 식민지 조선의 음악공연양상 탐구: 『매일신보』를 중심으로〉《이화음악논집》 24-1, 2020, 7~70쪽 및 《조선일보》, 《동아일보》 등 참조.

것이라고 홍보하였다.[53] 〈표 3〉은 경성공회당에서 개최된 명창대회의 양상을 년도 순으로 정리해 놓은 것이다.

53 《동아일보》 1927년 6월 11일.

〈표 3〉을 통해 이미 전국적으로 큰 인기를 얻고 있었던 명창들의 공연이 경성공회당에서는 1927년 이후로 활발해지고 있음을 파악할 수 있다. 1929년 12월 24일 "콜럼비아 음악대회"는 남녀 명창들의 실연實演과 레코드 음반의 소리를 비교 대조하는 형태로 열린 음악회였다. '조선음악가협회'와 '조선음률협회'가 발족된 1931년 이후에는 이 협회들의 주최로 기획된 음악회들이 열렸다. 1933년 4월 16일과 17일 양일간에 걸쳐 구극동우회와 시에론 레코드사의 후원으로 개최되었던 "명창경연대회"는 1등을 차지하면 레코드를 취입해 준다는 조건과 함께 세간의 주목을 받았다. 1934년 5월 2일에 개최된 "명창대회"는 라디오를 통해 중계되기도 했다. 곧 이어 6월 12일부터 14일까지 사흘간에 걸쳐 열린 "명창음악대회"는 전조선 남녀 명창들의 조직단체인 '조선음악연구회'가 조선의 고유한 소리를 다시 부흥시키고자 기획한 공연이었다.[54] 같은 해 10월 2일과 3일에는 송만갑, 이동백 등 남녀 명창 40여명이 출연하는 "조선명창대회"가 열렸다.[55] 이처럼 경성공회당에서의 명창대회는 1934년에 이르러 절정에 이르게 되는데, 아울러 1934년은 서양식 독창회가 많이 열렸던 시기이기도 하다(〈표 2〉 참조).

다시 정리해 보면, 판소리는 그 원전 공연형태와 달리 서구식 무대에 오르게 되면서 일명 '갈라 콘서트'의 형태로 공연방식이 달라졌다. 무대에서의 판소리 공연은 처음에는 주로 동포위안, 의연금 모금, 흥행유도 등의 목적을 가지고 있었지만, 이후에는 순수하게 듣고 즐기기 위한 용도로, 혹은 인기 있는 명창들의 소리를 직접 들을 수 있는 장으로 기능을 했다. 심지어 여러 명창의 실제 소리와 음반에서의 소리 등을 비교·대조하며 듣는

54 〈名唱音樂大會〉《동아일보》 1934년 6월 10일.

55 〈朝鮮名唱大會〉《조선일보》 1934년 9월 29일.

공연도 기획되었다. 이러한 현상은 판소리를 이야기를 전달하는 매체로서가 아니라 소리 자체를 비교하며 즐기는 취미의 영역으로 삼기도 했다는 것을 의미하는 것이며, 따라서 음악회 문화와 함께 판소리를 즐기는 방식의 차원도 달라진 것이라 볼 수 있다.

즉 경성공회당에서의 판소리 공연은 다음과 같은 변화를 낳았다. 첫째, 청중의 반응이 좋은 주요 대목만 골라 연주하게 됨으로써 연주회 레퍼토리라는 것이 형성되었고, 판소리가 가지고 있던 종래의 맥락과 상관없이 판소리를 소리의 유희로 인식하게 되었다. 둘째, 명창들 간의 음색의 대조, 실제소리와 유성기 음반과의 비교 대조가 가능했고, 음악을 음색의 차원에서 바라보게 되면서 음악을 위한 음악이라는 개념으로도 판소리 공연의 실상을 설명할 수 있게 되었다. 이러한 다채로운 공연 양상을 통해 판소리는 국악 성악계에서 중심적인 위치를 차지하게 되었고 그 영향은 오늘날까지 이어지고 있다.

경성공회당 건립 초창기만 하더라도 이중도시라는 공간적 경계와도 비슷하게 경성공회당에서의 음악회는 음악적으로도 경계가 뚜렷해 보이는 음악회 기획으로 가득 차 있었다. 그러나 1930년대로 가면서 그 양상에 다양한 변수들이 등장하기 시작했다. 즉 서양음악을 위주로 하던 공연장에 전통음악 공연, 특히 조선인들을 위한 공연이 무대에 자주 오르게 되었고 이에 따라 청중의 구성도 달라지게 되었다. 예전에는 일본인과 서양인이 다수였고 소수의 조선 지식인들만이 음악회에 참여할 수 있었다면 1930년대로 넘어가면서 좀 더 다수의 조선 청중들이 음악문화를 즐길 수 있는 분위기로 바뀌어 갔다. 여전히 서양음악 공연의 비중이 더 많긴 했지만, 전통음악 공연 특히 판소리 명창들의 공연이 세간의 관심을 받게 되면서 공회당 무대에 점점 더 자주 등장하게 되었고, 이에 조선인 청중들은 음악회에 더욱 많이 참여할 수 있게 되었다.

4) 장르 혼합의 음악회들

서구 유명 연주자들과 조선인 연주자들이 보여주는 음악회와 조선 명창들이 일궈낸 음악공연은 크게 서양음악과 전통음악이라는 각각의 범주에서 독립적으로 행해졌던 음악회들이었다. 경성공회당에서는 이러한 성격 이외에 전통음악과 서양음악 공연이 혼합된 형태로 등장하는 경우도 많았다. 혼합이 되는 양상은 매우 다양했다. 먼저, 서양음악 작품과 전통음악 작품이 교대로 나오거나 1부와 2부로 나뉘어 공연되는 경우, 시작이나 끝 음악이 전통음악이고 나머지는 서양음악인 경우 등을 들 수 있다. 혹은 서양식으로 편곡되어 서양악기로 연주되거나 반주되는 전통음악, 전통음악 연주자들이 연주하는 서양음악 등 다양한 형태로 혼성되어 등장하는 경우도 있었다. 이 가운데 몇 가지 대표적인 음악회를 예로 들어 살펴보고자 한다.

당시 '음악대연주회'·'음악대회'·'동서음악대회' 등의 명칭으로 등장하는 음악회는 대부분 서양음악과 전통음악, 간혹 일본음악까지의 구성을 나열식으로 혼합하고 있는 유형의 음악회였다. 한 예로 중앙유치원 주최로 1923년 5월 25일에 열렸던 "음악대연주회"를 들 수 있는데, 이 음악회에는 임배세의 독창과 윤성덕·김합라의 피아노 연탄과 함께 이왕직아악대의 취악(태평지곡)과 서양인 관현악단의 연주가 있었다.[56]

서양악기와 서양의 음악어법이 전통적 요소와 서로 보색적인 관계를 이루며 연주되는 경우를 살펴보면, 전통악기의 독주나 민요 합창에 피아노 반주가 사용되는 경우를 들 수 있는데 이는 전통음악의 요소를 서양의 음악어법으로 자연스럽게 바꾸어 부르는 문화적 변용에 해당하는 것이라 할 수 있다. 대표적인 예로 서양식 편곡 및 악기 편성으로 노래된 이화여

56 〈중앙유치원 주최 음악대연주회〉《조선일보》 1923년 5월 23일.

자전문학교(이하 이화여전) 합창단의 민요합창을 들 수 있다. 〈방아타령〉, 〈이팔청춘가〉, 〈농부가〉, 〈양산도〉, 〈자진산타령〉 등 당시 유행하던 민요가 안기영과 메리영에 의해 여성3부 합창곡으로 편곡되어 1931년에 《조선민요합창곡집》이라는 이름으로 출간되었는데, 작품집 출간 이전부터 이 노래들은 이미 전국순회공연과 음반취입을 통해 대중들로부터 많은 관심을 받았다.[57] 처음에는 피아노 반주로 공연했으나 점차 피아노 대신 관현악 반주를 사용하였다.

경성공회당에서는 1932년 6월 17일에 이화여전 동창음악회의 첫 순서와 마지막 순서에 안기영 편곡의 〈농부가〉, 〈박연폭포〉, 〈놀량〉이 합창되었다.[58] 한때 이화여전 학생들은 민요 합창을 불러 논란의 대상이 되기도 했지만,[59] 이제 민요를 부르는 주체는 전통적 가창훈련을 받은 기생이 아니라 학생들이나 동경의 음악학교에서 성악을 전공한 채규엽, 막간가수 출신의 강석연, 이애리수 등으로 바뀌었다. 이들은 레퍼토리 확대차원에서 당시 조선인들에게 널리 알려져 있던 〈방아타령〉, 〈양산도〉 등의 민요를 관현악 반주에 맞춰 노래하였다. 각 음반사와 경성방송국은 전속 관현악단을 조직하여 각종 음악의 반주를 맡게 하였는데 오케레코드사가 기

57 총 40쪽으로 되어있는 《조선민요합창곡집》에 수록된 곡은 모두 7곡으로 안기영이 편곡(4곡)한 〈자진산타령〉, 〈농부가〉, 〈한양의 봄〉, 〈양산도〉와 메리영이 편곡(3곡)한 〈도라지타령〉, 〈이팔청춘가〉, 〈방아타령〉으로 구성되어 있다(신수정, 〈『조선민요합창곡집(朝鮮民謠合唱曲集)』 연구〉 《음악과 현실》 50, 2015, 285쪽).

58 〈이화전문동창회 주최, 본사학예부 후원의 제2회 이화전문동창회음악회〉 《동아일보》 1932년 6월 17일.
연주된 민요편곡 작품 중 〈박연폭포〉와 〈놀량〉은 《조선민요합창곡집》에 실려 있지 않은 새로운 곡이었다.

59 당시 민요합창 공연에 참여한 이화여전 학생들은 주로 기생들이 부르던 민요를 불렀다 하여 '이화권번'이라는 비평을 듣기도 하였다(신수정, 앞의 글, 2015, 284쪽).

'실현의 밤' 광고에 함께 실린 오케관현악단의 사진
출처: 《조선일보》 1935년 3월 30일.

획한 경성공회당 공연을 한 예로 살펴보고자 한다. 1935년 4월 5~6일 양일간에 걸쳐 열린 '실현實現의 밤'은 오케레코드 소속가수들이 출연하는 공연으로, 당시 유명세를 얻고 있었던 가수들의 노래와 만담, 무용 뿐 아니라 클래식 연주가들의 노래와 연주도 포함되어 있었다. 참여 연주자들의 면면을 살펴보면, 클래식계에서 명성을 얻고 있었던 테너 이유선, 바이올리니스트 최호영을 비롯하여, 가수 고복수, 이난영, 김련월, 강남향, 김해송 등과 무용에 김소군, 넌센스극에 신불출, 나품심 등이 출연하였다. 이때 위의 그림과 같이 본격적으로 오케레코드사 전속 관현악단의 반주가 등장하였다.

이러한 장르혼합 혹은 혼성의 음악회는 전통음악이 서양음악으로 동화된 것이라기보다는 새로운 무엇으로 재탄생한 것이라 볼 수 있다. 조선의 전통음악이 서양의 조성음악과 양악적으로 근대화된 일본음악과 만나게 되는 환경 하에서 다양한 문화적 변용이 이루어지게 된 것이다. 이에 음악 작품에, 연주 실제에, 악기 편성에 나타나는 혼종의 모습은 일본을 문화적 우위에 두고자 했던 전략에 큰 타격을 주는 새로운 힘이라고 정의할 수 있겠다.

일제는 음악을 통한 문화정치에서 타자화 전략, 차별화 전략을 통해 지배체제의 정당성을 강화하고자 했으나, 문화혼종을 통해 조선인들에게는 새로운 힘과 가능성이 도출되었다. 조선인들은 경성공회당에서의 다양한 '음악하기' 활동을 통해 근대성, 즉 두터운 현재에 대한 의미를 터득하게 된 것이다. 일제가 조성한 스펙터클의 사회에서 산책을 통해 자신의 정체성이라든가 근대성의 허구 등을 인식해 나갔듯이, 일제가 마련한 경성공회당이라는 공간에서도 조선인들은 청중으로서, 연주자로서, 작곡가로서, 기획자로서 음악을 듣고 만들고 기획하는 모든 행위를 통해서 세계를 상상하고 미래를 준비해 나가는 음악적 상상력을 개발할 수 있었던 것이다. 이를 통해 과거와 현재와 미래를 인식하고, 현재의 위치를 두텁게 만들어 갈 수 있었던 것이다.

경성은 '이중언어의 도시'이자 '분할 통치 지역'이었기 때문에 이러한 현상은 오히려 더욱 강하게 발현되었다. 즉 '비동시성의 동시성'을 보여주는 혼종의 공간에서 나온 소리문화는 체제를 전복시킬 힘으로 전유될 수 있었다. 재경성 일본인들이 경성악우회·경성관현악단·경성음악협회 등 '경성'이라는 이름을 걸고 당당히 주인행세를 하며 활동했던 이 시기, 조선인들은 이 안에서 현재를 직시하는 또 다른 힘을 키우게 된 것이다. 이때 출현한 음악들은 우리의 음악문화의 기저가 되어 100여 년이 지난 오늘날에 이르고 있다. 오늘날 서양음악과 한국음악, 대중음악 모두에 있어서 한국의 음악적 위상은 세계적 수준에서 매우 높게 인정되고 있다.

5. 맺음말: 사이공간에서의 음악하기와 경계 넘나들기

경성은 식민권력에 의해 이중도시의 성격을 갖게 되었지만 1920년대 후반에 이르면 그 속성에 많은 변화가 생기게 된다. 본 논문에서는 이러한 공간인식에 대한 속성의 변화가 식민지 도시 사회에 어떤 변화를 초래하게 되었는지를 경성공회당에서의 음악회를 중심으로 한 음악문화에 초점을 맞춰 분석해 보았다. 도시계획·도시공간·백화점 등으로 대표되는 스펙터클 문화와, 음악회·음반·라디오 등의 청각문화, 여기에 상업주의·소비자본주의와 같은 문제들, 그리고 문화의 향유계층 등과 같은 여러 주제들은 각각 독립적이면서도 서로 긴밀히 연관되어 있는 문제였다.

이에 본 논문은 먼저, 공간정치를 통한 경성의 이중도시로서의 양상을 남촌을 중심으로 한 스펙터클 문화를 통해 살펴보았다. 분할된 공간 안에서, 정치·경제석으로 타자화 된 조선인들의 삶에 어떤 일상의 반전이 이루어지는지를 문화이론을 통해 조망해 보았다. 남촌 편중적인 개발로 화려한 외관을 갖추게 된 남촌에 어떤 식민권력의 의도가 숨겨져 있었는지를 파악하며, 그 이후의 양상을 연결시켜 그 의미를 진단해 본 것이다.

두 번째로는 공공음악회 역사를 조망해 보았다. 음악공연의 초기 형태와 그 이후의 변화양상을 살피면서 특히 1920년대 중반을 전후로 경성공회당을 통해 나타나는 서양음악과 전통음악에 관한 연주의 흐름을 집중적으로 다루었다. 1923년에 있었던 해외 유명 연주자들의 내한공연 이후 조선인 음악가들의 활약이 펼쳐지게 되는 상황을 통해 단순히 흉내만 내는 수준에서 벗어나 1930년대에 이르면 국제적 수준에 이르게 되는 과정을 목격할 수 있었다. 전통음악의 영역에서는 연주방식의 변화가 일어남과 동시에 음반, 라디오의 등장으로 청중의 층이 더 넓어지게 되고, 특히 판소리가 음악회의 주요한 장르로 자리 잡게 되면서 많은 관심과 인기를 얻게 되는 상황을 살펴보았다. 더불어 전통음악과 서양음악은 혼성되어 새로운 차원으로 나아가게 되고, 이러한 요소들로 문화적 힘을 얻게 되면서 일제가 이식하려고 했던 음악문화와는 다른 차원으로 나아갈 수 있게 되는 상황을 조망해 보았다.

다른 한편으로, 음악회의 역사를 통해 1920~30년대 경성인들의 삶의 현실을 들여다 보고자했다. 음악회에 가서 음악을 듣는다는 것이 당시 무엇을 의미했는지, 하나의 음악회를 둘러싸고 어떤 정황들이 얽혀 있었는지, 음악회의 주체와 연주양상은 어떻게 바뀌어 갔으며, 이것은 어떤 흐름을 반영하는 것인지 등을 유추해 볼 수 있었다. 또한 당대 문인들의 음악 비평을 통해 음악의 기능과 그 시대 사람들의 음악관 또한 다양하게 파악해 볼 수 있었다. 더불어 당시 경성공회당에서 열린 음악회에 출연한 음악가들의 음악활동과 음악회 프로그램이 가지고 있는 의미, 연주자의 면면 등을 통해 근대 음악문화사의 흐름을 읽어낼 수 있었다.

음악회는 창작, 연주, 감상, 비평 등이 맞물려 있는 복합적인 문화예술 양상으로, 주도권을 가진 이들의 기획과 홍보를 통해 성립되는 것이며 그 과정에서 네트워크가 형성되는 것이기 때문에 음악회 하나하나는 그 당시의 사회문화를 압축적으로 보여주고 있는 것이라 해도 과언이 아닐 것이다. 여러 성격의 행사를 위해 음악이 이용되거나 동원된 경우도 많았지만, 순수하게 음악만을 연주하는 음악회 문화가 자리 잡게 되면서 음악에 대한 지식인 계층의 여러 의견도 다양하게 나타나게 되었다. 이렇게 음악에 대한 담론이 형성되면서 이제 음악은 서양음악을 단순히 모방하는 차원에서 벗어나 우리의 삶의 현실을 표현하고 그것으로부터 우리의 역사를 만들어나가는 의미로서의 음악으로 자리 잡게 되었다.

소리문화는 시각문화가 보여주는 변화의 양상과 더불어 빠르게 귀를 통해 마음으로 전해지며 변화하고 있는 세대에 적응해 나가고 있었다. 이

것은 따라 하기와 구별 짓기의 양가적 욕망이 작용하는 경성공회당이라고 하는 사이공간에서 벌어진 일이다. 다양한 음악이 연주되고 향유되었던 경성공회당은 근대성 경험의 공간, 심미적 체험의 공간으로서 만이 아니라, 은유를 통한 정치적 표명, 예술을 통한 경계 허물기를 실현시키는 사이공간으로도 기능을 하고 있었던 것이다. 즉 이곳은 일본적이며 조선적이고 서구적인 모든 것들이 혼종 되는 사이의 공간으로 문화 간의 위계질서가 허물어지는 공간이기도 했던 것이다. 이 사이 공간에서는 양가적 감정을 통해 기존의 문화들이 갖고 있지 않은 새로운 힘이 탄생되기도, 우위를 선점할 수 있는 기회가 만들어 지기도 했다. 즉 경성공회당은 고착화되어 있지 않은 역동적인 공간이었다.

음악회 문화가 갖는 의미는 자신들의 존재감을 확인하는 것, 공동체적 축제의 장을 마련하는 것, 그리고 현재에 과거와 미래의 의미를 담는 것이라고 할 수 있다. 이러한 이유로 인해 음악회 문화는 디지털 환경이 최첨단에 이르는 이 시대에도 여전히 이어지고 있는 것이다.

제5장

부민관을 통해 본 경성의 조선양악계: 태평양전쟁 이전까지

이경분(한국학중앙연구원 연구교수)

1. 머리말

1935년 12월 10일 부민관(현 서울시의회 건물)이 개관되기 전까지 약 40만 부민[1]의 대도시 경성에는 일본 '내지内地' 수준에 비할 모던하면서도 1,000석을 넘는 대극장이 없었다. 1920년 7월에 개관한 경성공회당이나 1929년 11월에 대강당 확장공사를 통해 수용인원이 800명으로 확대되었던 조선YMCA회관이 있었지만, 일본의 것에 비해 규모가 작았고, 설비에 있어서 일류 강당으로 내세우기 힘든 것이었다. 최신식의 모던한 설비를 갖춘 대강당에 대한 욕망은 늘 본토의 대도시 도쿄나 오사카의 문화를 동경했던 경성의 재조일본인에게 더욱 강렬했다.[2] 결국 경성에서 독점경영으로 지탄을 받았던 경성전기주식회사가 이미지 쇄신으로 공익사업자금을 기부하면서 부민관이 탄생하게 되었다. 부민관을 설계한 사람은 일본인 하기하라 고이치[萩原孝一]였고, 부지는 이왕직아악부와 경성기독교청년회 소유의 것을 매입한 것이었다. 대강당은 고정석 1,800석, 보조의자 200석, 입석까지 최대 3,500명을 수용할 수 있는 대규모 회장이었다. 지하 1층, 지상 3층의 냉난방 시설을 갖춘 당시로서는 보기 드물게 서양식 최신 공연장이었던 부민관은 도쿄의 히비야 공회당에 뒤지지 않는 근대적 문화공간으로 경성의 큰 자랑거리였다.

부민관은 준공 이래 거의 10년(1935년 12월~1945년 8월) 동안 경성의 문화적 중심지가 되었다. 이제 경성에도 일본의 유명한 대가부키단이나 도쿄의 신협과 같은 일류 극단, 또 하얼빈교향악단, 신교향악단과 같은 전

1 京城府,《京城府 戸口統計》, 京城府, 1933~1940; 이승일, 〈1930~40년대 경성 거주 급여 생활자의 주거 생활〉《한국민족문화》 58, 2016, 354쪽 재인용.

2 물론 조선인들도 부민관 건설을 주장했다(김순주, 〈식민지시대 도시생활의 한 양식으로서 대극장: 1930년대 경성부민관을 중심으로〉《서울학 연구》 56, 2014, 6쪽).

준공된 부민관
출처: 《경성일보》 1935년 12월 10일.

준공된 부민관
출처: 《조선일보》 1935년 12월 8일.

문오케스트라를 초청할 수 있는 수준의 모던한 공간이 확보된 것이다. 개관 이후 외국의 유명 음악가들의 공연은 거의 부민관에서 이루어지게 되었다.

부민관이 위치한 곳은 태평통 1정목으로 경성일보사와 경성부청이 마주했고, 통치권력 조선총독부도 시야의 범위 내에 있었다. 또한 조선 궁궐이라는 옛 권력도 인접해 있었는데, 서구와 동일시되는 일제의 신식 건물 부민관의 높은 탑과 구식으로 여겨지는 덕수궁의 나지막한 조선 건축이 확연한 대조를 이루었다. 당시의 관점에서 높은 신식과 낮은 구식 건축물의 직접적인 대비는 누가 공간적 헤게모니를 장악하고 있는지를 상징적으로 암시해준다. 이런 의미에서 일상적으로 부민관을 출입하는 경성부민은 시각적으로 근대성에서 앞서가는 일본제국의 우월함을 자연스럽게 받아들였을 것이다.[3]

3 위의 그림들에서 보이는 바와 같이 높은 탑을 강조한 《경성일보》의 부민관 사진은

부민관의 선행연구에서 돋보이는 논문은 김순주의 〈식민지 시대 도시생활의 한 양식으로서 대극장: 1930년대 경성부민관을 중심으로〉라고 할 수 있다. 당시의 관점에서 일차 문헌에 충실한 연구로서 의미가 큰 이 논문의 요지는 부민관이 "지배 관계 간, 계층 간, 그리고 동족 간 차별과 갈등, 경쟁으로 분산된 식민지 도시민들을 '부민'으로 통합"하기 위해 "고안된 프로젝트"였고, "성별, 연령, 직업, 민족에 따라 다양하게 분산된 도시민들을 '부민'으로 수용하는 강당건축물"로서 "제 역할을 했다."는 것이다.[4] 중일전쟁 이후 부민관이 "진정으로 통합을 향한 공적 대극장으로서의 기능"을 다했다는 주장은 재조일본인과 조선인 관객의 섞임 현상이 일반적이었던 영화의 경우에는 설득력이 없지 않다. 하지만 이중적 문화현상이 뚜렷했던 대중음악이나 서양 클래식음악의 경우에도 유효한 주장인지는 의문이다.[5]

영화계와 달리 양악계의 경우, 조선인 중심의 음악계와 재조일본인 커뮤니티 중심의 음악계가 공존했지만, 조선인의 비평문은 마치 조선음악계만 있었던 것처럼 특별한 경우를 제외하고 재조일본음악계에 대해 거의 언급하지 않는다. 더욱이 1939~1940년, 조선양악계가 '안채'를 내어주고 '셋방살이'한다는 비판[6]이 있었을 정도로 통합보다는 민족적 구분이 일상적이었다.

물론 부민관의 역할을 1935년부터 1945년까지 일관되게 하나로 규정

《조선일보》 사진과 대조를 이룬다.

4 김순주, 앞의 글, 2014, 29쪽과 4쪽.

5 김순주, 〈식민지시대 경성의 극장 문화에 관한 연구〉, 한국학중앙연구원 박사학위 논문, 2011은 영화관과 관련된 변화에 집중하고 있는데, 영화계는 상대적으로 이중적 문화의 경계가 약한 것이 사실이다.

6 耳豪, 〈貰房사리 樂壇: 봄씨즌 樂界의 不振〉《매일신보》 1940년 5월 21일.

하기 힘들다. 부민관의 음악공연 현황도 시기에 따라서, 특히 1941년 태평양전쟁 이후 크게 달라진다. 따라서 태평양전쟁을 기점으로 전과 후로 나누어 고찰할 필요가 있다. 여기서는 지면상 1935년 개관부터 태평양전쟁 이전까지만 다루어 보고자 한다. 무엇보다도 부민관의 이중적인 문화공간으로서의 성격은 태평양전쟁 이전에 더 잘 드러난다고 할 수 있다.[7]

본 글의 목표는 태평양전쟁 이전 시기 부민관을 통해 경성의 조선양악계를 포착하는 것이다. 지금까지 일제강점기 한국근대음악사연구에서 조선양악계에만 국한되었던 시야를 넓혀서 일본인의 음악활동을 일부분 함께 고려하여 접근하고자 한다. 1939~1940년 부민관에서 흥행공연이 증가하는 현상과 이에 반비례하여 '셋방살이'로 내몰린 조선양악계의 위축된 상황은 이러한 구도에서 볼 때, 제대로 이해할 수 있을 것이다.

먼저 1935년 부민관 개관초기 일본인 양악공연이 대강당을 선점하는 현상을 살펴보고, 이런 현상이 1938년에는 조선양악계의 약진으로 어느 정도 균형을 이루는 과정을 고찰할 것이다. 하지만 1939~1940년에는 외래단체와 일본인 중심의 부민관 흥행공연이 유례를 찾기 힘들 정도로 심화되면서 이와 반비례하여 조선양악계의 입지가 좁아지는 현상. 그리고 이 현상이 중일전쟁 시기 중인 '황기 2600년 기념해'(1940) 전후로 나타난 점을 감안하여 부민관의 상업화와 오락화 그리고 흥행과 전쟁이 어떤 관계에 있는지 분석하고자 한다. 끝으로 1941년 음악에서의 '신체제운동'이 조선음악협회 창설과 함께 시작되면서, 태평양전쟁 전 다시 활발해지는 조선양악계의 부민관 활동을 살펴볼 것이다.

7 송방송, 〈府民館을 통해 본 日帝末期의 音樂狀況: 1941~1945년을 중심으로〉《眞檀學》 80, 1995, 177~206쪽 참고.

2. 부민관 개관과 초기 공연

1935년 경성부민의 인구 약 40만 명 중, 일본인의 인구는 1/4이 조금 넘었다.[8] 하지만 경성의 주요 기관과 직책은 일본인이 점하고 있었고, 부민관이 재조일본인의 문화를 대변하는 장소가 될 것이라는 것은 부민관 낙성식에서 시각적으로 재차 확인할 수 있었다. 낙성개관식 행사의 시작은 일본의 신도제식으로 진행되었다. 핵심내빈은 경성신사신관, 경성부윤, 조선총독, 무관대표(제20사단장), 문관대표(경성제대총장), 경성전기회사, 경기도지사, 경성부회부의장, 경성부 영선계장, 삼목합자회사대표 그리고 조선귀족 대표 이윤용 남작 등이었다.[9] 다시 말해, 권력자에 해당하는 핵심내빈의 경우 인구비율과는 정반대로 일본인이 압도적인 다수를 차지하였고, 조선인은 소수였다.

낙성식 행사가 끝난 당일 오후 6시부터는 부민관 대강당에서 낙성식 기념공연이 개최되었는데, 12월 12일까지 3일간 계속되었다. 이 기념공연에서는 조선인과 일본인 연무단이 번갈아가면서 춤을 선보였다.[10] 이것은 경성부민의 조선인과 일본인 구성원을 함께 고려한 프로그램이었다. 그러나 당시 신문에는 조선관광홍행사가 주최한 이 프로그램에 대한 비난이 쇄도하였다. "개관 첫날을 지낼 방안이 그러케도 없어서 기생권번"을 불러다 놓은 것도 민망한데, 늘 재정난을 말하면서도 "한 푼은 고사차치하고

8 1930년 경성의 재조일본인은 10만 5,639명, 1940년은 12만 4,155명이었다(이규수, 〈재조일본인의 추이와 존재형태〉《역사교육》 125, 2013, 57쪽).

9 《京城日報》 1935년 12월 11일; 김순주, 앞의 글, 2014, 16쪽 재인용.

10 입장료는 50전, 35전, 20전이었는데(〈今日竣工된 府民舘 十日부터 披露演奏〉《조선일보》 1935년 12월 8일), 개관공연을 유료로 하는 것에 대한 비난이 있었다. 12월 11일과 12일에는 부민관 건물의 내부를 일반에 공개하였다.

반 푼어치 가치도 없는 기생춤에 5천원 내오노흘 재정"이 있는 것에 대한 비판이 많았다.[11]

지금까지 부민관 연구에서 낙성식 기념공연 이후 부민관의 본격적인 첫 음악공연은 12월 15일 오후 2시 경성제대 학우회 교향관현악단의 제11회 정기연주회와 같은 날 저녁 8시에 개최된 일본 성악가 사토 요시코[佐藤美子][12]의 독창회로 알려져 있다.[13] 하지만 부민관 대강당에서 이보다 먼저 개최된 가극공연이 있었는데, 이미 경성의 동양극장과 경성극장에서 절찬을 받았던 인기단체 도쿄 소녀가극대일좌의 공연이었다.[14] 일본어 신문《朝鮮新聞》애독자를 위한 서비스 행사로서 12월 13일과 14일 개최되었다. 입장료는 신문독자에 한해서 20전, 10전이었고, 프로그램은 가극, 레뷰와 넌센스 쇼 등으로 이루어졌다.[15]

이처럼 부민관 대강당을 먼저 선점한 음악공연은 일본측 프로그램이었다. 도쿄 소녀가극대일좌 공연에 이어지는 12월 15일 두 클래식 음악공연도 일본음악가들의 독무대라고 해도 과언이 아니었다. 오후 2시에 개최된 경성제대 교향관현악단 연주회에서 베토벤 피아노협주곡의 솔리스트는 다케이 하루코[竹井春子]였고, 모차르트 바이올린 협주곡의 솔리스트는

11 〈횡설수설〉《동아일보》 1935년 12월 11일.

12 사토 요시코는 일본인 부친과 프랑스인 모친을 가진 혼혈로서 요코하마에서 성장하여 1926년 도쿄음악학교를 졸업하였고, 일본에서 처음으로 오페라 〈카르멘〉을 불러서 유명하다(〈こ宵,待望の陶酔境. 佐藤美子嬢のソプラノ〉《朝鮮新聞》 1935년 12월 15일).

13 김순주, 앞의 글, 2014, 19~20쪽.

14 〈京城府民館で大歌劇公演〉《朝鮮新聞》 1935년 12월 13일.

15 《朝鮮新聞》 1935년 12월 13일. 도쿄소녀가극단은 부민관 공연 이전인 1935년 12월 1~5일 동양극장에서 공연했다(〈본사 후원 대망의 소녀가극(70여 명) 과연 대성황〉《매일신보》 1935년 12월 3일).

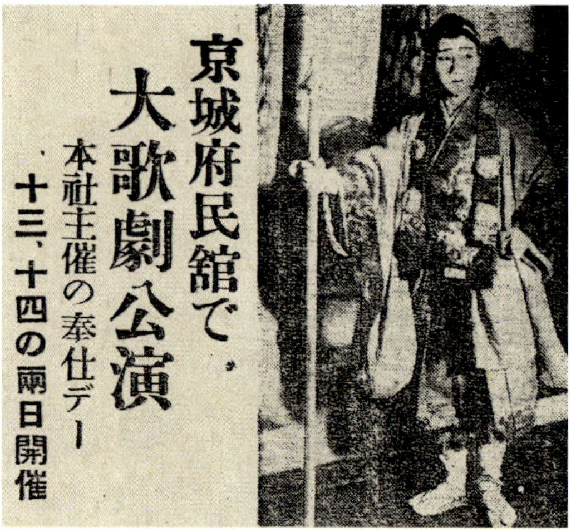

도쿄 소녀가극대일좌의 무대장면
출처:《朝鮮新聞》1935년 12월 14일.

일본성악가 사토 요시코
출처:《朝鮮新聞》1935년 12월 15일.

우에노 히사코[上野久子]인데, 둘 다 재경성일본음악가들이었다.[16] 경성제대 관현악단 멤버는 1935년 당시 일본인 교수와 학생들이 주도하였고, 단원 중 소수의 조선인 학생이 들어있었지만, 경성제대가 일본인 중심이었듯이 경성제대 관현악단도 마찬가지였다. 또한 같은 날 저녁 6시반에 개최된 사토 요시코의 독창회 프로그램도 우치다[内田茉利子]의 반주로 꾸며진 일본 음악가의 독자적 무대였다.[17]

현재 파악한 자료 한도 내에서 보면, '부민관 최초 조선인 공연'은 1935년 12월 19일 연극배우 현철의 〈3담의 밤〉이다. "가담歌談, 연담演談, 산담散談"의 3담을 소재로 한 무대이므로, 노래와 연극과 만담이 혼합되어 있

16 피아노 반주자는 재경성외국인 스투데니였다.

17 〈こ宵,待望の陶酔境, 佐藤美子孃のソプラノ〉《朝鮮新聞》1935년 12월 15일.

었던 공연으로 짐작된다.[18] 또한 12월 22일 밤에는 조선인 중심의 "크리쓰마쓰 축하회"가 기독청년 면려회 경성연합회 주최로 개최되었다.[19] 면려회는 장로교 내의 청년단체로서 1920년대 초부터 각 교회자체 내의 조직으로 설치되었다. 1932년에는 장로교 총회 내에 면려부가 설치되었고, 1934년에는 회원이 3만 명에 이르렀다. 조선인의 면려회 행사에 경성의 재조일본기독교인이 참여했을 가능성도 크다. 하지만 행사의 중심인물로서 조선중앙YMCA의 이사였던 "웅변가 김창제金昶濟"[20]와 "제국음악학교 출신인 리순갑李順甲"을 언급한 기사로 보건대,[21] 조선인이 주도한 행사로 보인다. 이 행사 역시 정식 음악회라기보다 혼합형식의 프로그램이라 할 수 있다. 이런 혼합형식의 공연은 1936년 1월 11일과 12일 부민관에서 개최된 〈방송과 실연의 밤〉에서도 볼 수 있다. 조선방송협회 청취자 5만 명 돌파기념으로 11일에는 일본어 방송인 제1방송 청취자, 12일에는 조선어 방송인 제2방송 청취자를 초청하여 노래와 연극을 선보였다.[22]

혼합형식이 아닌 순수 양악 연주회는 이후에도 일본에서 온 음악가에 의해 이어진다. 3월 1일에는 미우라 다마키[三浦環]의 독창회, 4월 7일에는 세키야 도시코[關屋敏子]의 독창회 그리고 4월 25일 도쿄음악학교 교수인 유명한 바이올리니스트 알렉산더 모기레프스키Alexander Moguilewsky의 바이올린 독주회[23]가 부민관 대강당에서 개최되었다.

18 입장료는 1원으로 균일했다(〈玄哲氏 『三談의 밤』 十九日夜府民舘서〉《동아일보》 1935년 12월 18일).

19 기독청년면려회 경성연합회는 일본인이 주도하는 경성기독교청년회(YMCA)와는 다른 단체이다.

20 김권정, 〈金昶濟의 생애와 개혁사상〉《한국기독교와 역사》 7, 1997, 200~207쪽.

21 〈全京城基靑聯合 크리쓰마쓰祝賀會〉《동아일보》 1935년 12월 22일.

22 〈府民舘에서 放送實演大會〉《조선일보》 1936년 1월 9일.

23 피아노 반주는 로이덴 베르히였고, 입장권은 3원, 2원, 1원이었다(〈모기렙스키-提

계정식 현악4중주단 멤버(왼쪽부터 계정식, 박태철, 안성교, 김인식)
출처: 《동아일보》 1936년 4월 22일.

지금까지 파악한 자료에 의하면, 조선양악인이 처음 부민관에서 연주하는 '순수 양악연주회'는 부민관이 개관된 지 약 5개월이 지난 1936년 4월 24일 저녁 8시에 개최된 '계정식 현악4중주단'의 제1회 발표회로 보인다.[24] 당시 계정식 현악4중주단 멤버는 제1바이올린에 계정식, 제2바이올린에 박대철, 비올라 안성교, 첼로 김인식으로 구성되었다. 찬조 출연에 이종태의 부인이자 일본 성악가인 스즈키 미사호[鈴木美佐保]가 김현숙의 피아노 반주로 노래했다.[25] 그리고 약 3주 후인 5월 15일 조선음악가협회 제1회 연주회가 계정식현악4중주, 이흥렬, 김메리, 채선엽, 박경희, 전형철, 이승학 등 조선의 전문 양악인 무대로 꾸며졌다.[26]

琴獨奏會〉《조선일보》 1936년 4월 26일).

24 〈絃樂四重奏團 第一回演奏會〉《동아일보》 1936년 4월 22일.
최승희의 무용공연도 1936년 4월 3~4일 부민관에서 성황리에 개최되었다(〈名舞崔承喜女史 今夜待望의 公演〉《조선일보》 1936년 4월 4일). 최승희의 경우에는 일본인 애호가도 많았으므로, 조선인과 일본인 관객이 섞여있었으리라 짐작된다.

25 입장권은 일반 1원, 학생 70전이었다(〈絃樂四重奏團 第一回演奏會〉《동아일보》 1936년 4월 22일).

26 여기서도 일본인으로서는 이종태 부인인 李美佐保가 유일하게 참여했다. 반주는 박경호가 맡았고, 매일신보사의 후원으로 입장권은 45전 균일하였다(〈조선음악가

부민관 개관 초기의 서양음악공연 일정은 일본에서 온 유명 일본음악가와 재조일본음악가들의 활약이 경성의 조선음악가들보다 훨씬 활발했고, 1935~1936년 초기 부민관의 서양음악회에서 민족 간 통합의 흔적은 이종태와 이미좌보 부부의 경우 등을 제외하고 거의 보이지 않는다.

3. 조선양악계의 부민관 활동

1) 1937년 조선양악계 평가

부민관의 개관 초기에 조선의 양악음악계가 주목을 받거나 주도하고 있다는 느낌은 약하다. 하지만 이런 인상은 초기에 국한된 것이 아닌 듯하다. 경성의 조선양악계의 활동은 1937년 조금 나아지는 것 같지만, 당시 음악비평을 보면 이것도 상대적인 의미일 뿐이다. 1937년 김관은 〈기구 상실증 악단〉에서 조선양악계가 "연주의 수준은 놉하진 것"을 언급하면서도 아직 "음악예술의 미숙은 은폐할 수 업는 사실"이라 판단하였다.[27] 1937년 리사이틀을 개최한 연주가로 전형철, 박원정, 현제명, 이인선 씨를 언급하면서 김관은 "리사이탈의 수가 겨우 4번박게 업섯다는 것은 후반기에 와서 시국의 영향 때문인 탓도 잇겟지만 리사이탈은 고사하고 보통 컨서-트형식에 의한 집회가 그 비현대성에 대한 회의를 가지게 되기 시작"했다고 진단했다.[28] 다시 말해 1937년 7월 7일 중일전쟁 발발 때문만이 아니라, 라디오와 음반과 같은 기계음악의 인기와 대중적 확산으로 인해 '수

협회 제1회 대연주회〉《동아일보》 1936년 4월 24일).

27 김관, 〈문화의 일년간 ④: 기구 상실증 악단〉《조선일보》, 1937년 11월 26일.

28 김관, 〈문화의 일년간 ④: 기구 상실증 악단〉《조선일보》, 1937년 11월 26일.

공업적인' 연주회의 입지가 좁아졌다고 평가하였다. 실제로 1937년 당국의 청취자 배가 운동 및 수신기 보급 노력에 의해 라디오 청취자수가 급증하였고, 1938년 4월에는 라디오 청취료도 이전의 월 1원에서 75전으로 인하되어 조선인 청취자수는 1936년에 2만 2,777명이던 것이 1937년 4만 107명으로 증가하였고, 특히 1939년에는 7만 5,909명으로 가파르게 증가하였다.[29] 이는 클래식 청취자에게 일본어방송인 제1방송에서 제공하는 해외 유명 연주자들의 연주나 신교향악단과 같은 일본 본토의 전문음악단체의 연주를 접할 수 있는 기회가 확대되었음을 의미한다.

이런 상황에서 한 해 동안 위에서 언급된 리사이틀 연주가 4명 외에도 안기영, 박경희, 이승학, 안성교, 계정식, 김재훈, 최창은, 김영길, 이면상 등의 활동이 있었지만, 일본악단을 기준으로 보며 평가에 인색했던 김관이 한 해를 통틀어 '주목'받을 음악가로 꼽은 것은 이인선과 김재훈 2명뿐이다.[30] 김재훈은 독일 유학을 했고, 이인선은 1937년 이탈리아 유학을 마치고 귀국하였으니 웬만한 일본음악가들과 비교해도 손색이 없었을 것이다.

김관보다 긍정적인 평가를 내렸던 이승학도 1937년 "조선악단은 작년보다 금년이 연주가수로서 보면 훨신 늘어왔고, 그 질적 수준으로서도 놀낼만한 진보"가 있었다고 진단한다. 그럼에도 "조선음악계의 향상과 발전을 낙관할 수 없다."고 경고하였다.[31] 조선양악계가 1930년 중반 이후 1937년 확실히 이전보다 양적, 질적 수준이 향상된 감이 있었지만, 한 단계 약진하는 것은 한 해 후인 1938년이라 할 수 있는데, 다음에서 고찰하고자 한다.

29 김영희, 〈일제시기 라디오의 출현과 청취자〉 《韓國言論學報》 46-2, 2002, 161~165쪽.

30 김관, 〈문화의 일년간 ④: 기구 상실증 악단〉 《조선일보》, 1937년 11월 26일.

31 이승학, 〈연예계회고 (3), 음악계의 일년 신인들이 배출 (상)〉 《동아일보》 1937년 12월 21일.

2) 1938년 약진하는 조선양악계

1938년 부민관에서 개최되었던 공연 중에서 양악, 대중음악, 전통음악, 방악 등 장르에 상관하지 않고, 또 일본인, 조선인, 외국인 등 민족을 구별하지 않고 현재 파악되는 음악공연은 약 50회이다. 이 중에서 1938년 상반기 조선양악계의 부민관 공연은 국민찬가 발표회(1월 21일), 임상희 독창회[32](3월 3일), 중앙보육 음악회(3월 4일), 류부용 독창회(4월 15일), 채선엽 독창회(5월 5일), 경성음악전문학원 창립기념음악회(5월 10일), 정훈모 독창회(5월 20일), 6월에는 신인음악회(6월 14일), 안기영문하생발표회(6월 27일), 맹인악단 연주회(6월 28일) 등이 있었다.

1937년 상반기에 비해 증가하는 1938년 상반기 추세는 하반기에도 이어진다. 이승학문하생 발표회(9월 7일), 경성음악전문학원 연주회(10월 20일), 안병소 제금독주회(10월 28일), 이관옥 독창회(11월 4일), 연전 제16회 음악회(11월 11일), 안병소 2차 제금 독주회(11월 15일),[33] 진명고녀 음악회(11월 23일), 매일신보 주최 신인음악회(12월 8~9일), 경성현악4중주단 음악회(12월 7일), 경성음악협회 제1회연주회(12월 5~6일) 등 10회 이상 개최되었다.[34] 1938년에 경성의 클래식 음악애호가들 사이에서 큰 화제가 된 유명 외국인 연주회는 레오 시로타Leo Sirota[35]의 피아노 독주회 정

32 임동혁의 일본부인이지만, 조선 이름 임상희로 조선양악계에서 주로 활동하므로 조선양악계에 포함시켰다.

33 안병소는 1938년 가을에 부민관에서 2회 리사이틀을 연속으로 개최했다. 1938년은 공회당에서도 조선음악가들의 리사이틀이 이어졌다. 채동선의 제금독주회(1938년 5월 14일), 이춘자 피아노 독주회(6월 17일), 이용준 독창회 (6월) 등이 개최되었다(〈작년일년의 음악회〉《동아일보》 1939년 1월 3일).

34 소수의 조선학생들이 참여한 경성치과전문학교 음악회(11월 8일), 경성제대관현악단 정기연주회(11월 20일), 경성의전음악회(11월 22일)까지 포함하면 더 많아진다.

35 레오 시로타는 유대인으로 1930년 빈에서 반유대적 분위기를 심각하게 여기고 일

도여서 1938년 상반기와 하반기 모두 거의 한 해 내내 부민관 활동을 이어갔던 조선양악계는 상대적으로 부민관에서 존재감이 없지 않았다고 할 수 있다.

부민관에서 개최된 양악공연만 따로 놓고 보면, 1937년보다 1938년 전쟁의 심각성이 그리 드러나지 않는다. 물론 부민관 대강당에서 시국과 연관된 강연회와 지원병 입영장행회 또는 사상보국연맹 행사 등 전쟁관련 행사가 성행했던 것은 의심의 여지가 없다. 1938년 조선총독부는 〈황국신민서사〉를 만들어 조선인을 '황국신민화'하는 운동을 시작했고, 신사 참배를 강요했으며, 중학교에서 조선어교육을 폐지하고 일본어 사용 정책을 시행했다. 1937년 말 조사에 의하면, 경성부 내에 거주하는 조선인 57만 2,774인 중 일본어를 이해하는 사람의 비율은 약 30%였는데, 이것은 조선 전체 평균 11.6%보다 높은 것이었다.[36] 하지만 전쟁을 위해서는 이 정도로는 부족했으므로, 일본어교육과 내선일체 정책이 실질적으로 필요하게 되었다. 1938년 3월에는 〈조선교육령〉을 개정하여 일본학교의 명칭과 동일하게 하였고, 교과서도 일본과 차별 없이 일본제국의 문부성에서 편찬한 것을 사용하도록 하였다. 6월에는 경성제대 학생들과 이화여전 학생들을 동원하여 학교근로보국대를 모범적으로 실시하게 하는 등 전시체제를 향한 변화가 교육현장을 중심으로 뚜렷하게 감지되었다.[37]

그런데 1938년의 부민관 공연을 보면, 의외로 전쟁수행을 위한 직접적인 선전 음악공연은 그리 눈에 띄지 않는다. 상반기 부민관에서 전쟁

본으로 와서 도쿄음악학교 피아노 교수로 재직하다가 제2차 대전이 끝날 때가지 일본에 머물렀다. 전후 미국으로 재차 망명하여 재기에 성공한 피아니스트다.

36 남녀별로 보면 남자가 여자의 약3배 많다(김영희, 앞의 논문, 2002, 160쪽; 〈機密室, 朝鮮社會內幕一覽室〉《삼천리》 10-5, 1938년 5월 1일).

37 〈學園의 勤勞報國〉《조선일보》 1938년 7월 5일.

시기의 건전한 노래를 보급하는 목적으로 이루어진 국민찬가 발표회(1월 21일), 만주에서 온 오색기의 문화사절 일지日支스타의 공연(3월 2일)[38] 공연 정도가 눈에 띈다. 하반기에는 부인애국의 노래(7월 11일), 그리고 경성음악협회 제1회 연주회(12월 5~6일) 정도가 파악된다. 라디오 프로그램에서는 쉴새 없이 국민가요가 울려퍼진 것과 대조적이다. 1937년 하반기에 비해 오히려 1938년 하반기 조선인의 부민관 음악공연 프로그램에서 전쟁의 직접적 영향은 그리 두드러지지 않는다.[39]

종합하여 말하면, 1938년 조선양악계는 독일 유학생과 일본 유학생의 귀국 등을 통해 전문음악가가 조금 늘어난 덕분에 이전에 비해 활기를 띠었다고 할 수 있다. 더욱이 1938년 일본에서의 초청된 유명 외래공연도 그리 많지 않아 조선양악계는 상대적으로 부민관 무대에서 존재감이 없지 않았다. 하지만 이렇게 약진하던 조선양악계는 1939년부터 1940년 상반기가 되면, 오히려 "안채를 객에게 막기고 행낭사리를 감수"하는 비유가 나올 정도로 존재감을 잃게 된다. 1939~1940년 상반기 부민관 공연을 통해 그 배경을 살펴보고자 한다.

38 〈五色旗의 交化使節마저 盛大할 日支交驩의 밤〉《매일신보》 1938년 3월 26일. 2부에서는 문예봉, 사사키신자 및 만주국 쪽 가수가 공연했다.

39 재조일본음악가들과 조선 양악가들이 함께 무대에 서는 공동음악회는 경성음악협회 연주회에서 이루어지는데, 제1회 연주회에는 테너 이인선, 바리톤 전형철, 바이올린 홍지유, 피아노 김신덕, 이홍렬과 일본음악가 3명 — 소프라노 監原 부인, 피아니스트 平山孝志와 菅市一 — 이 참여했다. 또한 조선학생으로 이루어진 연전관현악단, 이화여전 음악부와 일본인이 주도하는 경성혼합합창단도 참여했다. 경성일보사후원으로 개최된 이 연주회의 입장권은 50전이었다(〈京城音樂協會 第1回演奏會〉《京城日報》 1938년 11월 30일).

3) 위축되는 조선양악계(1939~1940)

평론가 이호가 〈음악시평〉이라는 제목으로 《인문평론》(1940년 6월)에 발표한 비평문에 따르면, 부민관 대강당 공연에서 외래공연의 높은 비중이 조선양악계가 위축되는 가장 큰 원인이었다. 다음은 〈음악시평〉에서 인용한 것이다.

> 이번 봄 씨즌도 반이나 접어들었어야 이렇다할 컨서어트가 눈에 띄이지 않는 것은 웬탓인가? 이애내, 최창은, 이경희의 리사이탈이 있었을 뿐 (그밖에 신인연주회나 학교음악회가 몇 번 있었지만 가산 될 것은 아니다) **예년에 없이** 한산하기 짝이 없다.
> 또 앞으로 남은 달포 남즛한 씨즌이나마 대부분을 **외래연주가로 찾이케한 감**이 있으니 이것도 개점휴업적 현상이라고나 할까! 외래연주가 이야기가 나왔으니 말이지만, **작년을 통해서만치 千客萬來의 호경기**의 예는 다시 없을 것 같다.
> 비단 음악관계의 모임에 한한 현상은 아니지만 작금같이 **고율의 입장료를 징수하는데도 불구하고 초만원**을 못하는 것이 암만 인푸레이숀의 덕택 때문이라 하더라도 가히 놀낼만한 징후라 하겠다.
> 최근에 와서 **모던흥행물이 차지한 상승경기와 대수 기록적 비속취미로 타락된 무대** 우의 맨네지즘은 위안이란 명사로 캄푸라이지 되는데 xx를 준비하고 있다.[40]

40 이호, 〈음악시평〉《인문평론》 8, 1940년 6월호, 107쪽(필자 강조).
평론가 이호가 건수에서 제외하였던 신춘 졸업생 축하 연주회는 2월 28일과 29일 부민관 대강당에서 개최되었다(〈신춘졸업생축하 음악회〉《조선일보》 1940년 2월 25일).

이 비평문의 요지는 크게 4가지로 분석·요약할 수 있다. 첫째, 1939년과 1940년의 경성공연계의 현상에서 무엇보다 두드러지는 것은 조선양악계의 부진이었다. 즉 베를린유학을 마치고 귀국한 이애내의 피아노 리사이틀이 1939년 12월 2일, 테너 최창은의 독창회가 1940년 4월 30일 부민관에서 개최되었고, 이경희의 피아노 리사이틀이 1940년 5월 3일 이화여전 강당에서 개최된 것 정도에 그쳤다. 둘째, 이와는 대조적으로 1939년부터 1940년 상반기 외래 연주가의 초청공연은 '많은 손님이 번갈아 찾아온다.'는 의미의 "천객만래"라고 표현할 정도로 유례없는 성황을 이루었다. 1940년 남은 상반기 일정에도 크게 달라질 것이 없었다. 평론가 이호는 1940년 6월 15~16일 경성 양악애호가의 관심을 독점하는 신교향악단의 제2회 경성연주회를 염두에 둔 듯하다. 셋째, 이런 외래 공연들은 매우 높은 입장료에도 불구하고 초만원의 관객이 동원되었다. 이는 인플레이션을 감안하더라도 매우 놀라운 현상이며, 더욱이 음악공연에 국한된 것이 아니라 공연계 전반의 현상이었다. 넷째, 결론적으로 공연계 전반의 흥행이 상승경기를 타는 현상 이면에는 모던 흥행물과 상업적 무대가 '전쟁 위문'이라는 핑계로 판을 치고 있음을 꼬집고 있다. 결국 이런 상황에서 흥행에서의 경쟁력이 약했던 조선양악계는 한산하기 짝이 없는 "개점휴업"상태에 처했다고 주장한다.

이호의 주장처럼 1940년 조선양악계의 좁아진 입지가 어느 정도인지는 1940년 3월 부민관 대강당 공연 일정을 보면 알 수 있다.[41]

41 1940년을 통틀어 조선양악계의 부민관 연주회는 이인선(1월 16일), 최창은(4월 30일), 정세원(11월 8일), 이인범(11월 27일)의 독주회와 신춘명류음악회(1월 13일), 신인음악회(5월 10일), 추계대음악회(9월 23일)에 그칠 정도로 위축되었다.

〈표 1〉 1940년 3월 부민관 대강당 공연 일정

번호	날짜	일수	공연명	장르
1	3월 2~3일	2일	**별갑제호환 낭곡회**	일본전통음악
2	3월 4~5일	2일	**후지하라 요시에 독창회**	서양음악
3	3월 6~7일	2일	**도쿄 스윙 쇼**	대중음악
4	3월 8일	1일	경성 보육학교 음악회	서양음악
5	3월 9~11일	3일	**재영급 출정병사 가족 초대회** (제35회 육군기념일)	위문연예
6	3월 16일	1일	**경성YMCA 음악회** **(하프 트리오와 독창의 밤)**	서양음악
7	3월 18일	1일	**경성사범학교 황기2600년 봉축음악회**	서양음악
8	3월 20~22일	3일	**시천수미장일좌(市川壽美藏一座)**	일본전통음악 (가부끼)
9	3월 23~25일	3일	극단 고협공연	연극
10	3월 26일	1일	인기가수 재담. 방송예술가 실연의 밤	방송연예
11	3월 27~29일	3일	*학우 영화회	영화
12	3월 30일	1일	**방호과 영화 음악회(조선방공의 밤)**	대중음악

출처: 〈3월 중〉《조선일보》 1940년 3월 1일과 《동아일보》 기사를 보완하여 작성함.
비고: 굵은 글씨체는 일본인 관련 공연. 단, 영화 장르는 민족적 구분이 어려움.

〈표 1〉에서 보듯이 연극 3일, 영화 3일 그리고 전쟁행사가 3일 개최되었고, 음악은 방악, 양악, 대중음악이 총 10일 이상 공연되어 다른 장르에 비해서 압도적인 비중을 차지한다. 물론 3월 일정에는 무용공연이 보이지 않는데, 예외적이라 할 수 있다. 무엇보다 눈에 띄는 것은 조선 음악가의 이름이 거의 보이지 않는 것이다. 일본인 중심단체인 경성기독교청년회YMCA[42]가 주최하는 〈하프 트리오와 독창의 밤〉 공연에는 하프 솔로에 사

42 1940년이 되면 조선인이 주도했던 조선중앙YMCA는 일본인이 주도하는 경성

사노 시즈에[篠野静江]를 비롯하여, 첼로, 플룻, 성악가 모두 일본 음악가들이 출연하였다.[43]

또한 경성사범학교 음악회에 소수의 조선인 학생들도 참가했겠으나, 조선인이 주도하는 음악행사는 아니었다고 할 수 있다. 경성사범학교의 학생 다수가 재조일본인이었고, 교장을 비롯하여 교사들도 일본인들이었다.[44]

양악계 뿐만 아니라 3월 부민관의 전체 공연은 일본인측이 압도적이었다. 위에서 언급한 하프 연주자 사사노 시즈에 외에도 일본에서 온 성악가 후지와라 요시에, 일본의 유명 가부키 극단 시천수미장일좌, 도쿄 스윙쇼, 별갑제호환 낭곡회 공연이 그렇다. 또한 〈조선방공의 밤〉 공연에도 유명한 일본 빅타의 전속 유명가수 도쿠야마 다마키[德山漣]와 다키타 기쿠에[瀧田菊江]가 3월 30일 부민관 무대의 스포트라이트를 받은 주역이었다.[45] 3월 부민관 대강당 공연이 일본인중심의 프로그램이었던 반면, 조선인의 공연은 고려영화협회에서 창설한 '극단 고협'의 연극공연과 경성보육학교 음악회 그리고 방송실연의 밤 정도였다. 다시 말해, 3월 총 23일 공연에서 장르를 막론하고, 조선인 공연 전부를 합쳐도 5일에 불과하다. 더욱이 '조선양악계'의 연주회는 아예 없으므로, 조선양악계가 '셋방살이'를 하고 있다고 비판한 이호의 지적이 타당해 보인다.[46] 1940년 4월 공연에서는 조

YMCA에 통합, 흡수된 후였다(이경분, 〈문화 · 정치적으로 본 신교향악단의 경성연주회(1939-1940)〉《한국예술연구》 29, 2020, 145~146쪽). 경성YMCA 건물은 장곡천정에 위치했다.

43 《조선일보》 1940년 3월 1일의 〈3월 중〉에는 'YMCA 연주회'로 되어 있지만, 경성YMCA에서 주최한 "하프 트리오와 독창의 밤"을 의미한다. 입장료는 3 · 2 · 1원이었다(〈하프트리오와 독창의 밤〉《동아일보》 1940년 3월 9일).

44 음악교사는 요시자와 미노루[吉澤実]였다.

45 〈朝鮮防空의 밤 京城等 五處에서〉, 《조선일보》 1940년 3월 2일.

46 이호, 〈셋방사리 악단. 봄씨-즌 악계의 부진〉《매일신보》 1940년 5월 21일.

〈표 2〉 1940년 4월 부민관 대강당 공연 일정

번호	날짜	일수	공연명	장르
1	4월 2~6일	5일	오케 레코드 쇼	대중음악
2	4월 8~10일	3일	극단 예화좌(藝花座)공연	연극
3	4월 11~12일	2일	조택원 〈춘향전〉 무용회	무용
4	4월 13~14일	2일	**노(能)회 (野野村謙三씨)**	일본예능
5	4월 16일	1일	**히까리 무용회**	무용
6	4월 17~21일	5일	**다카라즈카 쇼**	대중음악
7	4월 22~25일	4일	**증아천가오랑일좌 (曾我廼家五郎一座)**	일본예능
8	4월 27~28일	2일	*학우 영화회	영화
9	4월 29일	1일	**천장절(天長節)의 밤 (천청회 주최)**	일본예능
10	4월 30일	1일	음악학원의 음악회 (최창은 음악회)	서양음악

출처: 〈부민관 메모〉《조선일보》 1940년 4월 2일과 《동아일보》 기사를 보완하여 작성함.
비고: 굵은 글씨체는 일본인 관련 공연. 단, 영화 장르는 민족적 구분이 어려움.

금 나아지지만, 큰 차이는 없다.

4월 일정에서 가장 유명한 단체는 아마도 다카라즈카[宝塚] 가극단과 일본 전통희극의 원조라고 할 수 있는 소가노야 고로[曾我廼家五郎] 초청공연일 것이다. 4월 일정(총 26일 공연)에서도 음악공연의 비중은 총 13일로 높다. 연극(7일), 무용(3일), 영화(2일), 기타 혼합공연(1일)의 4가지 장르를 모두 합한 것과 맞먹는 비중이다. 4월에는 조선인 공연이 4개 들어있는데, 오케 레코드쇼, 극단 예화좌, 조택원의 무용회 〈춘향전〉 그리고 최창은 음악회이다. 3월에 비해 조선인 전체 공연은 오케 레코드 쇼가 5일간 개최되어 그나마 체면을 세웠다. 조선인 양악음악회는 최창은 음악회가 유일했다.

특히 4월 부민관 흥행공연 중 하나였던 일본의 유명한 다카라즈카 가극단이 1940년 처음으로 경성공연을 했으므로, 경성인들 사이에서는 문화적 이슈가 되었다. 150여 명이 등장하는 대형 쇼 프로그램은 오페레타 〈빛나는 2600년〉, 고전가극 〈춘향전〉, 희극폭소대 〈신부열차〉로 수준 높은 다카라즈카 소녀가극단의 관현악단이 반주했다. 이에 대해서는 뒤에서 자세하게 다룰 것이다.[47]

그 외, 일본 예능단체 노[能]회는 경성상공회소 의원 노노무라 겐조[野野村謙三]와 같은 아마추어 재조일본인들의 단체이고, '히까리 무용회'는 경성의 일본 어린이 무용발표회이다.[48] 또한 극단 예화좌[藝花座]가 藝'華'座의 한자 오류라면, 이 극단은 1920년대 주로 지방에서 활동했던 조선인 신극단이었다.[49] 이들 아마추어 단체가 바로 김수향이 《매일신보》에 발표했던 비평문 〈부민관의 권위. 공연물을 정선하라〉(1940년 6월 10일)에서 비판되었던, 부민관의 권위를 추락시키는 "이름도 모를 무악예술가, 이름도 없는 극단"이었는지는 확신할 수 없다.[50]

4. 부민관의 흥행과 전쟁

어쨌든 지금까지 분석한 부민관 공연의 현상에서 흥미로운 것은 부민관의 대강당의 일정에서 전쟁의 심각성이나 중요도는 거의 두드러지지 않고 있다는 점이다. 물론 1940년 3월 "재영급출정병사 가족초대회"일정이

47 〈劇團寶塚쇼 來演〉《동아일보》 1940년 4월 14일.

48 현재 파악한 자료에 의하면 히카리 무용회는 1936년 5월 2일 제11회, 10월 31일 제12회, 1937년 4월 2일 제13회 무용발표회를 부민관에서 개최했다(〈ひかり舞踊會〉《朝鮮新聞》 1937년 3월 25일).

49 장도선을 중심으로 한 조선인 극단임을 다음 신문기사에서 알 수 있다(〈藝華座一行〉《조선일보》 1929년 4월 11일; 〈劇藝術運動과 文化的使命(五): 朝鮮民族과 新劇運動 2〉, 《동아일보》 1929년 10월 22일; 〈舞臺에서 發火〉《동아일보》 1931년 4월 27일).

50 김수향, 〈부민관의 권위: 공연물을 정선하라〉《매일신보》 1940년 6월 10일.

있긴 했지만, 오히려 돋보이는 것은 도쿄스윙 쇼, 다카라즈카 쇼, 이치카와 스미조[市川壽美藏] 일좌, 소가노야 고로 공연과 같은 유명 외래단체의 화려한 공연이었다.

1) 부민관의 상업화와 오락화

물론 부민관의 흥행 현상은 1939~1940년 음악공연보다 영화 쪽에서 더욱 두드러지는 현상이었다.[51] 즉 부민관 흥행이 호황기를 누린 것은 비단 음악공연에 국한된 것이 아니라는 의미이다. 다시 말해 공공기관인 부민관의 활발한 흥행으로 인해 모서리로 몰리는 것은 조선음악계 뿐만이 아니었다. 1939년 하반기 경성의 사설 극장과 영화관의 볼멘소리가 있었는데, 요지는 부민관에서 공익적 행사가 아닌 영리업자들의 부민관 흥행 사업을 금지해야 한다는 항의였다. 《조선일보》 1939년 9월 20일자에는 경성의 와카쿠사[若草] 영화극장, 명치좌, 황금좌 등의 경영자들로 이루어진 경성흥행협회 대표자들이 순전히 영리를 목적으로 하는 업자들의 "부민관 사용을 금지하도록 하여 달라"고 진정서를 올렸다는 기사가 있다.[52] 부민관에서는 1936년 3월 조직된 경성학우 영화회가 매주 셋째, 넷째주 토요일과 일요일에 지속적으로 영화를 상영하였고, 초등학교 아동부터 모든 연령층의 관객에게 개방되었다. 부민관 대강당은 사설 극장보다 더 많은 관객을 수용할 수 있었으며, 더 모던한 시설로서 관객동원에 유리했으므로 사설 극장을 위협하는 경쟁 상대가 되었던 것이다. 위기에 처한 경성흥행협회 대표자들은 경성의 본정 경찰서 보안주임 사토[佐藤]에게 쇼나 영화 상영등 자신들의 영업에 지장을 주는 경쟁업자들로부터 자신들을 보호할

51 이민희·김계자 편역, 《일본인, 경성을 보고 듣고 느끼다》, 역락, 2016, 109~112쪽.
52 〈府民舘의 興業化 興行協會에서 抗議〉《조선일보》 1939년 9월 20일.

의무를 요구했다. 사토 주임도 "부민관이 오락화하였다는 평"이 있음을 잘 알고 있었으며 "서장에게 말해서 선처하겠다"고 한다.[53] 부민관은 공적인 기능을 가진 문화공간이므로, 순전히 영리목적을 위한 흥행 공연은 공공성을 저해한다는 논리인데, 이것은 일단 받아들여졌다. 하지만 김수향의 《매일신보》 비평문 〈부민관의 권위. 공연물을 정선하라〉(1940년 6월 10일)를 보면, 1940년 6월이 되어도 부민관이 여전히 돈벌이 행사를 지속하고 있음을 알 수 있다.

> 그런데 이즘 이름도 모를 무악예술가, 이름도 업는 극단이 버젓하게, 부민관 홀에서 공연되는 것을 볼 때 아모리 돈으로 사용권이 허락되는 부민관이라 하나 일방의 부민관이 반도에 잇서서 내외무대예술의 유일한 상항이란 것을 생각할진대 부민관의 권위를 위하여서라도 권위잇는 이 무대에서 공연되는 홍행물을 정선할 필요가 잇다[54]

위의 기사에서 1940년 부민관에는 예술적 수준이 되지 않는 단체라도 돈만 지불하면 부민관 무대를 사용할 수 있었던 당시 정황을 읽어낼 수 있다. 수준이하의 무명 단체가 부민관에서 연주를 많이 하면 할수록, 흥행수익을 위해 이용되는 사례가 많으면 많을수록 부민관의 권위에 손상이 커질 수밖에 없다는 우려가 들어있다. 비평가 김수향의 판단기준에 따르면, 부민관의 권위를 유지할 수 있는 고상한 예술은 쟈크 티보Jacques Thibaud, 레오니드 크로이처Leonid Kreutzer와 같은 세계적인 외국음악가 또는 하얼빈 교향악단, 신교향악단과 같은 경성에 없는 전문음악단체 그리고

53 〈府民舘의 興業化 興行協會에서 抗議〉《조선일보》 1939년 9월 20일.
54 김수향, 〈부민관의 권위: 공연물을 정선하라〉《매일신보》 1940년 6월 10일.

일류 무용단을 포함한다.[55]

이처럼 1940년 부민관을 둘러싼 분위기는 중일전쟁 초기(1937~1938년) 상황과는 사뭇 달랐다. 효과적 전쟁수행을 위해 1937년 9월에 국민정신총동원령이 내려졌고, 조선총독부의 종용으로 1938년 6월 국민정신총동원 조선연맹이 조직되었으며, 7월에는 시국대응사상 보국연맹이 결성되었다. 특히 1938년 중일전쟁이 장기전으로 진행되면서 일본의 고민이 깊어가고 있을 때였으므로, 일본이 망하면 조선 독립이 가능해지는 논리에 의해 조선인의 정신적 해이를 철저하게 통제해야 할 필요성이 대두되었다. 이런 맥락에서 1938년 8월 15일 일본에는 없는 '조선방공防共협회'가 조직되었다.[56] 음악분야에서는 전쟁을 위한 내선일체 정책에 호응하여 1938년 10월 31일에는 조선총독부 학무국장을 회장으로 하고, 경성의 일본인, 조선인 음악교사들을 회원으로 하는 '경성음악협회'의 발족회를 부민관 소강당에서 개최하였다. 물론 조선총독부가 관여한다고 해서 조직이 일사불란하게 움직이는 것은 아니었다.[57] 경성음악협회의 활동은 이후 1940년 말까지 흐지부지 되었지만, 레코드, 라디오, 잡지, 신문을 통한 국책선전은 매우 활발했다.

다시 1940년 경성의 오락화현상으로 돌아와서, 당시 상황이 어떠했는

55 김수향, 〈부민관의 권위: 공연물을 정선하라〉《매일신보》 1940년 6월 10일.

56 이태훈, 〈일제말 전시체제기 조선방공협회의 활동과 반공선전전략〉《역사와 현실》 93, 2014, 129~176쪽 참고.

57 앞에서도 언급했듯이 1938년 가을 결성된 경성음악협회는 1939년 11월 28일 제2회이자 마지막 음악회를 개최할 정도로 활동이 저조했다. 전쟁발발 직후인 1937년 하반기에 비해 1939~1940년 부민관에서의 애국가요나 건전가요 발표회가 특별나게 눈에 띄는 것도 아니었다. 이런 분위기가 확실하게 달라지는 것은 1941년이다. 1941년 1월 25일 조선음악협회가 결성되고, 음악에서의 동원체제와 통제가 본격화되어 가는 분위기는 1941년 12월 태평양전쟁을 기점으로 전과 후로 나뉘게 된다.

지를 보다 폭넓게 짐작할 수 있는 흥미로운 기사가 1940년 2월 9일자 《조선일보》에 〈戀愛物이 너무만타〉라는 제목으로 실려 있다.[58] 처음 전쟁이 시작되었을 때는 영화사들이 〈다섯의 척후병〉, 〈상해육전대〉, 〈노영의 노래〉 등 전쟁 시국에 관한 영화를 쏟아내었지만,[59] 1940년에 이르러서는 오히려 전쟁의 장기전으로 영화계의 분위기가 꽤 느슨해졌고, 수익 목적으로 연애물 상연이 많아졌음을 암시한다.

> 요즘에 이르러 사변도 점차 본격적 장기전으로 들어가자 일반영화의 내용도 점점 저하되어가는 경향에 빠져서 어느때는 **시국에 배치되는 경향의 작품까지도** 나타낫스므로 내무성에서는 근일 중으로 일반업자들과 간담회를 열고 맹성을 구하게 되엇다고 한다. **내무성**의 희망으로서는 영화법 제1조의 '국민문화의 진전에 관한 것이기 때문에 영화의 질적 향상을 촉진하고 영화사업의 건전한 발달을 도모한다.'이가튼 항목을 기준으로 하고 잇는 만큼 일층 자중하여 지도적 정신을 가지고 국민정신 작흥촉진에 노력하여 주기를 바란다는 데 잇다한다.[60]

이 기사는 1940년 전쟁의 장기전으로 인해, 처음 중일전쟁이 시작되었을 때의 분위기와는 상당히 달라졌음을 말해주고 있다. 전쟁초기에는 "수만흔 군사물을 비롯해서 일반작품도 국책선상에 보조를 맞추어 시국을 기피 깨닷고 인식하도록 하는 동시에 성전 수행에 대하여 국민의 사기를 고취하기에 노력"[61]하였다. 하지만 1940년 전쟁이 깊어 가는데 오히려

58 〈戀愛物이 너무만타〉《조선일보》 1940년 2월 9일.
59 〈戀愛物이 너무만타〉《조선일보》 1940년 2월 9일.
60 〈戀愛物이 너무만타〉《조선일보》 1940년 2월 9일(필자 강조).
61 〈戀愛物이 너무만타〉《조선일보》 1940년 2월 9일.

사적 연애물이 점점 증가하고 있는 현상이다. 다시 말해, '시국에 배치되는' 영화가 버젓이 상영되고 있다는 말이다. 이 지경에 이른 것은 그동안 당국이 흥행을 위해 시국에 맞지 않다고 여겨지는 연애 오락 영화까지 묵인했기 때문에 일어난 것이 아니었을까 한다. 위의 기사에서 눈여겨 볼 것은 이런 현상에 대해 시동을 걸고 통제하는 당국은 조선총독부가 아닌 일본 정부의 내무성인 점이다. 당시 조선의 영화산업은 일본의 직접적인 영향 하에 놓여있었으므로, 《조선일보》기사는 일본과 조선의 영화계를 동일시하며 작성되었다고 할 수 있다.

결론적으로 신문은 "황기 2600년을 마지해서 국체의 존엄을 강조하여 비상시 일본의 현상을 일층 정확하게 인식시키어 국민문화의 진전에 도움"이 되어야 하는데, 이것은 군사영화뿐 아니라, 일반영화작품도 적용된다고 강조하고 있다.[62]

2) 부민관의 흥행공연: 클래식, 대중음악, 일본예능

앞에서 언급되었듯이, 부민관에서 1939~1940년 문화적 이슈가 된 사건은 일본에서 온 외래 유명 초청공연이었다. 1939년 3월 하얼빈 교향악단의 연주회, 6월 신교향악단의 제1회 경성 연주회, 10월 하얼빈 오페라의 공연, 1940년 연초 피아니스트 레오니드 크로이처를 시작으로 후지와라 요시에 가극단(봄과 가을 2회 공연), 도쿄 스윙, 다카라즈카 가극단, 일본소녀가극좌, 신교향악단 제2회 경성연주회, 일극 댄싱팀, 일본전통예능단체, 만주국의 신경교향악단 등 1939년과 1940년에 몰려있다. 흥행으로 주목받았던 대표적인 음악공연을 대략 클래식, 대중음악, 일본전통예능의 장르로 구분하여 살펴보고자 한다.

62 〈戀愛物이 너무만타〉《조선일보》 1940년 2월 9일.

(1) 외국인 콘서트와 외래 교향악단 연주회

먼저 1939년 봄 시즌에 경성역사상 최초로 전문교향악단의 연주회가 있었는데, 말로만 듣던 하얼빈 교향악단이 첫 경성연주회를 3월 26일 부민관에서 개최했다. 《경성일보》 기사에서 강조되는 것은 "반도최초"와 "본격적인 심포니"였다.[63] 한반도에서 역사상 처음으로 전문교향악단의 라이브 연주회인 만큼 기대가 컸던 것이다.

더욱이 같은 해 6월에는 일본의 자랑인 신교향악단도 하얼빈교향악단에 뒤질세라 첫 경성 연주회를 개최했다. 1939년 갑자기 2개의 외래 전문교향악단이 짧은 간격으로 경성에서 첫 역사적 연주회를 개최한 것은 이전에 보기 힘들었던 현상이었다. 특히 하얼빈교향악단보다 더 비싼 신교향악단의 연주회 입장권은 전국에서 모여든 교향악 애호가에 의해 금세 매진되었다.[64] 또한 1939년 가을시즌에도 하얼빈 오페라단과 발레단의 화려한 경성 공연이 역사상 처음 개최되었다.[65]

1940년 1월 25일에는 도쿄음악학교에서 피아노를 가르치고 있던 레오니드 크로이처 교수의 독주회가 개최되어 경성 음악애호가들의 관심을 독차지했다. 크로이처는 베를린음악학교에서 피아노 교수로 재직 중이었으나 나치가 권력을 장악하자, 베를린음악학교 교수직을 조기 퇴직할 수밖에 없는 처지가 되어 일본으로 망명했다. 경성일보사 주최로 개최된 크로이처 독주회에 대해서는 《경성일보》에만 거의 2주 간 약 10회의 광고와 기사 및 인터뷰가 게재되었다. 경성이 떠들썩했던 하얼빈 교향악단에 관

63 이경분, 〈중일전쟁 시기 동아시아 교향악단 교류: 하얼빈교향악단의 일본연주여행과 경성연주회(1939)를 중심으로〉 《아시아리뷰》 7-2, 2018, 130쪽.

64 각각 최고 입장권은 4원과 5원이었다(이경분, 앞의 글, 2018, 136쪽).

65 〈『조 — 릿치·안드레바 —』 오페렛타단 來演〉 《조선일보》 1939년 9월 29일.

피아니스트 레오니드 크로이처
출처: Wikimedia Commons.

한 《경성일보》의 기사 및 광고가 총 12회였던 것[66]과 비교해도 크게 적지 않다.

또한 1940년 6월에 신교향악단의 제2차 경성연주회가 예정되어 있어서 이호가 비평문 〈셋방사리 악단. 봄씨즌 악계의 부진〉을 썼을 때의 분위기는 경성팬의 관심과 기대가 고조되어 벌써부터 뜨거웠다. 1939년 1차 경성연주회와 달리, 1940년 2차 연주회에는 신교향악단의 상임지휘자 요제프 로젠슈토크Joseph Rosenstock가 직접 온다는 소식에 음악애호가들의 열광은 최고조에 이르렀다. 로젠슈토크는 베를린에서 활동하던 지휘자로 나치가 권력을 장악하자 크로이처와 마찬가지로 일본으로 망명해온 유대계음악가였다. 나치의 유대인 핍박이 없었다면 일본에 올 생각조차 할 필요가 없었을 정도로 유명 지휘자였던 로젠슈토크는 1946년까지 머물면서 도쿄의 신교향악단이 현재의 NHK 교향악단으로 성장하는 기초작업에 크게 기여한다. 신교향악단의 라이브 연주는 경성의 교향악 애호가들에게는 그야말로 "반기적"과도 같은 일이었다.[67] 경성에는 경성제대 교향악단이 있어 매년 정기연주회를 했고, 20~30명 규모의 경성방송관현악단, 경성교향악단 등이 활동하고 있었지만, 모두 아마추어 수준이어서 조선양악인들에게 신교향악단과 같은 전문 교향악단의 부재는 '문화도시 경성의 치욕'으로 여겨질 정도였다.[68]

66 이경분, 앞의 글, 2018, 130쪽.
67 이경분, 앞의 글, 2020, 139쪽.
68 이경분, 앞의 글, 2018, 138~139쪽.

(2) 초대형 일본 가극단

경성에서 황기 2600년 기념봉축을 내세우면서 보다 폭넓은 대중적 관심을 모았던 장기공연은 흥행을 위해 일본에서 초청된 대규모 유명 가극단의 무대였다고 할 수 있을 것이다.[69] 다카라즈카 가극단이 4월 17일부터 21일까지 5일간 공연되었고, 도쿄의 일극댄싱팀도 '황기 2600년'을 내세우는 공연을 6월 1일부터 5일까지 5일간 부민관에서 성황리에 개최했다. 두 공연 모두 하루 주야 2회 공연이었으므로, 실제로는 10회 공연을 하였다. 흥미로운 것은 다카라즈카 가극단이 경성부민관에서 공연을 하게 된 배경이다. 《경성일보》의 초청으로 오게 된 일극댄싱팀과 달리 다카라즈카 쇼 공연은 경성의 다카바야시[高林] 상사의 초빙, 《조선일보》 후원으로 개최되었다.

종로 도염정(현재 도염동)에 회사를 두고 경영하던 다카바야시는 1940년 1월에 흥행부를 설치하여 조선에 다카라즈카와 같은 가극단을 창설하고자 준비사업을 전개하면서 오사카 다카라즈카의 유명 연출감독 기시다 다츠야[岸田辰彌]를 만나 다카라즈카 쇼를 추진, 초빙하게 된 것이다.[70] 기시다의 인솔 하에 단원 70여 명이 경성에 왔는데, 단원은 오사카의 다카라즈카 소녀가극단 출신과 동경 신주쿠의 물랑 루즈의 멤버 등으로 구성되었다.[71] 등장인물이 총 150명이나 되는 대규모 호화판 공연의 프로그램은 그랜드 레뷰 〈빛나는 2600년〉과 고전가극 〈춘향전〉 그리고 희극 〈신부열차〉였다. 이 중에서 가장 인기가 높았던 것이 스펙터클한 〈빛나는 2600년〉이었다고 한다.[72] 입장권은 앞에서 언급한 클래식 공연이나 나중에 서술될 가부키[歌舞伎], 노가쿠[能樂]보다 훨씬 저렴하여 3원 균일이었다.

69 〈東寶日劇 ダンシング・チーム 紀元2600年奉祝大公演〉《京城日報》 1940년 5월 8일.
70 〈보총가극단 4월중순경 부민관 공연〉《매일신보》 1940년 4월 3일.
71 〈喜歌劇界의 一流網羅 名物寶塚쇼-來演〉《조선일보》 1940년 4월 5일.
72 〈豪華의 舞臺寶塚쇼—〉《조선일보》 1940년 4월 20일.

다카라즈카 쇼 호화공연 광고
출처: 《조선일보》 1940년 4월 16일.

다카라즈카 쇼의 무대장면
출처: 《조선일보》 1940년 4월 5일.

여기에 《조선일보》 독자는 2원으로 할인되었고, 어린이는 1원 40전으로,[73] 보다 넓은 조선인 관객층을 염두에 둔 공연이었다. 《조신일보》 4월 18일자 기사에는 밀려드는 관객으로 초만원을 이루었지만, "푸로가 진행함에 따라 객석은 다만 경탄과 감격으로 고요하엿다"고 보도하고 있다.[74]

'황기 2600년'을 위한 선전 의도가 뚜렷했던 4월의 다카라즈카 쇼 공연은 조선일보사의 후원이었으므로, 《조선일보》와 《동아일보》 등 한글 신문에 대대적으로 홍보되었던 반면, 6월의 일극댄싱팀 공연은 경성일보사 주최로 개최되어 한글 신문의 보도는 거의 눈에 띄지 않는다. 《경성일보》는 일극댄싱팀의 경성 공연에 대한 첫 기사를 5월 8일 내보낸 이후, 한 달 내내 집중적으로 광고와 기사를 쏟아내었다.

일극(니치게키)댄싱팀은 1935년 9월 도호 산하의 일본극장에서 쇼 댄

73 〈레뷰 — 界의 豪華陣 迫頭한寶塚쇼 — 公演〉《조선일보》 1940년 4월 13일.
74 〈寶塚쇼 — 제1일 대성황〉《조선일보》 1940년 4월 18일.

서를 모집하여 1936년 1월 13일 〈재즈와 댄스〉라는 타이틀로 첫 공연을 했는데, 1936년 6월 11～30일 4회 공연부터 '일극(니치게키)댄싱팀'이라는 타이틀로 활동하여 명성이 높아졌다. 일극댄싱팀의 경성공연의 등장인물은 다카라즈카 쇼 공연보다 약간 규모가 작은 130여 명이었지만, 일극댄싱팀의 공연입장료는 특별석 4원, 일등석 3원, 보통석 2원으로 다카라즈카 쇼 공연보다 비쌌다.[75]

일극댄싱팀의 경성 공연 광고
출처: 《京城日報》 1940년 5월 21일.

오른쪽의 《경성일보》의 광고에는 "본극단은 일본 최고의 스테이지 쇼우", "반도최초의 본격적인 호화 발레"이며, "본격적 레뷔의 다수가 바다를 넘어 원격지 공연은 이번이 최초"라고 선전하고 있다. "기원 2600년 봉축 대공연"임을 내세우고 있지만, 공연 프로그램에는 다카라즈카 쇼의 〈빛나는 2600년〉와 같은 작품은 없다.

오히려 흥미로운 것은 다카라즈카 쇼에도 〈춘향전〉이 프로그램에 들어 있었듯이, 일극댄싱팀의 프로그램에도 조선레뷔 〈무녀의 춤〉이 포함되어 있는 것이다. 일본 공연프로그램에 조선의 고전극과 춤이 포함된 것은 1940년을 전후로 하여 일본에서 일었던 '조선붐'과 연관이 있었다.[76] 특히 다카라즈카 쇼의 〈춘향전〉은 조선붐의 도화선이 되었던 장혁주의 〈춘향

75 〈薫風の半島に贈る〉《京城日報》 1940년 5월 21일.
오후 1시 프로그램은 2원 균일이었다(《매일신보》 1940년 6월 2일).
76 신하경, 〈일제 말기 '조선붐'과 식민지 영화인의 욕망: 영화 〈반도의 봄(半島の春)〉을 통해〉 《아시아문화연구》 23, 2011, 87～88쪽.

일극댄싱팀의 〈조선레뷰〉 공연 장면
출처:《京城日報》 1940년 5월 10일.

전〉을 각색한 것인데,[77] 당시 〈춘향전〉의 인기가 어떠했는지를 재확인 할 수 있다.

(3) 일본전통예능

1940년 부민관의 흥행에는 '황기 2600년 기념'을 내세운 일본의 일류 노가쿠와 가부키 및 방악 공연도 기여했다. 부민관을 '재조일본인의 대극장'으로 만든 분위기를 이해하기 위해 먼저 부민관 대강당의 일본식 건축 구조에 대한 설명이 필요하다.

부민관 대강당이 대규모 일본예능을 전문적으로 할 수 있는 무대가 되었던 것은 부민관 이전 시대 경성의 음악문화와 다른 점이라 할 수

77 〈레뷰 — 界의 豪華陣 迫頭한 寶塚쇼 — 公演〉《조선일보》 1940년 4월 13일.

있다. 부민관이 없었을 시기 경성의 재조일본인은 도쿄의 대[大]가부키단다이이치자[大一座] 이치무라 우자에몬[市村羽左衛門]의 경성 초청공연을 추진하여 1935년 7월 아사히좌에서 개최하였지만, 좁은 공간과 극장 설비의 부족으로 만족스럽지 못한 행사가 되었다.[78] 하지만 부민관 완공 이후 일본본토의 유명 가부키와 대규모 노가쿠 예능단을 유치하는 것도 수월해졌다. 물론 1937년 6월 2일부터 6일까지 개최되었던 이치카와 엔노스케[市川猿之助] 가부키 공연을 위해서는 부민관 대강당의 무대를 일부 확장 개조하는 일도 없지 않았다.[79] 이후 1938년 상이군인과 출정병사 유가족 위문을 위해 미나미총독의 초청으로 왔던 나카무라 기치에몬[中村吉右衛門]일좌의 가부키 공연이 9월 25~28일 부민관에서 성황리에 개최될 수 있었다.[80] 이런 유명단체의 초청이 수월했던 것은 부민관 대강당에 하나미치[花道]가 설치되었던 것과도 관련이 있었다. 하나미치는 가부키 배우들이 들락날락하며 연기도 하는 특별 장치인데, 부민관에서는 공간 활용도를 높이기 위해 고정식과 조립식을 모두 이용하였다.[81]

지금까지 한국 근대음악사연구에서 부민관에 일본 가부키 공연을 위

78 《京城日報》 1935년 7월 13일. "경성에는 훌륭한 극장이 없으므로 좋은 연극은 오지 않는다"는 말이 있었으나(김순주, 앞의 글, 2014, 7~8쪽 재인용), 부민관 개관 이후 일본의 유명한 신협극단이 1938년 경성에서 공연을 하게 되었다.

79 〈市川猿之助 一行 府民館大講堂公演〉《京城日報》 1937년 5월 23일.

80 〈吉右衛門へ絶讃の旋風〉《京城日報》 1938년 9월 26일.
9월 26~27일은 상이군인과 출정군인 유가족을 위한 공연이었고, 수익금은 모두 국방헌금으로 기부하였다(金志善, 〈植民地朝鮮の総力戦と歌舞伎-中村吉右衛門と市川猿之助の慰問巡業を中心に〉《한림일본학》 32, 2018, 206~208쪽).

81 대강당의 무대는 40평, 폭은 22.725미터로 일본에서 가장 큰 가부키좌로 알려진 오사카 가부키좌의 무대 320평, 폭 29.997미터보다는 작지만, 가부키나 일류배우가 어려움 없이 연기할 수 있는 최소한의 넓이였다(김순주, 앞의 글, 2014, 13~14쪽).

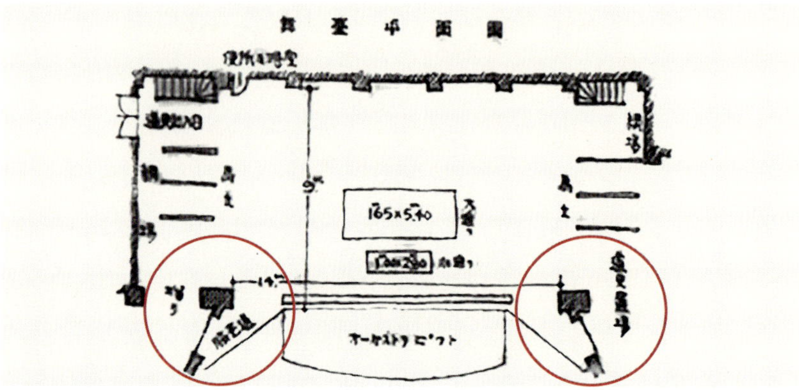

부민관 대강당 무대 평면도
출처: 土屋積, 〈大講堂の基本的調查〉《朝鮮と建築》15-3, 1936, 23쪽.
비고: 오케스트라파트의 좌우 동그라미로 표시된 곳이 하나미치임.

한 특수 시설인 하나미치가 고려되어 서술된 적은 없었다.[82] 위의 대강당 무대평면도에서 보듯이, 아래 쪽 중앙에는 오케스트라 피트オーケストラピット가 있고,[83] 그 양쪽에 하나미치[脇花道]가 있다.

부민관은 공식적으로 경성의 조선인과 일본인 모두를 위한 문화적 공간이지만, 부민관 설계에 일본 건축가가 주도하였고, 조선총독부의 의도가 관철된 공간으로서 하나미치의 설치처럼 시각적으로 볼 때 일본인의 욕구에 더 상응하는 곳이었다. 부민관에서 1938년과 1940년 조선 아악이 연주되었지만, 중앙무대를 바라보는 청중의 관점에서 보면, 하나미치가 있는 일본무대 위에서 연주하는 모습으로 비춰졌을 것이다. 부민관 대강

82 그 이유는 무엇보다도 조선음악인의 관점에서 조선양악공연만 다루었기 때문일 것이다.

83 오케스트라 피트는 음악극(오페라)이나 발레공연을 할 때, 오케스트라의 사운드가 무대 위의 성악가들의 연주를 압도하지 않도록 무대 아래쪽에 오케스트라단원이 연주할 수 있도록 만들어진 지하 공간이다.

당에 들어오면, 바로 눈에 들어오는 무대 앞 고정식 하나미치는 시각적으로 일본예능의 존재를 떠올리게 하므로, 일본인 관객은 익숙하고 친근한 느낌을 받았던 반면, 조선인 관객은 일본의 문화공간에 들어온 듯 낯선 느낌을 받았으리라 추측할 수 있다.

부민관에서 '황기 2600년 기념 봉축'을 내세운 일본의 전통예능단체의 대규모 초청공연도 상반기와 하반기에 이루어져 일본예능의 존재감을 과시했다. 1940년 상반기 3월 20일부터 22일까지 3일 간 이치카와 스미조 일좌의 가부키 무대가 부민관 대강당에서 펼쳐졌고, 6월 21일 일본의 일류 노가쿠 우메와카 로쿠로[梅若六郎]의 초청공연이 개최되었다.[84] 이 노가쿠단체의 공연은 1938년 2월 20일 이미 JODK 라디오 중계 방송을 통해 조선의 노가쿠 애호가에게 알려져 있었다.[85] 경성일보사에서 주최한 1940년의 노가쿠공연 입장료가 6원 균일이었던 것을 보면, 경성에 이런 입장료를 지불할 능력이 있는 노가쿠 팬들이 존재했음도 상상할 수 있다.

하반기에도 경성일보사 주최로 '2600년 봉축 예능회'가 11월 25~26일 부민관에서 개최되었다. 일본의 관동, 관서의 최고 일류 방악계의 명인들이 출연하는 화려한 공연이었다.[86] 이 공연의 최고입장권은 4원 50전으로 노가쿠 공연 입장권 6원이나 신교향악단의 최고 입장권 5원보다는 낮지만, 여전히 높은 가격으로 일류 공연에 속한다고 할 수 있다.[87] 부민관 개관 이후 이치카와 엔노스케나 나카무라 기치에몬과 같은 일본의 유명 가부키 배우나 나니와부시[浪花節]의 인기왕 스즈키 요네와카[寿々木米若]나

84 우메와카류는 노가쿠의 일파로서 원래 觀世流에 속했다(〈紀元二千六百年奉祝 梅若流能楽の夕〉《京城日報》 1940년 6월 20일).

85 〈ラジオ〉《京城日報》 1938년 2월 20일.

86 〈日本藝術の最高峰〉《京城日報》 1940년 11월 21일.

87 입장료가 쌌던 2월 조선 아악 공연이나 11월의 초대권 아악공연과는 대조적이다.

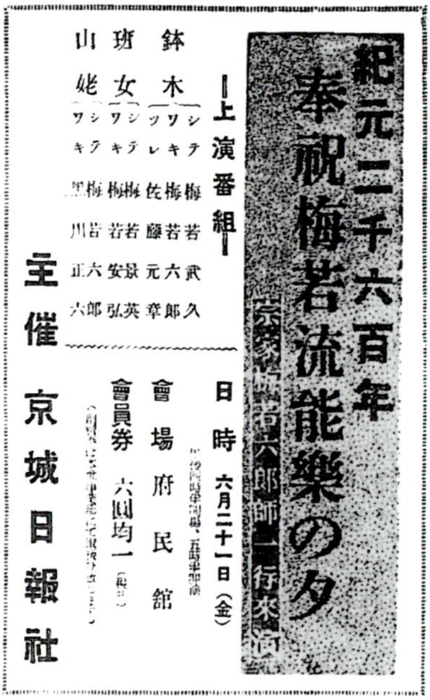

기원2600년 봉축 노가쿠의 밤 광고
출처: 《경성일보》 1940년 6월 20일.

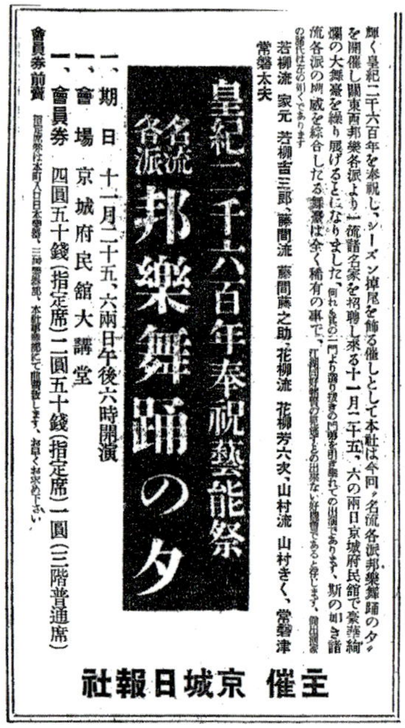

방악무용의 밤 광고
출처: 《경성일보》 1940년 11월 12일.

히로사와 도라조[廣澤虎造] 등이 경성 부민관에서 초청공연을 했다. 하지만, 1940년의 일본전통음악공연이 그 이전의 공연과 다른 점은 무엇보다도 일본황실의 2600년 봉축기념이라는 시대적 분위기였다. 이 이슈는 '전쟁 위안'이라는 이슈와 함께 부민관 흥행에 기여하였다.

3) 흥행과 전쟁의 관계

1939년과 1940년은 중일전쟁이 점점 수렁에 빠져들면서 일본 내 위기감이 점차 고조되어가던 때였음에도 불구하고, 부민관에서 의외로 흥행사업이 활발했던 것은 어떤 이유였는가. 전쟁시기에 건전·명랑한 음악을 장려하고 정치적 선전을 위한 행사가 넘쳐나는 것과 동시에 부민관의 흥행도 호황기를 맞이한 것이다. 전시상황과 부민관의 흥행 현상은 모순적으로 보아야 하는가. 그렇지 않다. 우선 전쟁을 위한 군수산업이 활발해짐으로써 사회전반이 호경기를 띠게 되었고,[88] 부민관의 흥행과 상업화가 절정에 이르게 된 것은 이런 배경과 무관하지 않았다.

1938년은 중일전쟁의 영향이 점차 사회적·정치적인 체제 변화로 나타나는 시기였다. 특히 공연 입장권에 '지나특별세금'이 부과되는 등 일상 속에도 '전쟁 상황'을 피부로 느낄 수 있었다. 하지만 전쟁이 지속되면 부민관 공연이 줄어들 것이라는 예상과 달리 《조선일보》 1938년 3월에는 다음과 같이 부민관의 사용수가 늘었음을 강조하는 기사가 있다.

> 경성의 유일한 집합장으로 여러 가지 회합에 사용될 뿐 안이라 극과 영화와 음악등의 흥행에 업지 못할 **부민관 대강당은 해마다 수용인원이 느러가며 이용범위가 커지고 잇다.** 금년 봄의 3월 4월 5월의 스케이듈을 살펴보면 3월중에는 7, 8, 9 3일간이 그냥 비여잇섯는데 이것은 방공관제로 말미아마 이용되지 안헛스며 나머지는 모다 주야사용으로 되어잇고, 4월에는 19일 하로동안 홀의 수선과 소제를 하기 위하야 비우고는 나머지가 모다 주야로 사용하도록 예약이 되어잇스며 **5월은 규정상 예약할 수는 업스나 벌서부터 사용하겟다는 신입이 쇄도하야 번호순으로 결정**을 할터인데 이것도 이미 만원이상으로 초과되여잇다.[89]

이 기사에서 흥미로운 것은 부민관 대강당이 연극, 영화, 음악의 흥행

88 경성우편국의 직원 시노자와 다케오[篠澤武夫]가 《京城雜筆》 1938년 6월에 발표한 〈경성의 영화관〉에서도 영화관을 비롯하여 각 방면에 경기가 좋아진 현상을 알 수 있다(이민희·김계자 편역, 앞의 책, 2016, 109쪽).

89 〈봄의 부민관 전부 예약〉《조선일보》 1938년 3월 16일(필자 강조)

에 필수적이며, 전쟁시기임에도 점점 그 사용범위와 수용인원이 확대되고 있다는 설명이다. 반면, 매달 며칠씩 부민관에 공연이 없는 것은 방공관제 또는 강당의 수선과 청소를 하기 위한 휴관일 때문이었다. 예약은 2개월 분씩 가능하여 3월의 시점에서 4월까지 예약을 할 수 있는데, 3월 중순에 이미 예약이 완료되어 버렸고, 5월 예약 순번대기가 벌써 초과될 정도로 부민관의 대공연에 대한 수요가 컸음을 위의 기사는 강조하고 있다.

하지만 1938년 8월이 되면, 전시체제 하에 공연 허가가 불허되는 일이 잦아 공연이 위축되었다는 소문이 나돌게 된다.[90] 《조선일보》 1938년 8월 26일자에는 1937년 상반기 부민관 전체 사용회수가 총 823건인 반면, 1938년 상반기는 총 743건으로 1할 줄었다는 통계가 제시된다. 또한 1937년 7월 한 달 사용일수가 97회인데 비해 1938년 7월은 90회로 줄었다는 근거를 들어 "시국관계로 영화 연극 기타 오락의 흥행건수가 주러든 때문"[91]이라 진단한다.

1938년 봄시즌 공연 및 행사 예약이 끝났다는 기사와 상반기 사용 횟수가 1937년보다 줄었다는 기사는 모순적으로 보이지만, 이것은 부민관 대강당만이 아니라, 중강당, 소강당 및 특별실, 다다미방, 담화실, 집회실, 식당 등 부민관 전체 건물의 사용회수를 의미하는 것으로 대강당의 공연 건수가 감소했다라고 말하기 위해서는 대강당 사용통계가 따로 필요하다. 실제 부민관 대강당과 중강당의 연간 사용회수는 1936년 <u>266회</u>/235회, 1937년 <u>383회</u>/198회, 1938년 <u>478회</u>/178회, 1939년 <u>494회</u>/195회, 1940년

90 하지만 중일전쟁 발발 직후, 부민관의 소관당국이라 할 수 있는 본정 경찰서 보안계 및 고등계 주임은 "허가 불허가는 종래의 방침대로 (중략) 시국이 더 진전하면 모르거니와 그렇치 안는 한에서 걱정은 기우"라고 일축했다(〈新秋씨즌을 꾸밀 府民舘의 諸公演〉《동아일보》 1937년 8월 5일).

91 〈府民舘使用數〉《조선일보》 1938년 8월 26일.

445회/200회였다.[92] 대강당의 사용 횟수(밑줄 부분)는 꾸준히 증가하여 1939년에 정점을 이룬다. 1937년에 비해 1938년 오히려 95회 증가했고, 비율로는 약 25% 증가했다. 반면, 중강당은 오히려 감소세였다가 1939년 다시 증가세로 돌아섰다.

중요한 것은 부민관 전체 시설을 통해 얻는 수익이었다. 부민관 전체 사용료는 1937년 4만 3,265엔이던 것이 1938년 4만 3,500엔, 1939년 6만 5,843엔, 1940년 7만 1,289엔으로 증가한다.[93] 부민관의 사용료는 중일전쟁으로 위축된 것이 아니라, 오히려 증가세였음을 알 수 있다. 특히 1939년은 1937년이나 1938년보다 50% 이상 증가했고, 1940년에는 60% 이상 증가했다. 전쟁을 위한 군수산업이 활발해짐으로써 호경기와 함께 발생한 인플레이션도 영향을 미쳤을 것이나 증가세가 가파른 것은 사실이다.

음악공연과 관련해서 여기서 주목해야 할 것은 흥행의 성공으로 부민관이 거두어들이는 수익이다. 각 공연의 입장료에는 세금이 부과되었는데, 중일전쟁 발발한 후에는 〈지나사변 특별세법〉이 실행되어 더 높은 세율이 적용되었다. 이에 따라 전쟁시기 모든 공연의 입장료도 비싸졌다. 예를 들어, 일본 본토에서 신교향악단의 연주회 입장료는 1937년 상반기, 즉 중일전쟁이 발발하기 전까지 2엔(A석)과 1엔(B석)이었으나, 1937년 하반기부터 각각 2엔 50전과 1엔 50전으로 올라갔다. 1938년 4월 1일부터는 〈지나사변 특별세법〉 실행으로 2엔 75전과 1엔 65전, 1940년 4월부터

92 李知映, 〈京城府「府民館」を通じてみる新劇の新たな展開－1930年代の「劇芸術研究会」の活動を中心に〉, 《文化資源学》 15, 東京大學 文化資源学会, 2017, 26쪽.
1942년 통계에는 1939년 대강당 455회, 중강당 210회라고 언급되어 있지만, 작성일이 가까운 것을 기준으로 하였다.

93 李知映, 앞의 글, 2017, 26쪽.
1942년 통계에는 1939년 사용료가 6만 5,581엔으로 언급되었다.

3엔과 1엔 80전이었다. 1940년에는 전쟁 전(1937년 상반기)과 비교해서 A석 50%와 B석 80% 증액된 셈이다. 태평양전쟁이 일어나는 1941년 12월부터는 3엔 50전과 2엔 10전, 1943년부터 4엔과 2엔 40전으로 상향조정되었다.[94] 〈지나사변 특별세법〉이라는 명칭이 말해주듯이, 전쟁시기 연주회 입장료는 전쟁과 함께 증가하는 '군사비의 확충'에 기여할 수 있었다.

일본의 단체가 경성에서 공연할 때에는 일본 내의 공연에서보다 입장료가 더욱 비싼 것은 당연하다.[95] 예를 들면, 1940년 신교향악단의 경성연주회 입장료는 지정석이 5원, 4원, 3원, 입석이 2원이었고, 세금은 각각 1원, 80전, 40전, 30전이었다.[96] 부민관의 공연이 흥행할수록 세금수익이 높아지고, 부민관 사용료도 증가한다. 경제적 논리에서 바라보면, 전쟁시기인 1939~1940년 부민관의 오락화 현상과 높은 입장료 그리고 이에 따라 증가하는 부민관 사용료는 전쟁과 모순되는 것이 아니라, 군사비 확충을 위해서 유리한 것이었다.[97]

물론 부민관의 흥행으로 얻는 것이 물질적인 측면에 국한되는 것은 아니었다. 흥행과 함께 선전의 의도도 추구되었다. 이호의 비평문에는 언급되지 않았지만, 1939년 3월 경성을 떠들썩하게 했던 첫 흥행공연인 하얼빈교향악단의 경성연주회를 후원한 단체는 '조선방공협회'였다. 즉, 방공선전을 겸한 공연이었다.[98] 그리고 1939년 10월 3일의 하얼빈 오페라단

94 일본의 세제개혁은 식민지에도 그대로 적용되었다(NHK交響楽団編, 《NHK交響楽団四十年史 1926-1966》, 日本放送協会, 1967, 50쪽).

95 NHK交響楽団編, 앞의 책, 1967, 50쪽.

96 〈新響公演〉《京城日報》 1940년 6월 11일.

97 1944년에도 부민관 사용료 예산은 14만 9,760엔이고 지출은 7만 6,917엔으로 7만 2,843엔 흑자경영이었다(京城府, 《昭和19年度京城府京城府歳入出豫算書》, 4쪽, 56~58쪽).

98 중일전쟁이 수렁에 빠져들고 있었을 때, '중국이 이기면 조선이 독립한다'는 소문이

의 공연을 후원한 단체 또한 '조선방공협회'였다.[99]

더욱이 같은 해 6월 도쿄 신교향악단의 첫 경성연주회는 그나마 순수하게 음악적 행사를 내세웠지만, 신교향악단이 하필 하얼빈교향악단의 경성연주회 얼마 후에 급하게 왔던 정황은 일본의 교향악단이 러시아인의 교향악단을 능가하는 사운드를 가졌음을 과시하고, 조선인과 재조일본인의 열광을 함께 이끌어내어 내선일체의 분위기를 형성하는데 기여하려는 것과 무관하지 않았다.[100] 결과적으로 매진된 신교향악단의 경성 연주회는 중일전쟁이 미궁에 빠지고 있었던 상황에서 일본근대문화의 성과를 과시하여 조선엘리트의 이탈을 막는 역할도 할 수 있었을 것이다.[101]

1939~1940년 경성음악계의 센세이션을 일으켰던 대규모 외래 공연 입장권은 4~5원의 고가였으나 입장권이 없어서 들어갈 수 없었을 정도로 초만원을 이루었던 흥행공연이었다.[102] 눈여겨보지 않으면 간과하기 쉽지만, 이 외래 흥행공연은 모두 황군 유가족과 부상병, 군인 등을 위로하는 무료공연을 따로 하거나 무료입장권을 제공하여 위문공연의 역할도 해야 했다.[103]

퍼지고 있었을 때, 공산주의에 대한 방어를 선전하는 프로그램이었다. 자세한 것은 이경분, 앞의 글, 2018, 133~136쪽 참조.

99 하얼빈 공연처럼 흥행하지는 않았지만, 양악계에서 이슈가 되었던 공연으로 1939년 4월의 19일과 20일 개최된 일본과 이탈리아의 문화 친선음악회가 있다. 이를 위해 이탈리아 음악가 노타르쟈코모(D. Notargiacomo)를 비롯하여 히라마 분쥬[平間文壽] 등의 일본음악가가 경성을 방문했는데, 일본제국과 파시스트 이탈리아와의 공동 정치 노선을 지지하는 선전이 목적이었다. 1939년 4월 22일 밤에는 방송에도 출연하였다(〈伊太利名歌手『쟈코모』女史〉《조선일보》1939년 4월 22일).

100 이경분, 앞의 글, 2020, 148~149쪽.

101 이경분, 앞의 글, 2020, 150쪽.

102 오늘의 관점에서 흥미로운 것은 조선음악비평가들의 서술에서는 전쟁에 대한 언급이 없는 것과 마찬가지로, 선전행사의 연관성에 대해 언급이 없는 것이다.

103 예를 들어 다카라즈카 쇼는 17일 낮 공연을 군사후원연맹주최의 황군유가족 위안

종합해보면, 한편에서는 라디오와 레코드로 국민찬가, 부인애국가 등 전쟁시국을 위한 노래를 보급하게 하는 정책을 펼치면서, 다른 한편에는 대규모 흥행 공연을 유치하고, 대중들을 나약하고 센치멘털하게 만드는 연애물 영화들까지 흥행하도록 묵인하는 당국의 태도는 겉으로 보기에는 모순이지만, 실제로는 둘 다 전쟁을 위해 필요한 것이었다고 할 수 있을 것이다.

5. 재편되는 조선양악계

1) 조선음악협회 창립

화려했던 '황기 2600년 봉축기념해'가 저물고, 1941년 연초부터 경성의 양악계에 가장 큰 영향을 미치는 사건은 아마도 '조선음악협회'의 조직일 것이다. 이는 무엇보다도 조선인과 재조일본 양악인들이 협력하고, 함께 무대에 서는 일이 잦아짐을 암시한다. 또한 이는 부민관에서 화려한 외래 초청공연이 흥행하고 '황기 2600년 기념해' 행사가 넘쳐났던 시기, 조선인과 재조일본인의 공동음악회가 거의 보이지 않았던 때와는 다른 변화를 예고하는 것이었다.

이전에도 부민관의 서양음악공연무대에서 조선음악가와 일본음악가가 선전목적이 아니라 순수하게 음악적인 배경에서 함께 공연한 경우는 없지 않았으나 드물었다. 예를 들면, 1937년 5월 26~27일 일본의 대표적인 성악가 미우라 다마키가 〈나비부인〉 공연에서 자신의 상대역인 핑커톤

회로 하고, 18일 이후 부상병에게는 일절 무료로 관람하도록 하였다(〈劇團寶塚亽來演〉《동아일보》 1940년 4월 14일).

을 조선성악가 조영은과 김영길에게 부탁한 것은 대표적인 공동음악회의 드문 예라고 할 수 있을 것이다.[104] 또한 일본의 유명 소프라노 고바야시 지요코[小林千代子]가 오페라무대를 위해 이탈리아에서 유학한 테너 이인선을 교섭한다는 소식이 있는데, 뛰어난 조선 성악가의 경우에 가끔 있는 일이었다.[105]

하지만 중일전쟁이 발발한 이후에는 전쟁승리를 목표로 한 정책의 측면에서 조선인의 적극적인 협력이 필요했다. 내선일체와 전쟁을 위한 건전가요보급 등 총독부의 정치적 의도에 의해 조선음악가와 재조일본인 음악가가 무대에 함께 서는 경우가 전쟁 이후 조금 흔해졌다. 앞에서도 잠깐 언급했듯이, 중일전쟁 발발 바로 직후인 1937년 7월 11일 조선문예회는 부민관에서 첫 작품 연주회를 개최했는데, 이때 일본음악가 오바 유노스케[大場勇之助], 안도 요시아키[安藤芳亮], 요시자와 미노루[吉澤實], 스즈키 미사호 등의 재조 일본음악가들과 조선음악가 현제명, 이종태, 정훈모, 이덕환 등이 함께 출연했고,[106] 현제명이 노래할 때 요시자와 미노루가 피아노 반주를 하였다. 또한, 1937년 9월 30일 양쪽 음악가들이 함께하는 조선문예회의 〈애국가요대회〉가 개최되었고, 10월 4일 〈음악보국 대연주회〉에서도 조선음악가와 재조일본음악가가 함께 무대에 섰다. 하지만 부민관의 이런 공동무대는 오히려 전쟁이 진행되면서 왠지 예상만큼 자주 성사되지 않

104 반도 최초 전막 공연이었다(〈半島最初의 오페라 胡蝶夫人(全幕)公演〉《매일신보》 1937년 5월 18일).

105 〈테너- 이인선씨 오페라에 진출?〉《매일신보》 1937년 6월 24일.
고바야시 지요코는 미우라 다마키의 제자로서 동양음악학교 졸업 후 빅터 전속가수로 활동하다가 나와서 〈唐人御吉〉 오페라의 학송 역을 이인선 씨에게 부탁했지만(〈小林孃은 歌劇唐人御吉에 李寅善氏를 相對者로 交涉〉《동아일보》 1937년 6월 24일), 무산된 것으로 보인다.

106 〈朝鮮文藝會 新歌謠發表 十一日夜府民舘〉《동아일보》 1937년 7월 9일.

히라마 분쥬
출처: 《경성일보》 1940년 5월 6일.

았다. 1938년과 1939년에도 손을 꼽을 정도였다. 예를 들면 1938년 10월에 결성된 경성음악협회의 제1회 연주회가 12월 5일과 6일 이틀간 부민관에서 개최된 이후,[107] 1939년에는 일이친선음악회에서 이탈리아 성악가, 일본음악가, 조선인 음악가들의 공동무대가 4월 11~20일,[108] 경성음악협회 제2회 연주회가 1939년 11월 28일 개최되는 정도였다.

하지만 이런 상황이 확실히 달라지는 것은 1941년 조선음악협회 창립부터이다. 무엇보다도 이전보다 훨씬 강력한 '신체제운동'으로 인해 조선음악계의 도움을 이끌어내어야 하는 목표가 더 절실해진 때문이 아닐까 한다. 음악계의 내선일체를 성공적으로 추진하는 데 중요한 역할을 한 인물은 1940년 조선총독부 학무국 학무과 소속 촉탁으로 경성에 일시 정착했던 히라마 분쥬[平間文壽]였다.

도쿄에서 온 히라마 분쥬는 1940년부터 조선총독부에서 매월 급료 100원을 받으면서 조선 악계의 조직을 전시체제로 정비하고 지도하는 일을 맡았다.[109] 이탈리아 유학을 했던 테너 히라마 분쥬의 음악적 권위는 경

107 조선음악가로 이인선·전형철·홍지유·김신덕·이홍렬이, 재조일본음악가로는 시오바라 부인·히라야마·스가 그리고 연전 관현악단과 경성혼합합창단, 이화여전 음악부가 참가하였다. 경성일보사 후원의 이 공동연주회 입장권은 50전이었다(京城音樂協會第1回演奏會〉《京城日報》 1938년 11월 30일). 1939년 제2회 경성음악협회 연주회도 비슷하다(〈第2回 京城音樂協會演奏會 本年樂壇の終止符〉《京城日報》 1939년 11월 18일).

108 〈日伊親善大音樂會出演者銘銘伝中に光る半島出身者〉《京城日報》 1939년 4월 11일.

109 국사편찬위원회 한국사데이터베이스(db.history.go.kr) 조선총독부 및 소속관서직원록 1941년도 참고.

〈부여회상곡〉의 등장인물들
출처: 《매일신보》 1941년 5월 11일.

성의 재조일본음악가들보다 조선양악계의 협력을 이끌어내는 데 유리했다. 재조일본음악가 오바 유노스케가 오랫동안 경성에서 음악교사로 재직하여 조선양악계에서 인지도가 높았던 것은 사실이지만,[110] 원래 군악대 출신으로 최종학력이 도쿄음악학교였으므로 '음악적 권위'는 유학파인 히라마 분쥬에 비해 뒤처지는 것이 사실이었다.

또한 히라마 분쥬는 조선에 정식으로 임무를 받아 오기 이전부터, 1934년 전형철의 독창회에 스승으로서 찬조출연을 하는 등 이미 수많은

110 1941년 11월 27일 조선음악협회 양악부 주최로 부민관에서 개최된 "반도악단의 선배4인 사은 음악회"는 조선인 이상준, 김형준, 김인식과 일본교사 오바 유노스케를 4명의 은사로 추대했다. 오바 유노스케는 1905년 육군도야마학교 출신으로 도쿄음악학교에서 바이올린을 전공한 일본국내파 음악가였다. 1921년 경성에 와서 음악교사로서 조선학생, 재조일본학생에게 음악을 가르쳤다. 오바는 이상준, 김형준, 김인식과 함께 초창기 조선양악계의 교육자로서는 중요한 역할을 했다.

조선인 제자를 거느리고 있었는데, 이것도 음악계의 '효과적' 내선일체를 위해 유리한 조건이었다.[111] 그의 제자는 전형철 외에도 박경희, 오경심, 임향자, 한갑수, 고종익, 강장일, 박기석, 김형구, 노찬정, 이은순, 장세원, 김훈 등으로 조선 양악계에 히라마 분쥬의 영향력은 클 수밖에 없었다.[112]

히라마 분쥬는 본격적인 "악단의 신도실천"[113]을 위한 사전작업을 위해 1940년 말, 먼저 조선인과 일본인 음악가가 함께 등장하는 제1회 부민음악감상회를 기획했다. 총독부의 후원으로 1940년 12월 16일 부민관 대강당에서 개최되었던 이 공연에는 김원복, 이홍렬, 김영의, 홍지유, 안성교, 유부용, 오경심, 박경희, 김태연, 이승학, 최창은 외에 일본음악가 히라마 유리코[平間百合子], 야마나카 사치코[山中幸子], 히라마 분쥬가 참여했다.[114] 이 공연 당일 저녁에는 히라마 분쥬와 김관이 주도하는 "반도음악의 새로운 재출발을 위한 음악좌담회"를 부민관 소회의실에 모여 조선음악협회 설립을 위한 사전 논의의 기회로 삼았다.[115]

결국 히라마 분쥬의 작업으로 음악계의 본격적인 신체제운동이라 할

111 〈樂壇의 新人 全螢喆君 데뷔: 來14일夕 於공회당 本社主催〉《매일신보》 1934년 11월 7일. 히라마 분쥬의 이름은 1933년부터 1945년까지 《매일신보》에 등장한다.

112 1934년 11월 8일에 개최된 전형철의 〈가요민요가극의 밤〉 연주회에 히라마 분쥬가 찬조 출연했고, 1936년 6월 12일 부민관에서 히라마 분쥬의 문하생 독창회를 개최하는 등(《조선일보》 1936년 6월 11일) 히라마 분쥬의 활발한 활동은 1940년대까지 이어진다. 히라마 분쥬에 대해서는 이경분, 〈일제시기 서양음악문화와 일본인의 영향〉《음악논단》 25, 2011 참고.

113 〈반도악단의 신도실천: 협회결성 압두고 금야 대좌담회〉《매일신보》 1940년 12월 17일.

114 〈반도악단의 신도실천: 협회결성 압두고 금야 대좌담회〉《매일신보》 1940년 12월 17일.

115 〈반도악단의 신도실천: 협회결성 압두고 금야 대좌담회〉《매일신보》 1940년 12월 17일.

수 있는 조선음악협회의 발기인회가 1941년 1월 11일 총독부 건물에서 개최되었다. 발기인회에 모인 일본인은 히라마 분쥬를 비롯하여 오바 유노스케, 이와사키 히로시[岩崎寛], 요시자와 미노루, 다케이 하루코, 조선인은 김영환, 김메리, 계정식, 김재훈, 이애내, 김관 등 15명이었다.[116] 이 때 언급된 조선음악가들은 일본음악가와 비교해도 밀리지 않을 쟁쟁한 음악가만 발기인으로 선정되었음을 알 수 있다. 즉, 조선 측은 도쿄 음악학교에서 처음 유학한 조선양악계의 대부 김영환과 조선 대표 평론가 김관 외에 모두 미국유학과 독일유학을 했던 일류연주가들이다. 일본 측에서는 조선음악가들 중에서 어떤 음악가를 인정하고 있는지 엿볼 수 있다. 조선음악협회 회장은 음악가가 아닌 조선총독부 학무국장 시오바라로, 1월 25일 2시 부민관에서 수백 명의 사람들을 동원한 가운데 거행된 창립식에서 정식 취임했다. 발회식이 끝난 후 축하 연주회에서는 나가우타 등 일본노래와 히라마 분쥬의 제자 오경심의 독창 등이 있었다.[117] 조선인과 일본인이 공식적으로 공동 이슈를 가지고 모인 목적은 반도음악계의 지도와 통제, 음악회개최 및 음악가 양성, 조사연구 및 '악단의 신도 실천', 즉 음악의 신체제운동이었다.

2) 1941년 활발해지는 조선양악계의 부민관 활동

조선음악협회가 창립되는 1941년 재조일본인 음악가들과의 협력이 잦아지면서 조선양악계의 부민관 활동은 다시 활발해진다. 한 해 여러 번 개최되었던 부민음악감상회와 6월에 1주일 이상 집중적으로 모든 음악 장르를 선보였던 음악보국주간 등 조선음악협회가 주최하는 공동무대 뿐 아

116 〈樂團 新體制運動 音樂協會發起人會〉《매일신보》 1941년 1월 12일.
117 〈朝鮮音樂協會〉《매일신보》 1941년 1월 21일.

니라, 국민총력조선연맹 주최, 총독부 후원으로 창작되었던 〈부여회상곡〉처럼 종합예술적 내선일체 작품을 위해 재조일본인과 조선인 음악가들이 고도의 협업을 하는 경우도 있었다. 〈부여회상곡〉은 작시, 작곡, 구성, 고증, 합창지휘 등에서 일본 측이, 안무, 연출, 교향악 지휘, 무대의상 등은 조선 측이 맡았는데, "내선예술가를 총망라한" 대편성의 공연이었다.[118]

결국 경성의 양악계에서 적극적인 민족 간의 대화와 교류는 전쟁시기 정치적 필요에 의해 의도적으로 이루어진 측면이 강하다. 재조일본양악계와 조선양악계는 이제 내용적으로 보다 치밀하게 협력해야하는 입장으로 바뀐 것이다. 무엇보다도 조선총독부의 요구를 반영하여 전쟁시국의 총동원을 위한 효과적 내선일체의 도구로서 조선음악계의 협조가 절실해졌다.

또한 1941년 '신체제운동'의 여파로 부민관의 흥행 분위기가 사그러든 것도 조선양악계가 부민관에서 다시 존재감을 드러낼 수 있는 계기가 되었다. 1938년도처럼 조선인 음악가들이 부민관에서 연주회를 개최하는 빈도도 높아졌다. 이유선, 김명신, 윤두선, 정훈모, 한복덕, 김자경, 이승학, 최창은, 김영길 리사이틀과 신인음악회, 경성음악전문학원, 사은음악회, 세브란스의전, 이화여전, 진명여고 기념음악회 등 거의 1년 내내 조선인의 음악회가 개최되었다. 물론 1941년 조선양악계가 부민관에서 다시 활력을 받게 된 것은 동경에서 음악유학을 마친 조선인 음악도의 수가 50여명에 달했다는 사실과도 무관하지 않았을 것이다.

그런데 여기서 조선인과 일본인 음악가들이 전쟁승리라는 목적의 정치적 배경에 의해서 함께 무대에 서고, 공동작업을 해야 했던 것을 민족 간의 교류가 이루어진 것이라고 볼 수 있을지 질문해 볼 수 있다. 앞에서 언급한 〈부여회상곡〉을 예로 살펴보면, 정치적 목적에 부합하는 효과적 선전

118 〈扶餘回想曲에 對하야〉《매일신보》 1941년 5월 11일.

방법의 모색이나 작품초안을 만드는 것은 주로 일본 측에 의해 이루어졌던 반면, 이를 표현하는 것은 (무용가 조택원이 주연을 맡았던 것처럼) 조선인 측의 역할이었다. 마치 오케스트라 지휘자와 단원의 관계처럼 표현의 궁극적인 완성은 지휘자가 통제하는 것과 비슷하다고 할 것이다. 표현능력에 있어서 재조일본음악가를 능가하는 조선음악가가 없지는 않았겠지만, 전체적인 작업의 목표와 방향제시 및 선전적 측면은 일본 측이 주도한 것은 의심의 여지가 없다. 이런 부민관 연주회와 공연에 조선인과 일본인 청중이 객석에 나란히 앉아있었다고 해서 부민관을 민족 간의 교류가 이루어진 통합의 장소라고 볼 수 있을지는 의문으로 남는다.

6. 맺음말

지금까지 1935년 개관부터 태평양전쟁 전까지 부민관 공연을 통해 경성의 조선양악계 활동을 살펴보았다. 분석 결과를 종합해보면 다음과 같이 요약해 볼 수 있다.

첫째, 개관 초기부터 시작되었던 일본 측의 부민관 선점 현상은 1939~1940년에 더욱 심화되었는데, 그 배경에는 부민관의 상업화와 오락화 및 흥행우선주의가 있었다. 그나마 1938년 전문음악가들의 귀국으로 부민관 무대에서 활발하기 시작했던 조선양악계가 1939~1940년 부민관에서 더욱 존재감을 잃게 된 것은 바로 이런 이유에서였다. 아직 흥행에서 경쟁력이 약했던 경성의 조선양악계는 부민관에서의 입지가 '셋방살이' 수준, 개점휴업의 상황으로 전락했던 것이다. 더욱이 일본전통예능의 특수 장치인 하나미치가 설치된 부민관 대강당은 조선인보다 일본인에게 더 친숙한 공연장이었다. 대강당무대의 하나미치는 일본인의 문화적 요구가 관철된 것으로서 시각적으로도 부민관이 재조일본인의 대극장임을 느끼게 하는 장치라 할 수 있다.

둘째, 중일전쟁이 깊어가는 1939년과 1940년 부민관에서 흥행사업이 활기를 띠는 것은 전쟁과의 교묘한 공생관계가 있었다. 경성에서 이슈가 된 부민관의 인기 공연은 주로 일본인 및 외래연주자와 연주단체였는데, 조선양악공연과는 비교하기 힘들 정도로 입장료가 높았다. 특히 황기 2600년 기념해인 1940년 부민관 대강당에서 음악공연의 흥행은 일본에서 온 대규모 유명 가극단과 전문교향악단 그리고 일본의 전통예능을 대표하는 유명 가부키와 노가쿠 공연이 기여한 바가 컸다. 부민관의 흥행으로 벌어들이는 사용료, 입장료 수익은 전쟁시기 조선총독부에 할당되는 세금 증액과 군사비 확충에 기여할 수 있는 재원이었다. 1940년 2월 일본 본토에서는 흥행을 억제하고 단속하는 흥행취체규칙을 시행했지만, 조선총독부는 1940년까지도 부민관의 흥행을 묵인하는 태도를 취했다. 음악단체의 일원화 조치는 1941년 1월 조선음악협회의 결성으로 조선이 일본보다 오히려 빨랐다.[119] 하지만 일본본토에서 일원화제도의 핵심인 음악가의 기예증 등록의무로 공연 흥행을 통제했던 제도는 조선에서는 1944년 5월 8일 〈조선흥행 등 취체규칙〉을 제정했던 것에서 보듯이, 훨씬 늦게 시작된다.[120] 이런 시차가 있는 것은 조선총독부가 '조선의 특수성'[121]이라는 명목으로 일정 부분 자율성을 가지고 있었기에 가능한 일이었으리라 추측되

119 음악에서의 신체제 운동을 반영한 음악계의 일원화 노력으로 '일본음악문화협회'가 발족된 것은 1941년 11월이었다(戸ノ下達也, 《音楽を動員せよ ― 統制と娯楽の十五年戦争》, 東京: 青弓社, 2008, 70~71쪽).

120 〈音樂家에 技藝證 교부코저 資格試驗〉《매일신보》 1944년 8월 6일.
일본에서는 1940년 12월 제도화했다(戸ノ下達也, 앞의 책, 2008, 58쪽).

121 전상숙, 《'조선총독정치' 연구: 조선총독의 '상대적 자율성'과 일본의 한국지배정책 특질》, 지식산업사, 2012.

는데, 이 가설은 추후 더 연구되어야 할 것이다.

셋째, 조선총독부나 재조일본인 양악계는 '음악적' 관점에서 조선양악계에 별 관심이 없었지만, 이전보다 강력한 일원적 '신체제 운동'을 위해 조선음악계의 협조가 절실하게 되었을 때, 히라마 분쥬라는 영향력 있는 유학파 성악가를 내세워 1941년 조선음악협회를 조직하였다. 조선인과 일본인이 협력하거나 함께 부민관 무대에 서는 일이 잦아졌는데, 1941년 흥행 분위기가 감소하면서 조선양악계의 부민관 활동도 활발해졌다. 태평양전쟁기에 조선양악계의 선전가치가 오히려 증대하는데, 이에 대해서는 추후 더 연구되어야 할 것이다.

결국 태평양전쟁 이전까지 음악공연을 통해 본 부민관은 일본양악계의 권위를 드러내는 공간, 일본 전통 예능을 제대로 공연할 수 있는 무대, 전쟁시기 군사비 확충이라는 경제적 이익을 창출해낼 수 있는 흥행 공간이었으며 동시에 이중적인 문화 공간이었다. 물론 음악계의 전시체제를 상징적으로 드러내고, 관제 행사를 하는 음악·정치적 장소로서 권력의 의지에 복종하는 부민관의 역할은 이미 중일전쟁 발발 직후 뚜렷해졌지만, 태평양전쟁 시기에는 더욱 노골적으로 되어간다. 최신 건축물로서 모더니즘의 상징이었던 부민관이 전쟁 말기에는 조선 청년들의 부민관 폭파사건을 일으켰을 정도로 식민성을 대변해주는 상징물로 변모하게 되는데,[122] 태평양전쟁 시기 부민관의 음악공연에 대해서도 추후 더 연구되어야 할 것이다.

122 〈府民館에 정의의 폭탄 이면 벗은 3청년 용사〉《자유신문》 1945년 11월 13일 참고.

제6장

일제강점기 경성의 극장과 대중음악: 통제와 균열

이은진(이화여자대학교 강사)

1. 머리말: 극장을 둘러싼 다층적 욕망
2. '극장'이라는 공간
3. 악극의 부상
4. 맺음말: 통제권력과 다층적 균열

1. 머리말: 극장을 둘러싼 다층적 욕망

이 글은 일제강점기 경성의 대표적인 대중 공연공간이었던 극장을 중심으로 근대 한국 대중음악의 향유양상을 살펴보고 그 속에서 드러나는 다양한 욕망의 충돌과 교섭을 시대적 맥락 속에서 읽어내는 것을 목적으로 한다. 극장은 연극과 영화를 위한 공간인 동시에, 한국 대중음악의 탄생과 발전 과정에서 빼놓을 수 없는 중요한 역할을 수행한 공간이다. 한국 대중가요의 시초로 거론되는 〈낙화유수〉나 〈세 동무〉, 〈황성의 적〉은 모두 영화주제가 혹은 연극의 막간무대에서 연주된 노래였으며, 음반산업이 본격적으로 활성화되기 전까지 막간가수들의 활동이 대중가요의 유통과 흥행을 주도했다. 뿐만 아니라, 막간에 상연된 '넌센스'나 '스케치' 등의 공연물이 인기를 끌면서 그 형식을 수용한 음반극이라는 장르가 새롭게 정착되기도 했다.[1] 또한 태평양전쟁으로 인해 음반산업이 난항을 겪게 된 1940년대에는 대중가수들이 주로 공연을 통해 대중과의 접점을 찾아야 했기 때문에 극장의 역할은 더욱 커지게 되었다. 이러한 상황 속에서 1920년대 말부터 선보이기 시작한 악극이라는 장르는 대중음악 공연계의 새로운 흥행요소로 자리 잡게 되었고, 다양한 장르와 형식으로 일제 말기까지 대중들과 소통했다.

이처럼 일제강점기의 대표적인 대중공연으로 자리 잡은 악극이 공연된 극장은 여러 주체들의 욕망이 교차하는 공간이기도 했다. 식민 당국은 '건전오락'이라는 명목으로 대중문화를 통제하려 했고, 극장과 흥행업계는 상업적 이윤을 추구했다. 창작자와 대중은 이러한 정치적 통제와 자본의

1 우수진, 〈유성기 음반극: 대중극과 대중서사, 대중문화의 미디어극장〉 《한국극예술연구》 48, 2015, 80~83쪽.

논리에 다양한 형태로 반응했다. 이 글에서는 이러한 다층적 욕망들이 충돌하고 교섭되는 양상을 포착해 보고자 한다.

이를 위해 먼저 일제강점기 서울에 위치해 있었던 주요 극장들의 지리적 특성과 향유층의 성격을 살펴봄으로써 식민치하에서 극장이라는 공간의 의미가 변화된 과정을 추적할 것이다. 뒤이어 악극이 탄생하게 된 토대가 된 막간의 장르와 막간가수들의 활동을 파악함으로써 대중가요의 산실로서의 극장의 역할을 조망하고자 한다.

이를 토대로 하여 1920년대 말부터 1945년까지 악극이 전개된 과정을 소녀가극단과 음반사 전속악극단, 극장 전속악극단, 그리고 위문 연예대와 극장의 어트랙션attraction을 중심으로 파악해 볼 것이다. 이를 통해 당시의 대중문화를 둘러싼 지배 권력, 생산자, 수용자 각자의 욕망이 교차하면서 권력 체제의 통제 정책에 균열을 발생시켰던 양상을 악극을 중심으로 읽어내고자 한다.

2. '극장'이라는 공간

1) 민족공간으로서의 극장

일제강점기의 경성은 청계천을 사이에 두고 분리된 민족 거주 공간으로 이루어져 있었다. 일본인이 주로 거주하는 남촌과 조선인이 주로 거주하는 북촌은 문화적으로도 서로 다른 향유형태를 보여주었고, 당시 가장 대중적인 문화공간이었던 극장 역시 이러한 차이를 보여주는 공간이었다.

남촌에는 거주일본인을 위한 극장들이 일찌감치 들어서기 시작했다. 1900년대 초부터 극장이 설립되기 시작하여, 1914년 당시 일본인 상설영

〈표 1〉 남촌 소재 주요 극장 목록

운영	극장	설립시기	장소	수용인원	비고
일본인	낭화관	1909년	명치정 입구	650석	나니와부시 공연극장으로 시작
	희락관	1915년	본정 1정목	1,050석	닛카츠영화사 영화를 주로 상연
	황금관	1913년	황금정 4목	1,236석	1940년 경성보총극장으로 명칭 변경
	약초극장	1935년	약초정	1,200석	1939년 약초동보극장으로 명칭 변경
	명치좌	1936년	명치정	1,500석	최신식 영화관

출처: 한국영화데이터베이스(www.kmdb.or.kr); 박도현, 〈1930년대 레코드사 마케팅에 나타난 대중음악의 일고찰〉, 경희대학교 석사학위논문, 2011, 72쪽.

화관으로는 대정관, 제2대정관, 황금관이 있었고, 연극을 위한 극장으로는 경성가부키좌, 본정좌, 경성좌, 송도좌, 수좌, 어성좌, 낭화관, 영락정, 용산좌, 사쿠라좌 등 여러 극장들이 운영되고 있었다. 이 중 화재나 운영부진으로 사라진 극장들도 많고 이후 새로 설립된 극장도 많았는데, 1940년대까지 명맥을 이어간 극장으로는 대표적으로 낭화관, 희락관, 황금관, 약초극장, 명치좌 등을 꼽을 수 있다. 이들 극장은 일본인 관객을 대상으로 했기 때문에 일본의 전통극과 신극, 일본영화를 주로 상연했으며, 일본인 변사가 해설하는 서양영화를 함께 상연하기도 했다. 1930년대 이후 남촌의 극장가에서 가장 두각을 드러낸 것은 약초극장, 명치좌, 그리고 황금관을 전신으로 한 황금좌였다. 특히 1940년대에는 성보극장으로 통칭되던 경성보총극장과 명치좌, 약초극장이 '1급 극장'으로서 많은 관객을 유치했다.

한편 1900년대 말부터 북촌의 조선인들을 위한 극장도 설립되기 시작했다. 북촌에는 일본인이 운영하는 극장과 조선인이 운영하는 극장이 공존하고 있었는데, 조선인을 대상으로 하기 때문에 조선인 변사가 해설하는 서양영화가 주로 상연되었으며 조선어 연극 및 악극이 무대에 올랐다. 조선인이 운영한 극장에는 대표적으로 단성사, 조선극장, 동양극장 등이 있었다. 가장 먼저 설립된 단성사는 원래 예인들에게 활동무대를 제공하기 위해 조직된 '연예 단성사'가 설립한 공연장이었으며, 1918년 광무대의 경영자 박승필이 인수하면서 한국 최초의 상설영화관으로 자리 잡게 되었다. 조선극장은 800여 명을 수용할 수 있는 규모의 극장으로[2] 경영주(흥행주)가 18차례 교체되었는데,[3] 1927년 현철이 경영에 참여하면서 보다 자유로운 기획을 시도하였으나[4] 1936년 6월 11일 화재로 전소되고 말았다. 동양극장은 배구자와 홍순언, 최독견이 1935년에 설립한 연극전용극장으로, 건평 373평에 객석 648석을 갖춘 극장이었다.[5] 홍순언은 동경의 다카라즈카 극장을 염두에 두고 동양극장을 구상했으며,[6] 배구자는 '배구자악극단'의 공연을 통해 동양극장의 자본을 형성했다.[7]

한편 일본인이 운영한 북촌의 극장에는 관립극장인 부민관府民館을 필두로, 우미관, 중앙극장, 미나도좌 등이 있었다. 조선인에게 가장 친숙했던 극장인 우미관은 수용인원 1,000명 규모의 대극장으로, 1934년 '활동사진영화취체규칙'이 제정되기 이전까지는 일본영화를 배제하고 서양영

2 〈건축은 대정10년, 흥행주의 전변도 무쌍, 보험금은 4만 7천 원〉《매일신보》 1936년 6월 12일.

3 이승희, 《숨겨진 극장: 식민지 흥행장의 치안과 통속》, 소명출판, 2021, 261~262쪽.

4 1928년에는 '팬 구락부'를 조직하여 고정 관객층을 확보하고자 했고, 전속 소녀가극단의 설치를 시도하기도 했으며, 1929년 경영에 참여한 신용희는 '토월회'의 박승희와 함께 연극, 영화에 무용이나 레뷰를 더해 한 세트로 선보이는 공연을 기획하기도 했다(이승희, 앞의 글, 2021, 264~269쪽).

5 박희정, 〈동양극장의 대중극연구〉, 단국대학교 석사학위논문, 1996, 7쪽.

6 백현미, 〈소녀 연예인과 소녀가극 취미〉《한국극예술연구》 35, 2012, 100쪽.

7 박희정, 앞의 글, 1996, 61쪽.

〈표 2〉 북촌 소재 주요 극장 목록

운영	극장	설립시기	장소	수용인원	비고
조선인	단성사	1907년	수은동	850석	1939년 대륙극장으로 명칭 변경
	조선극장	1922년	인사동	800석	1936년 화재로 전소
	동양극장	1935년	죽첨정 1정목	840석	
일본인	우미관	1912년	관철동	1,000석	
	중앙극장	1922년	저동 1가		1934년 중앙관에서 명칭 변경
	미나도좌	1930년	종로 4정목	500석	1932년 제일극장으로 명칭 변경
	부민관	1935년	태평로 1가		관립극장

출처: 박도현, 앞의 글, 2011, 72쪽; 문화콘텐츠닷컴(www.culturecontent.com); 한국영화데이터베이스(www.kmdb.or.kr).

화만을 상영해서 큰 인기를 얻었지만 낙후된 시설로 인해 1930년대 후반에는 경쟁력을 잃게 되었다.[8] 중앙극장은 일본인 오이시가 설립한 활동사진 전용관인 '중앙관'으로 출발한 극장으로, 1934년 '중앙극장'으로 명칭을 변경하였다.[9] 미나도좌[港座]는 원래 1910년대 관상장觀商場이라는 명칭으로 개관한 예인들의 공연장이었다가, 1930년 미나도가 인수하여 '미나도좌'라는 명칭으로 신극 공연관으로 개관하였다.[10] 부민관은 경성부가 1935년 12월 10일에 세운 극장으로, 강연회, 연극·영화·음악·무용 등의 공연을 위한 복합공간이었다. 총독부에 의해 세워진 관립극장이었지만, 당시 가

8 한국영화데이터베이스(www.kmdb.or.kr).

9 1944년에 조선악극단 출신 김상진이 인수했다(유민영, 《한국 근대극장 변천사》, 태학사, 1998, 42쪽).

10 당시 연극인 최승일과 나운규는 '미나도좌 연극부'라는 명칭으로 전속 극단을 운영하기도 했다(〈조선연극사-삼국 이전으로부터 현대까지〉 《동아일보》 1931년 7월 22일).

장 큰 규모의 극장[11]이었기 때문에 영화 상영과 더불어 다양한 공연이 이루어질 수 있었다.[12]

이처럼 남촌 소재 극장과 북촌 소재 극장은 대상 관객층에 따라 공연 내용과 장르가 차별화되어 있었다. 남촌 소재 극장에서는 일본인 관객을 대상으로 일본어를 사용하는 공연과 영화, 혹은 일본 전통극이 무대에 올랐고, 북촌 소재 극장에서는 조선인 관객을 대상으로 조선어를 사용하는 공연과 조선인 변사가 해설하는 서양영화가 주로 상연되었다.

2) 대중의 '취미'와 민족의 횡단

이처럼 언어적 차이를 기반으로 민족적으로 공간이 분리되어 있던 극장은 총독부가 1934년 9월 1일 〈활동사진영화취체규칙〉을 시행함에 따라 변화를 맞게 된다. 이 법령의 골자는 외화 점유율이 유독 높은 조선 극장에서 외화, 즉 서양영화를 점차적으로 제한하는 것이었는데, 이는 만주사변에 대한 서방의 비난의 목소리가 높아지는 것에 대한 경계심에서 기인했다.[13] 남촌과 북촌으로 나뉘어 각각 일본어 공연, 조선어 공연 중심으로 운영되었던 극장들은 취체 규칙에 의해 의무적으로 일본어 영화 및 연극을 무대에 올려야 하게 되었고, 이에 따라 조선 관중이 이해할 수 있는 언어로 공연을 선보인다는 북촌 소재 극장만이 가진 경쟁력이 사라지게 된다.

11 대강당은 1,800석 규모, 중강당은 400석 규모, 소강당은 160석의 규모를 갖고 있었다.

12 1941년 4월 언론에 발표된 1940년 부민관 사용건수를 보면 영화, 음악, 연극과 같은 흥행이 342건, 결혼식 200회, 간담회 162건, 총회 132건, 이하 강연, 강습회, 전람회 순이었다(한국영화데이터베이스(www.kmdb.or.kr)).

13 이승희, 앞의 글, 2021, 77~78쪽.

이에 더해 중일전쟁의 자금을 마련하기 위해 1938년 조선총독부가 극장가에 입장세를 신설하면서 극장들의 입장료 정책도 달라졌다. 당시 입장세의 과세기준이 입장료 39전이었는데, '1급 극장'과 '2급' 이하의 극장은 상반된 입장료 정책을 취하게 된다. '1급 극장'들은 입장세를 반영하여 입장료를 인상했고, '2급' 이하의 극장은 과세기준 이하로 입장료를 책정했다. '2급' 이하의 극장의 저렴한 입장료 정책은 학생 관객들을 끌어들여 오히려 관객이 증가하는 결과를 낳았지만,[14] '1급 극장'의 경우 인상된 입장료만큼의 만족감을 얻지 못한 관객들의 불만이 증폭되는 결과로 이어졌다.[15]

〈표 3〉 1938년도 경성 주요 극장의 관객 구성 비율[16]

극장명	조선인 관객	일본인 관객
동양극장	거의 대부분	
단성사	8	2
우미관	9	1
황금좌	6	4
명치좌	5	5
약초극장	5	5
희락관	5	5

14 이승희, 앞의 글, 2021, 109~113쪽.

15 〈호화 '푸로'도 무색, 입장세 영향으로 흥행업자 이중곤경〉《조선일보》 1938년 4월 6일.

16 〈기밀실-조선사회내막알람실〉《삼천리》 10-5, 1938년 5월, 28쪽. 특히 명치좌의 경우 "〈旅路〉때에는 9분까지가 조선인 관객이엿다."고 보고하고 있다.

실제로 1930년대 후반부터 북촌 소재 극장에 대한 관객의 불만이 계속 보고되고 있었다.[17] 낙후된 시설과 환경에 대한 불만에 더해 입장료까지 인상되다보니, 보다 시설이 나은 남촌의 극장을 찾는 조선인 관객의 비율이 지속적으로 증가했다. 1938년 5월 《삼천리》에 게재된 기사에서는 "연극이나 영화는 상영관에 따라 관객층이 변"한다고 언급하면서 각 극장별로 조선인과 일본인 관객의 비중을 보고하였다.

조선인 관객들의 구매력과 취향을 파악한 명치좌의 이시바시 료스케는 1939년 단성사의 운영권을 인수하여 명치좌의 2번관(분관)으로 삼고 '대륙극장'으로 명칭을 변경하였다.[18] 남촌 극장의 조선인 관객 비중은 점차 증가하여, 1943년 시점에는 명치좌의 전체 관객 중 조선인이 70%를 점유할 정도로 조선인 관객이 많아졌고, 경성보총극장(성보극장) 역시 전체 관객 중 조선인 관객이 80%의 비율을 차지했다.[19] 이제 극장은 일제당국이 구획한 민족공간의 의미에서 벗어나 관객의 구매력과 취향에 따라 선택할 수 있는 취향공간으로 기능하게 된 것이다.

17 〈北村映畵經營者에게 一言〉《동아일보》 1937년 7월 11일(이화진, 〈전쟁과 연예: 전시체제기 경성에서 악극과 어트랙션의 유행〉《전쟁과 극장: 전쟁으로 본 동아시아 근대극장의 문화정치학》, 소명출판, 2015, 361쪽에서 재인용).

18 한국영화데이터베이스(www.kmdb.or.kr).

19 이화진, 앞의 글, 2015, 363쪽.

3. 악극의 부상

1) 막간가수의 활약

'막간'은 연극의 막과 막 사이에 삽입된 별개의 극을 의미한다. 막간은 신파극이 대중화되는 과정에서 도입되었는데, 처음에는 막이 바뀌는 동안 막간가수가 노래를 부르는 단순한 형태로 시작하여 극의 형태로 발전하였다. 1910년대에 새롭고 진보적인 연극을 기치로 하여 시작된 신파극[20]은 1920년대에 일본 유학생들을 필두로 한 사실주의적 신극운동이 대두되면서 점차 대중극으로 자리 잡게 되었고, 이 과정에서 신파극의 흥행을 도모하기 위한 방편으로서 1927년부터[21] 관객에게 흥미로운 볼거리를 제공하려는 목적으로 삽입된 막간은 독립적인 작품으로 자리 잡게 되었다.[22]

막간으로 상연된 극의 장르로는 만담, 만극, 난센스, 스케치 등을 꼽을 수 있는데, 만담이 배우 1인이 이끄는 장르라면 만극은 등장인물이 좀 더 많고 극적인 요소가 보다 강조된다는 점에서 차이가 있지만[23] 기본적으로 희극적인 서사를 대사로 풀어가는 형태라는 점에서 유사하다. 만

20 우리나라에서 최초로 공연된 신파극은, 1911년 11월 임성구가 이끄는 革新團의 〈불효천벌〉로, 일본극인 〈蛇の執念〉을 번안한 것이었다.

21 신파극에 음악을 곁들인 막간극이 도입된 것은 취성좌가 1927년 7월 연애극 〈매몰된 사랑〉을 공연하면서 가극 〈불사조〉를 함께 무대에 올리면서부터이다(김호연, 〈한국 근대 악극 연구〉, 단국대학교 국어국문학과 박사학위논문, 2003, 48쪽).

22 서연호, 《한국연극사: 근대편》, 연극과 인간, 2003, 221~222쪽.

23 서연호, 앞의 글, 2003, 222쪽. 전통적인 재담 소리를 만담으로 정착시킨 것은 신불출이지만, 신불출 스스로는 만담이 재담과 다른 것이며 일본에서 연원한 것이라고 밝힌 바 있다(신불출, 〈만담과 웅변〉 《삼천리》 7-5, 1935년 6월, 105~108쪽; 한국학중앙연구원 세계한민족문화대전(www.okpedia.kr)).

곡漫曲이라고도 불리는 난센스와 스케치는 만담이나 만극보다 음악의 비중이 좀 더 큰 장르이다. 난센스는 주로 남녀배우 2명이 대화를 주고받는 형식으로 이루어져 있으며, 대화가 진행되는 동안 관현악반주가 이어지고, 막간가수의 노래가 삽입되기도 했다. 스케치 역시 남녀배우 2명의 대화로 진행되지만, 음악의 비중이 훨씬 크기 때문에 막간가수와 작곡가가 참여하였고 비극적 내용과 희극적 내용 모두를 다루었다.[24] 난센스에서 두각을 드러냈던 배우 임서방이나 스케치에서 큰 인기를 얻었던 배우 신불출은 이후 극작가와 작사가로도 활동했으며, 막간에서 공연된 장르인 난센스, 스케치 등은 음반극이라는 새로운 장르로 자리 잡기도 했다. 그리고 막간에서 가수로 주목받은 배우들은 음반을 취입하면서 가수로 활동하기도 했다. 즉 막간무대는 당대 대중가요의 산실이기도 했던 것이다.

막간의 상업성에 대해 비판하는 시각도 있었지만, 극단 운영을 위해서는 막간을 유지할 수밖에 없었다. 특히 막간가수가 취입한 노래가 큰 인기를 얻게 되면서 막간은 공연의 흥행을 좌우하는 요인이 되었고 막간무대를 확대 편성하는 극단도 늘어났다. 일례로 토월회가 해산한 뒤 설립된 '태양극장'은 흥행이 부진하자 막간가수로 유명세를 얻었던 강홍식, 전옥, 임서방, 신카나리아 등을 영입하여 막간무대를 강화함으로써 이를 타개하고자 했으며,[25] 취성좌 해체 후 결성된 '조선연극사' 역시 음악부와 밴드부를 두어 막간무대를 강화하고 악극에 공을 들였다. 조선연극사가 1930년

24 이런 점에서 서연호는 스케치를 악극의 초기 형태로 보았다(서연호, 앞의 글, 2003, 222~224쪽). 스케치와 난센스의 구성에 대한 설명은 한국음반아카이브연구단 편, 《한국유성기음반》, 한걸음더, 2011에 수록된 가사지를 기반으로 한 것으로, 실제 막간에서 공연된 스케치와 난센스의 구성과는 다를 수 있다.

25 김호연, 앞의 글, 2003, 45쪽.

2월에 공연한 희가극 〈경성행진곡〉은 JODK 라디오로 방송될 만큼 큰 인기를 얻었고, 김소랑이 합류한 삼천가극단의 라이벌로 어깨를 나란히 하기에 이른다.[26]

〈표 4〉 주요 막간 배우들이 취입한 음반

배우	극음반	노래음반	비고
김선영	48	14	콜럼비아레코드 전속
김연실	64	23	시에론레코드 전속 / 난센스 위주
나품심	77	4	포리돌레코드 / 오케레코드 전속
복혜숙	20	5	영화설명, 재즈송 위주
석금성	15	19	신민요 위주
신일선	35		포리돌레코드 전속
이애리수	36	69	빅타레코드 전속
전옥	69	105	포리돌레코드 전속
강석연	41	139	
이경설	32	32	
신카나리아	21	27	
지경순	24		난센스 위주
차홍녀	24		
신불출	140	7	작사 4곡
임서방	20	6	작사 3곡
왕평	121	56	작사 49곡
강홍식	20	90	작사 2곡

출처: 한국음반아카이브연구소 한국유성기음반(sparchive.co.kr); 신수정, 〈1930년대 여배우의 유성기 음반 활동 연구〉 《음악과 현실》 52, 2016, 101~146쪽 참조).

비고: 표에서 언급한 막간배우는 음반취입활동을 확인할 수 있는 경우만 정리한 것이다.

26 김호연, 앞의 글, 2003, 40~41쪽.

조선극장을 운영했던 김조성이 결성한 '예원좌' 역시 막간으로 유명세를 얻은 극단으로, 1935년 2월의 창단공연에서는 촌극, 영화극 만담, 난센스 등의 다양한 막간을 선보였다.[27] 이처럼 극단의 흥행에서 막간이 큰 비중을 차지하게 되면서 막간에서 활약한 배우들의 음반취입이 늘어났고, 음반사 전속가수로 활동하는 경우도 늘어났다. 막간에서 활약한 배우들이 취입한 극음반과 노래음반의 현황은 〈표 4〉와 같다.

2) 레뷰와 근대적 스펙터클: 소녀성, 이국성, 조선성의 전시

신파극의 막간에서 시작된 악극은 1920년대 말부터 일본 소녀가극단의 영향을 받아 레뷰의 형태로 발전하게 된다. 일본에서는 1913년 다카라즈카[寶塚] 가극단이 창설된 이후 쇼지쿠[松竹] 가극단, 오사카 쇼지쿠 가극단(OSK일본가극단) 등 소녀가극단들이 앞 다투어 결성되고 큰 인기를 끌면서, 소녀가극단이 선보이는 레뷰 무대가 1920년대와 1930년대의 대중문화계를 주도했다.[28]

일본의 소녀가극단과 레뷰 열풍은 조선의 대중문화에도 영향을 미쳤다. 일본에서 큰 인기를 모은 여성 마술사 쇼코쿠사이 덴카츠[松旭齊天勝]가 이끄는 덴카츠이치자[天勝一座]는 1913년부터 수차례 조선을 방문했고,[29] 1915년경 덴카츠로부터 독립한[30] 쇼코쿠사이 덴게[松旭齊天華] 일행 역시 1919년 무렵부터 조선을 방문하여 레뷰revue 공연을 선보였다.[31] 1924년과

27 김남석, 〈조선의 여배우 김연실의 연예계 활동상과 연기 변모 과정 연구〉《한국연극학》 47, 2012, 138쪽.

28 손민정, 〈1920년대 중반-1930년대 초반의 악극 연구: 여성 악극인의 근대성을 중심으로〉《이화음악논집》 17-1, 2013, 92쪽.

29 백현미, 앞의 글, 2012, 87쪽.

30 김영희, 〈일제강점기 레뷰 춤 연구〉《한국무용사학》 9, 2008, 211쪽.

31 백현미, 앞의 글, 2012, 87쪽.

1925년에는 동경소녀가극단이 조선을 방문했고, 1921년 중국 대련에서 조직되었던 대련소녀가극단이 '스즈랑자[鈴蘭座]'로 이름을 바꾸고 1925년 경성 조선극장에서 동화무용극을 공연했다.[32] 이들 소녀가극단은 조선에서 큰 인기를 얻었으며, 특히 덴카츠이치자와 스즈랑자는 '조선소녀'가 단원으로 활동하고 있다는 점에서 더 큰 주목을 받았다. 1918년에 덴카츠이치자가 조선을 방문했을 때, 언론은 덴카츠이치자에 소속되어 있던 조선소녀 배구자를 전면에 내세운 기사를 앞 다투어 보도했다.[33] 스즈랑자 역시 17명의 단원 중 "8살에서 15살에 이르는 조선 소녀"[34] 8명이 포함되어 있는 다국적 가극단이라는 점에서 주목받았다.

이처럼 1910년대부터 일본의 여러 소녀가극단이 조선을 방문하여 레뷰를 공연했고,[35] 조선 대중들은 이들이 선보이는 서구적이고 '모던'한 스펙터클과 이국취향에 대한 선망, 그리고 무대 위에서 전시되는 '소녀'라는 존재에 대한 호기심에서 이들의 공연에 주목했다.[36] 특히 여학생이나 신여

32 〈조선소녀 8명, 가극단 스즈랑좌 今十日부터 朝劇에서〉《동아일보》 1925년 10월 10일; 〈스즈랑좌 소녀가극 조선극장〉《동아일보》 1925년 11월 29일.

33 김남석, 〈배구자악극단의 레퍼토리와 공연 방식에 관한 연구〉《한국연극학》 55, 2015, 5쪽.

34 백현미, 앞의 글, 2012, 89쪽.

35 일본 소녀가극단의 조선 공연은 1940년대 말까지도 계속된다. 특히 동양극장에서는 동경소녀가극단(1935년), 덴카츠다이이치자(天華大一座, 1936년), 덴카츠이치자(天勝, 1937년, 1938년), 일본다이이치자(요시모토흥업 전속, 1937년) 등을 초빙하여 공연을 선보였다.

36 박진(필명 愚石)은 레뷰의 유행이 '스피드'라는 근대적 특징에서 기인한다고 파악했다. "세상은 시각으로 加速度에 또 速度를 더하고 잇는 동시에 사람의 오락에 대한 욕구도 刹那的 享樂을 찻게 되고 또 그것을 조화하게 되엿다. 이 현상이 구체화하여 생겨난 것이 『레뷰-』라는 『쇼-』의 한 형식이다. (중략) 『레뷰-』는 원래 佛蘭西의 所産으로 훌륭히 독립한 興行物이엿스나 에레타-티맨트 푸로그람에 이 레뷰-를 집어 너은 것은 米國서가 처음이다. 스피-드를 요구하는 영화관객에게 보다 찰

성, 모던걸과는 다른 '소녀'라는 기표는 새로운 여성의 존재유형으로서 조선 대중에게 흥미를 불러 일으켰다. 소녀가극단이 전달하는 '소녀'라는 기표는 어린 여성의 신체가 '모던'한 볼거리와 함께 무대 위에 전시되는 형태로 제시되었다.[37] 이러한 인기를 반영하듯 1929년부터 조선에서도 독자적으로 레뷰를 공연하기 시작했다. 극단과 극장에서는 소녀반,[38] 무용부,[39] 레뷰단[40]을 설치했고,[41] 권번들 역시 레뷰 열풍에 동참했다. 권번이 레뷰를 공연한 첫 번째 기록은 1929년 가을에 개최된 조선박람회에서 발견된다. 1929년 9월 12일부터 10월 31일까지 경복궁에서 개최된 조선박람회에서는 연예관에서 각 권번이 댄스 무대를 선보였다.[42] 권번의 레뷰 공연은 1930년대에도 계속 이어져서, 평양기생 레뷰단, 한성기생 레뷰단, 종로권

나적 오락인 레뷰-를 보혀 준 것은 꾀잇는 策이라 할 수가 잇다. 따라서 이 흥행법의 全米國의 興行界에 蔓延하야 今日에는 1,2流의 영화에서는 상식적으로 푸로그람에 넛케 되엿고 그것이 벌서 日本을 거처 朝鮮에서도 볼 수 잇게 되엿다."(愚石, 〈'레뷰-'의 근대성〉《별건곤》 23, 1929년 9월, 158쪽).

37 이와 더불어, 1929년 5월 단성사에서 상영한 레뷰 영화 〈몽 파리〉도 경성의 레뷰 열풍에 한 몫했다.

38 취성좌는 소녀반을 설치하고 1929년 단성사에서 공연했다.

39 토월회와 조선연극사는 극단 산하에 무용부를 설치했다.

40 조선극장은 극장전속 레뷰단을 설치했으며, 레뷰단이 해산될 때까지 권금성(권삼천)이 신인 지도와 연출을 담당했다(이서구, 〈가극단 여왕의 사〉《만국부인》, 1932년 10월, 46쪽).

41 백현미, 앞의 글, 2012, 91쪽.

42 당시 조선박람회에 대해 《매일신보》는 "연예관 안의 각 권번 흥행이 거의 댄스로 짰었고"라고 보고하고 있다(〈1930년 무용계의 3년 전망〉《매일신보》 1930년 2월 21일). 동일한 조선박람회 연예관에서 선보인 〈조선10경〉이라는 프로그램에서는 조선 각지의 풍경을 배경으로 샤미센 반주의 나가우타[長唄]에 맞춰 일본식 무용을 선보였다(김동현, 〈배구자악극단 초창기 공연의 '조선적 정조'에 대한 연구〉《한국극예술연구》 64, 2019, 103쪽).

번 레뷰부 등이 레뷰를 공연했다.[43]

극단과 권번 소속 레뷰단 뿐만 아니라, 본격적으로 레뷰 공연을 목적으로 한 단체들도 결성되었다. 그 대표적인 예가 배구자악극단과 삼천가극단인데, 두 단체 모두 일본의 소녀가극단에서 활동하던 인물이 독립하여 설립했다는 공통점이 있다. 배구자악극단은 앞서 언급한 것처럼 덴카츠이치자의 단원으로 활동하던 배구자가 덴카츠이치자와 결별하고 독자적으로 설립한 공연단체이다. 배구자는 13세인 1918년부터 덴카츠이치자의 조선 방문 공연에 출연하면서 덴카츠이치자의 조선 홍행을 이끄는 중요한 요인으로 조선인들의 주목을 받았다.[44] 덴카츠이치자가 조선을 방문할 때마다 《매일신보》에서는 배구자를 내세운 광고가 게재되었고, 조선인들에게 배구자는 덴카츠이치자를 대표하는 인물로 인식되었다.[45] 이렇게 조선에서 이미 유명세를 얻고 있던 배구자는 1926년 돌연 덴카츠이치자를 떠나 고향에 칩거하다가,[46] 1928년 4월 '음악무용회'를 개최하여 복귀공연

43 "평양기생학교 금춘 졸업생들의 가극, 무용, 레뷰, 합창 가곡 등이 있으리라는데 일행 40여 명 중에는 평양 기성권번 기생도 있고, 시내의 한성, 한남, 조선 등 권번에서도 찬조출연을 한다."(〈평양기생학교생 가극, 레뷰 등 공연-14일부터 3일간 시내 수은동 단성사〉《동아일보》 1932년 3월 16일). 1933년 12월 7일부터 한성레뷰단이 도화관에서 공연을 선보였고(《매일신보》 1933년 12월 7일) 1938년 《매일신보》 사가 주최한 운동회의 여홍 프로그램인 3부와 5부 순서에서는 종로권번 레뷰부가 출연했다(《매일신보》 1938년 5월 14일)(김영희, 앞의 글, 2008, 219~220쪽).

44 김남석, 앞의 글, 2015, 6쪽.

45 그러나 실제 덴카츠이치자의 공연에서 배구자의 비중이 크지 않았음을 감안할 때, 《매일신보》의 기사들은 덴카츠이치자의 조선 공연을 홍행시키기 위해 의도적으로 배구자를 부각시킨 것임을 짐작할 수 있다(김동현, 앞의 글, 2019, 94~96쪽).

46 배구자의 극단 탈퇴의 배경에는 숙모인 배정자가 있었다. "배정자는 배구자를 중심으로 새로운 극단을 만들고자 하였다. '텐카츠이치자의 대표배우'라는 이름을 적극 활용하여 홍행몰이를 하고자 했던 것이다. 배구자가 텐카츠이치자 탈퇴 이후 근화여학교 후원 연극회, 正則강습소 후원 음악회 등에 참여한 것은 그러한 행보의 일환

배구자무용연구소를 소개한 사진
출처: 《동아일보》 1929년 8월 24일.
비고: 당시 기사에서 이 사진에 대해 '장족진본된 연구생들의 무용(오리엔탈 포스)'라고 설명하고 있다.

을 선보인 뒤 1929년 3월 신당리에 '배구자무용연구소'를 설립하고 '배구자악극단'으로서 본격적으로 활동을 시작하였다.

배구자악극단은 큰 인기를 얻으면서 언론의 주목을 받았고 1931년 말부터는 일본 공연에 주력하다가, 1935년 배구자가 남편 홍순언과 함께 동양극장을 설립하면서부터는 국내에서의 활동도 병행하였다.[47]

배구자무용연구소가 개소한 것과 같은 해인 1929년에 창단한 금성오페라단은 12월 20일 우미관에서 창단공연을 가졌다. 금성오페라단을 창단한 권금성은 스즈랑자에서 활동한 권익남으로 추정되며,[48] 창단 당시 금

이었다."(김동현, 앞의 글, 2019, 97쪽).

47 배구자악극단은 국내외를 오가며 활동을 이어가던 중 1937년 홍순언이 사망하고 재혼과 동양극장 경영권을 둘러싼 분쟁을 겪으면서 해산하게 되었다.

48 이서구는 권금성에 대한 추모글에서, 권금성이 열 살 되던 해 일본 교토의 소녀가극단 스즈랑자에 소속되었다가 17세에 경성으로 돌아와 조선극장 레뷰단에서 신인지도와 무대 연출에 공헌하다 레뷰단이 해산하자 금성오페라단을 창단했다고 설명한 바 있다(이서구, 〈가극단 여왕의 사〉 《만국부인》, 1932년 10월, 46쪽).

〈표 5〉 배구자악극단의 주요 공연 내용

일시	장소	주요 프로그램	비고
1929. 9. 19.~25.	영락정 중앙관	조선 신무용 〈水汲〉, 무용시, 신작무용 〈오리엔탈〉, 재즈댄스, 인형댄스, 코믹댄스, 발레, '스틱 걸', 촌극	창단공연
1929. 9. 19.~25.	조선극장	조선 신무용 〈水汲〉, 〈아리랑〉, 무용시, 신작무용 〈오리엔탈〉, 재즈댄스, 인형댄스, 코믹댄스, 발레, '스틱 걸', 촌극	
1929. 11. 15.~	단성사	신작무용 〈오리엔탈〉, 〈봄이 오며는〉 가극 〈잠자는 신〉(眠草), 〈인형제〉(森의 인형)	
1930. 11. 4.~	조선극장	비가극 〈무궁화〉, 희가극 〈라 말세이유〉, 〈세계일주무용〉, 촌극 〈모가 모보〉, 〈홍장미백장미〉	
1931. 1. 23.~26.	단성사	가무극 〈복수의 검〉, 〈파계〉, 조선민요	혁신제1회 공연
1935. 11. 1.~7.	동양극장	만극 〈멍청구리 제2세〉, 촌극 〈월급날〉, 무용극 〈汲水婦〉, 소녀관현악단의 무대연주 (조선곡), 조선무용 〈아리랑〉	동양극장 개관기념 공연
1935. 11. 8.~12.		악극 〈파리의 기적〉,〈雙童의 결혼〉, 촌극 〈아첨하다 봉변〉, 조선신무용 〈창부타령〉, 신무용 〈도라지 캐는 처녀〉, 소녀관현악단 무대연주	
1936. 5. 4.~20.	동양극장	대레뷰 〈안녕합쇼 서울〉, 악극 〈마음의 등불〉, 〈사랑은 허무하기 물거품 같더라〉	청춘좌 합동공연
1936. 6. 17.	부민관	무대연주, 조선속요, 댄스 〈오리엔탈〉, 〈스파닛쉬〉 촌극 〈근등용〉, 쇼콘서트 〈방울꽃〉, 독창, 탭댄스, 탱고, 룸바, 무용극 〈검무〉, 만무 〈천안삼거리〉, 무용 〈아리랑〉, 우화악극 〈이상한 피리〉, 〈할로-서울(탭댄스)〉, 레뷰 〈잘잇거라 서울〉	

출처: 김남석, 앞의 글, 2015, 8~28쪽; 백현미, 〈소녀 연예인과 소녀가극 취미〉 《한국극예술연구》 35, 2012, 55쪽.

성오페라단은 남녀배우 20여 명과 악사 20여 명으로 구성되어 있었다.[49] 그러나 금성오페라단은 같은 해 대구공연의 각본 내용이 불온하다는 이유로 해산당하게 된다. 권금성은 1929년에 해산된 취성좌를 이끌던 김소랑을 주간으로 하여 다시금 '삼천가극단'을 결성하고, 자신의 이름도 권삼천으로 개명했다. 권삼천은 감독에 배우 마호정, 각본부에 신불출, 연출부에 임생원을 임명하고 1930년 6월 단성사에서 창단공연을 가진다. 창단공연에서는 50여 명의 단원이 모두 출연하여 가극, 중국가극, 희가극 등을 선보였고, "조선에서는 시험해 본 적이 없는 레뷰식 가극과 희가극"[50]이라는 평을 받았다.[51] 뒤이어 8월부터 1달 간 장기 일정으로 조선극장에서 권삼천 작의 희가극 〈헷소문〉과 비가극 〈평화〉, 취성좌에서 공연했던 〈경성 행진곡〉과 함께 중국무도 〈난무곡〉 등을 공연했다. 이때 공연한 〈난무곡〉에 대해 "소녀반 총출연"이라는 문구로 홍보하고 있는 것으로 보아 삼천가극단 산하에 '소녀반'이 별도로 운영되고 있었음을 짐작할 수 있다.[52] 즉 금성오페라단이나 삼천가극단은 남녀단원이 모두 참가하고 있어 여성만으로 구성된 단체는 아니었지만, 소녀가극단과 유사한 조직을 산하에 운영하고 있었다는 것이다.

삼천가극단은 이후로도 활동을 이어갔지만, 취성좌에서 탈퇴한 단원들이 새롭게 결성한 조선연극사와 경쟁하기 위해 4, 5일 단위로 프로그램을 변경하는 무리한 기획을 진행했고, 탐정극이나 비극을 레퍼토리에 포

49 백현미, 앞의 글, 2012, 95쪽.

50 〈삼천가극단, 조선에 내연, 8월 11일부터, 장기흥행할 예정〉《중외일보》 1930년 8월 4일(백현미, 앞의 글, 2012, 95쪽에서 재인용).

51 〈오십명 소녀로 조직된 삼천고녀가극단 단성사서 공연〉《매일신보》 1930년 6월 14일(서연호, 앞의 책, 2003, 272쪽에서 재인용).

52 서연호, 앞의 책, 2003, 273쪽.

〈표 6〉 금성오페라단과 삼천가극단의 주요 공연 내용

일시	장소	주요프로그램	비고
1929. 12. 20.	우미관	연애비극 〈천국〉, 가극 〈결혼 삼중주〉, 무용 〈눈 뜨는 봄〉, 〈인형춤〉, 〈차리스통〉, 합창, 가사 〈笑乃藥〉	금성오페라단 창단공연
1930. 6. 19.	단성사	가극 〈크른다이크 칼멘〉, 중국가극 〈뭇는 그림〉, 희가극 〈돈과 벙거지〉	삼천가극단 창단공연
1930. 6. 28.	단성사	희가극 〈결혼 삼중주〉, 풍자 희가극 〈인간병원〉, 희가극 〈정직자〉	
1930. 7. 1.	단성사	가극 〈우수한 가극〉	경성 삼우회 창립 6주년 기념
1930. 8. 1.		희가극 〈헷소문〉, 비가극 〈평화〉, 중국무도 〈난무곡〉(소녀반 총출연)	
1930. 8. 19.	조선 극장	비극 〈병처〉, 희가극 〈경성행진곡〉, 무용, 희가극 〈돈과 벙거지〉,	1개월 장기공연
1930. 8. 23.		탐정극 〈여배우〉, 희가극 〈부자와 양반〉, 무용, 희가극 〈아버지와 딸〉	

출처: 김호연, 앞의 글, 2003, 35~39쪽; 백현미, 앞의 글, 2012, 95~107쪽 참조.

함하면서[53] 가극단으로서의 개성을 잃게 되었다. 그리하여 경쟁력을 잃은 삼천가극단은 경성을 떠나 지방에서 주로 공연하다가, 1932년 권삼천의 사망과 더불어 가극단의 활동도 막을 내리게 된다.

한편, 배구자악극단과 삼천가극단이 주도한 레뷰 열풍은 계속 이어져서 특히 여성단원으로만 구성된 레뷰 극단이 지속적으로 등장했다. 배우 이월화가 1930년경 원산에서 오양가극단을 결성했고, 1930년 함흥에

53 서연호, 앞의 책, 2003, 273~274쪽.

서 해송소녀가극단이 조직되었으며,[54] 1936년에는 낭랑좌가, 1938년에는 악극단 도원경이 창단되었다.[55] 낭랑좌는 본격적인 '소녀가극단'을 표방하고 결성되었던 만큼 언론의 큰 관심을 받았다. 1936년 3월에 창단한 낭랑좌는 "천승이나 동보의 소녀가극단"이 되기를 목적으로 하여 "노래와 딴스로서 조선 예원에 데뷔하려는 뜻을 품고 현해탄을 건너갔던" 단원들이 창단을 앞두고 새롭게 7명의 여성 단원을 모집하여 1936년 4월 동양극장에서 창단공연을 선보였다.[56] 당시 낭랑좌 창단의 주축이 되었던 인물들은 이미 여러 분야에서 상당한 인지도를 얻고 있던 인물들이었다. 나선교는 1933년경부터 시에론 레코드 회사의 전속가수로 활동했고, 김소파는 1934년 무렵 최승희 무용단에 속해 있었으며, 조영숙도 최승희의 수제자로 이름을 알렸고, 박옥초는 극단 신무대에 소속된 배우였다.[57] 창단공연에서 낭랑좌는 난센스, 버라이어티쇼, 악극, 희가극, 촌극 등으로 구성한 레뷰 무대를 선보였다. 그러나 낭랑좌의 활동은 창단공연을 마지막으로 그치게 되고, 단원들은 다른 악극단으로 흩어졌다.

1938년에 창단한 악극단 도원경 역시 낭랑좌와 마찬가지로 여성으로만 구성된 악극단이었다. 도원경은 배우 강정옥, 공작희, 전숙선, 노재신, 이성희 등이 참여하고, 극작가 이서구가 고문을, 권일청이 연출을 담당하여,[58] 1938년 5월 17일과 18일 양일간 동양극장에서 희가극과 퍼레이드 등의 레뷰 프로그램으로 창단공연을 가졌다. 그러나 도원경 역시 창단

54 백현미, 앞의 글, 2012, 96쪽.

55 백현미, 앞의 글, 2012, 121쪽.

56 〈소녀악극단 낭랑좌 창립, 4월 초순경에 제1회 공연예정〉《동아일보》 1936년 3월 11일.

57 백현미, 앞의 글, 2012, 123쪽.

58 백현미, 앞의 글, 2012, 107쪽 · 121쪽.

〈표 7〉 낭랑좌와 악극단 도원경의 주요 공연 내용

악극단	일시	장소	주요 프로그램	비고
낭랑좌	1936. 4. 11~16.	동양극장	넌센스 〈처녀행진곡〉, 버라이어티쇼, 악극 〈고독의 비가〉	창단공연
낭랑좌	1936. 4. 17~18.	동양극장	희가극 〈몽상의 가인〉, 희가극 〈감자와 처녀〉, 촌극 〈맛있는 술〉	창단공연
도원경	1938. 5. 17~18.	동양극장	희가극 〈청춘호텔〉, 희가극 〈사랑의 꽃다발〉, 〈신혼강짜소동〉, 퍼레이드 〈춘소몽〉	창단공연

출처: 백현미, 앞의 글, 2012, 95~107쪽 참조.

공연 이후로는 이렇다 할 활동을 보여주지 않았다.

이제까지 살펴본 것처럼, 1930년대까지 악극단의 활동은 일본의 소녀가극단을 모델로 한 여성 중심의 레뷰 공연 단체였다. 삼천가극단은 남녀단원이 모두 포함되어 있었지만 '소녀반'을 별도로 운영하였고, 배구자악극단은 여성단원들이 중심이 된 단체일 뿐 아니라 '소녀관현악단'을 산하에 두어 '소녀'라는 기표를 강조했다. 낭랑좌와 도원경은 소녀가극단을 전면에 내세우고 조직된 단체였다. 이처럼 초기 악극에서 '소녀'라는 기표는 핵심적인 구성 원리이자 흥행요소였다. '소녀'라는 새로운 유형의 여성 신체가 무대 위에서 전시된다는 사실은 더없이 매력적인 흥행요인으로 작용했다. 또한 무대 위의 '소녀'의 신체는 레뷰라는 공연 형식을 통해 서구적 모던함과 더불어 낯선 의상과 춤동작이 연출하는 '이국성'과 연계되며 다양한 스펙터클을 연출했다. 일례로 배구자악극단의 공연 레퍼토리에는 항상 여성의 신체와 이국성을 부각시키는 프로그램이 포함되어 있었다. 〈표 5〉에서 볼 수 있듯 〈오리엔탈〉이나 〈스파닛쉬〉, 〈세계일주무용〉 등은 여성의 신체를 통해 이국성을 연출하는 프로그램이었다. 또한 대부분의 프로그램이 여성단원들로 공연되었고,[59] '소녀관현악단'을 따로 운영하여 음악도 여성단원들이 담당하도록 하면서 무대 위에서 또 다른 볼거리를 제공했다. 삼천가극단이 선보인 중국가극 〈묻는 그림〉이나 중국무용 〈난무곡〉 역시 이국적 스펙터클을 연출했다(〈표 6〉 참조).

한편, 이러한 이국적, 서구적 스펙터클을 연출하는 동시에 '조선성'을 강조하는 행보를 보여준 예도 있다. 배구자악극단과 낭랑좌가 그 대표적인 경우인데, 특히 배구자악극단을 이끌었던 배구자는 덴카츠이치자에서 활동하던 시기부터 '조선성'을 대표하는 표상으로 대중에게 각인된 인물이라는 점에서 주목할 만하다. 앞서 언급했듯, 덴카츠이치자의 조선 공연을 보도한 언론들이 배구자가 덴카츠이치자를 대표하는 '조선 소녀'라고 홍보했기 때문이다. 따라서 조선의 대중들은 배구자가 악극단을 결성했을 때 조선의 '소녀가극단'으로 인식하고 큰 관심을 가졌다. 더욱이 배구자악극단의 창단공연이 개최된 1929년 9월은 조선박람회가 개최된 시기와 맞물린 시기였고, 조선 대중들에게 조선박람회를 적극적으로 홍보하고자 했던 《매일신보》는 배구자악극단의 공연이 박람회 연예관에서 개최될 것이라고 보도하기도 했다.[60] 그러나 실제 배구자악극단의 창단공연은 영락정, 중앙관, 조선극장에서 이루어졌는데, 조선인 대상의 조선극장 공연에서는 1928년 복귀공연에서 선보인 바 있는 '조선 신무용'[61] 〈아리랑〉

59 〈파계〉의 경우 일운선사 역을 맡은 권일청만이 남성배우이고, 모든 배역을 여성단원이 연기했다(백현미, 앞의 글, 2012, 119쪽).

60 〈배구자가 출연한다〉《매일신보》 1929년 8월 20일; 〈출연 준비중인 배구자무용단〉《매일신보》 1929년 8월 25일; 〈조선박람회 전기 (7)〉《매일신보》 1929년 9월 7일(김동현, 앞의 글, 2019, 100쪽에서 재인용).

61 '신무용'이라는 용어는 시대에 따라 다른 의미로 통용되었으나, 배구자가 추구한 신무용은 서양무용과 전통무용을 결합시킨 형태를 의미한다.

을 선보였다.

배구자는 1931년 1월 《매일신보》와의 인터뷰에서 "남의 것만 맹목적으로 추종해 갈 것이 아니라 우리는 어디까지 우리의 고유한 춤을 연구해서 조선에서 확고한 무용도를 수립하는 것이 급선무가 아닐까요."[62]라고 말하면서 '조선적'인 춤과 공연에 대한 관심을 공개적으로 밝혔다. 실제로 배구자는 1931년 1월 공연에 앞서 가무극부를 새로 설치하고 '혁신공연'이라는 명칭으로 가무극 〈복수의 검〉, 〈파계〉 등과 더불어 "조선민요를 무용화한 작품 20여 종"을 선보였고, "순조선정조를 표현하는 새선물로 노래와 춤과 연극의 종합작품"이라는 평을 받았다.[63] 실제로 1931년 1월까지 조선의 대중들은 배구자악극단의 공연을 '조선적인 것'으로 인식하면서 크게 호응했다. 그러나 배구자악극단의 공연 프로그램을 보면 배구자가 천명한 '조선적인 것'은 실상 다양한 이국적 스펙터클을 제공하는 무대의 일부일 뿐이라는 것을 알 수 있다. 1929년 11월 공연에서는 덴카츠이치자가 일본에서 선보인 작품들을 번안하여 무대에 올리기도 했으며,[64] '조선적' 무용을 천명한 1931년 1월 이후로도 이국적 의상을 입은 여성의 신체를 무대위에 전시하는 것을 주요 프로그램으로 했고 조선적인 춤은 그 프로그램의 일부일 뿐이었다.

배구자악극단이 표방한 '조선성'이 실상 이국적 스펙터클의 일환이었음은 1931년 말부터 주력한 일본공연에서부터 조선적 프로그램을 본격적으로 부각시켰다는 사실에서 분명하게 드러난다. 배구자는 1932년 일본에서 공연한 주요 프로그램에 대해 "조선민요무용, 조선동요무용, 조

62 〈조선민요의 무용화 특색발휘에 전죽〉《매일신보》 1931년 1월 9일(김남석, 앞의 글, 2015, 21~22쪽에서 재인용).

63 〈배구자 예술연구소 혁신제1회공연〉《동아일보》 1931년 1월 17일.

64 김동현, 앞의 글, 2019, 105쪽.

선표현의 신무용, 서양무용 외 스케치"라고 밝혔고,[65] 이후로도 일본 순회공연에서 〈오동나무〉와 〈방아타령〉 등 새로운 조선신무용을 선보였다.[66] 배구자악극단에 대해 연구한 김동현은 배구자가 '조선성'을 강조한 것은 배구자 개인의 정체성 찾기와 더불어 덴카츠이치자와의 차별화를 위한 것이었다고 분석했다.[67] 마술을 중심으로 했던 덴카츠이치자와 달리 무용을 부각했던 것과 마찬가지로 '조선적' 무용을 내세움으로써 차별화를 꾀했다는 것이다. 이러한 시도를 통해 '조선성'의 상품성을 인지한 배구자는 일본 공연에서 본격적으로 부각했고, 이는 꽤나 성공적이었던 것으로 보인다. 그러나 1935년 이후 국내외 활동을 병행하기 시작했을 때, 배구자악극단의 국내공연에서는 '조선성'을 특별히 부각하지는 않았다. 다시 말해 배구자 스스로는 민족적 정체성으로서 조선적 무용을 추구한다고 말했지만, 실제로 배구자악극단이 선보인 '조선성'은 일본관객을 위한 이국적 스펙터클의

1935년 배구자악극단 경성 공연 리플렛
출처: 양구근현대사박물관.

65 당시 무대에 오른 프로그램은 〈아리랑〉·〈박꽃 아가씨〉·〈양산도〉·〈도라지타령〉·〈잔도토리 타령〉 등 조선의 민요를 바탕으로 한 작품들이었다(김남석, 앞의 글, 2015, 22쪽).

66 이서구는 배구자의 공연을 위해 유행가 〈그리운 강남〉을 창작했다고 언급하기도 했다(김남석, 앞의 글, 2015, 25~27쪽).

67 김동현, 앞의 글, 2019, 111쪽.

일환으로 기획되고 소비되었던 측면이 강하다.

낭랑좌 역시 조선적 악극에 대한 지향을 갖고 있었다. 창단공연 직후 가진 인터뷰에서 나선교는 "극이라고 해도 악극이니만치 노래와 춤으로 거지반 진행되고 쎄리푸라고는 별로히 업서요. (중략) 모다 현대의 새로운 맛이 나는 것뿐인데 우리는 좀 더 조선의 고전예술을 캐어내여 이것을 악극화하고 십어요. 가령 〈춘향전〉이나 〈방아타령〉 같은 것 말입니다."라고 말하면서 조선적인 악극에 대한 포부를 밝혔다.[68] 낭랑좌는 표면적으로는 일본의 소녀가극단을 모델로 하여 출발했지만, 실제로 모범으로 삼은 것은 조선에서 소녀악극단으로 처음 성공을 거둔 배구자악극단이었던 것으로 보인다. 창단공연이 배구자의 동양극장에서 이루어진 것도 영향을 미쳤을 것이다. 낭랑좌가 밝힌 조선적 악극에 대한 포부 역시 배구자의 경우와 마찬가지로 민족적 정체성에 대한 지향과 이국적 스펙터클에 대한 고려를 모두 포함한 발언일 것이다. 다만, 낭랑좌는 창단공연 이후 활동을 중단했기에 이러한 포부를 실행에 옮길 수 없었다.

이처럼 소녀가극단은 서구적이고 근대적인 스펙터클을 무대에서 선보이는 것으로 시작되었지만, 정체성에 대한 자의식과 차별화된 경쟁력을 확보하기 위한 수단으로서의 조선성에 대한 지향도 갖고 있었다. 물론 소녀가극단, 특히 배구자악극단이 시도한 조선적 악극은 여성의 신체와 아시아의 '이국적 이미지'를 결합시킴으로써 오리엔탈리즘을 강화하는 결과를 낳기는 했지만, 동시에 레뷰라는 서구적 장르에 조선적인 춤을 포함시켜 조선성을 '가시화'했다는 사실도 부인할 수는 없다.

68 〈남인금단의 낭랑좌〉《삼천리》 8-6, 1936년 6월(백현미, 앞의 글, 2012, 115쪽에서 재인용).

3) '서구성'과 '조선성'의 공존: 음반사 전속 악극단

여성중심의 악극단들이 큰 인기를 얻으면서도 부침을 이어가는 가운데, 음반회사들은 악극의 흥행 가능성에 주목하고 전속 악극단을 설립하기 시작했다. 음반사들은 초기부터 공연의 중요성을 인지하고 있었고, 따라서 소속 가수들의 공연무대를 기획해 서울과 지방 곳곳에서 순회연주를 펼치면서 음반홍보에 활용했다. 그리고 1930년대 후반부터 오케레코드사를 필두로 빅타레코드사, 콜럼비아레코드사 등이 전속악극단을 설립하면서, 본격적인 공연사업에 뛰어들었다. 이 악극단들은 소속 가수들의 공연무대에서 발전한 형태라는 점에서 공통점을 가지기는 하지만, 악극의 지향점과 구성방식에서 차이를 보인다.

(1) 오케레코드사 전속 조선악극단

공연의 중요성에 가장 먼저 주목한 것은 오케레코드사로, 전속악단인 '오케연주단'을 조직하고 1933년 12월 조선일보사가 후원한 세모자선공연에서 연주회를 선보였다.[69] 1936년(2월 8일~3월 4일)에는 오케 전속가수들과 오케연주단이 일본을 방문하여 '재류조선인동포위안 일본 순회대연주회'를 선보였고, 이 공연의 연주실황과 오케 소속 가수들이 출연했던 영화 〈춘향전〉을 편집한 음악영화 〈노래 조선〉이 제작되기도 했다.[70]

1936년 말 오케레코드사의 지점장에서 문예부장으로 강등되면서 경영일선에서 물러나게 된 이철은 1938년 1월 조선녹음주식회사[71]를 설립하고 '오케연주단'을 확대 개편하여 '오케그랜드쇼단'을 조직하면서 공

69 김호연, 앞의 글, 2003, 74쪽.

70 문화콘텐츠닷컴(www.culturecontent.com).

71 1941년 2월 '조선연예주식회사'로 명칭을 변경한다.

연사업에 매진하게 된다.[72] 이와 함께 오케레코드사 전속악단의 명칭을 'CMC 재즈밴드'로 변경하면서 오케그랜드쇼단의 전속악단으로 활동하도록 했다.[73] CMC 재즈밴드는 오케전속악단으로 활동하던 초기의 관현악 중심 편성에서 재즈 중심으로 편성을 변화시켰으며,[74] 이는 오케그랜드쇼단이 서구적 음향을 전면에 내세우고자 했음을 보여주는 것이기도 하다. 1938년 12월 첫 선을 보인 오케그랜드쇼단[75]의 공연구성은 1부에서 악극을 공연한 뒤 2부에서 가수들의 노래, 무용단의 춤, 짧은 코미디 등으로 구성한 버라이어티쇼를 공연하는 형태로 점차 공식화되었다.[76]

조선에서 큰 인기를 얻은 오케그랜드쇼단은 1939년 다시 한 번 일본공연을 추진하였다. 이때 오케레코드와 함께 일본공연을 기획한 일본측 흥행사 요시모토흥행[吉本興行]은 '오케그랜드쇼'라는 명칭보다는 '조선'이라는 향토성을 강조한 명칭이 일본에서의 흥행에 보다 효과적일 것이라고 제안했고, 이 제안을 받아들인 이철은 '오케그랜드쇼단'을 '조선악극단'이라는 명칭으로 바꾸었다.[77] 그리하여 조선악극단은 1939년 3월부터 5월까지 도쿄, 오사카, 고베, 교토, 나고야, 오쿠라, 규슈 등지에서 204회에 걸쳐 "재류 조선인동포 위안-오케순회대연주회"를 선보였는데,[78] 이때부터 조선악극단은 '조선성'을 부각시킨 프로그램을 선보이기 시작했다.

72 문화콘텐츠닷컴(www.culturecontent.com).
73 1938년 3월 27~31일에 황금좌에서 공연을 선보였다.
74 문화콘텐츠닷컴(www.culturecontent.com).
75 1938년 12월 19~22일 부민관에서 요시모토흥행의 제휴로 이루어졌다.
76 백현미, 〈'국민적 오락'과 '민족적 특수성'-일제 말기 악극의 경우〉《공연문화연구》 11, 2005, 171쪽.
77 김청강, 〈'조선'을 연출하다: 조선악극단의 일본 진출 공연과 국민화의 (불)협화음(1933~1944)〉《동아시아 문화연구》 62, 2015, 177쪽.
78 김호연, 앞의 글, 2003, 74쪽.

〈표 8〉 1939년 카게츠극장 공연의 주요 프로그램

연주자/연행자	곡목	비고
이난영	〈別れの船唄〉(이별의 뱃노래)	일본 유행가
	〈あ,それなのに〉(아 그럼에도 불구하고)[79]	일본 유행가 / 조선 유행가
	〈ディガディガデュ-〉(디가디가듀)[80]	재즈의 일본어 번안곡
	〈小原節〉	일본민요
김정구	〈夜店のフンタン屋〉	일본 유행가
김능자	〈滿洲娘〉[81]	일본 유행가
	〈獗男獗女〉(돌궐남자돌궐여자)	무용
조영숙[82]	〈경복궁타령〉	
	〈창부타령〉	
최인순	〈승무〉	

출처: 《キネマ旬報》(김청강, 앞의 글, 2015, 185쪽에서 재인용).

일례로 1939년 3월 11일 카게츠[花月]극장에서 열린 제1회 공연에서는 일본유행가와 일본민요, 재즈송과 더불어 조선민요에 맞춘 무용과 중국 소재의 공연이 한 무대에 펼쳐졌다. 순회공연의 목적을 "재류 조선인동포 위안"으로 내세웠음에도 불구하고, 일본어 가사의 노래를 부르고 중일전쟁 시기 문화적 프로파간다의 도구로 사용된 중국 소재의 노래와 무용이

79 1937년 1월 일본의 가수 미치얏코[美ち奴]가 발매한 유행가(TEICHIKU-1165)로, 같은 해 5월 이난영이 〈아글세엇저면〉(OKEH12007, 박영호 작사, 고가 마사오 작곡, 김송규 편곡)으로 발표하여 인기를 얻었다.

80 1928년 듀크 앨링턴이 불러 유행한 빅밴드 재즈음악이다.

81 1938년 만주국에서 내세운 배우 겸 가수 이향란이 불러 유행시킨 일본의 대륙물 유행가이다.

82 최승희의 수제자로 알려진 조영숙은 소녀악극단 '낭랑좌'를 결성한 바 있으며, 오케음악무용연구소에서 학생들을 지도하기도 했다.

포함되어 있다는 점은 이들이 일본 대중, 혹은 일본 당국을 잠재적 청중으로 의식했음을 짐작할 수 있다. 따라서 이러한 프로그램에 조선 민요에 맞춘 조선춤이 포함되었다는 것은 일본 거류 조선인동포를 위한 구성인 동시에 일본의 일부로서의 '조선'이라는 향토성을 드러내고자 했던 것임을 알 수 있다. 즉 이 '조선적' 프로그램은 민족성이 아닌 '향토성'을 상징하는 것이었고, 당시 조선의 '향토적' 문물에 큰 관심을 갖고 있던 일본 청중을 염두에 둔 것이었다.

일본에서 조선성이 상업적 경쟁력을 가졌다는 것은 1939년 제작된 영화 〈사려깊은 부인[思ひつき夫人]〉의 예에서도 알 수 있다. 이 영화에는 조선악극단의 공연장면이 5~6분가량 삽입되어 있는데, 〈아리랑〉 합창, 이화자의 〈꼴망태 목동〉, 김정구의 〈돈타령〉, 고복수와 이은파의 〈새날이 밝아오네〉를 조선어로 노래하는 장면이 들어 있다. 이 장면들에서 장구를 멘 고복수와 꽹과리를 든 김정숙, 소고를 든 남인수 등이 등장하며, 반주를 맡은 CMC밴드 외의 출연진 모두가 한복을 입고 있다.[83] 카게츠극장 공연에서는 일본어 가사를 노래했지만, 일본인이 제작한 영화에서는 조선어로 노래하는 장면이 삽입된 것이다.

조선악극단은 카게츠극장 공연 이후 가수들의 노래로 구성된 쇼 형태의 공연에서 가요극을 포함한 구성으로 공연 형태를 변화시켰다.[84] 이와 함께 조선악극단의 산하 조직으로 '아리랑 보이즈'[85]를 조직하여 1939년

83 이주희·반수현, 〈1940~1970년대 초 음악극에 나타난 춤연행 양상 연구: 조선악극단과 예그린악단을 중심으로〉《무용예술학연구》 74-2, 2019, 78쪽.

84 김호연, 앞의 글, 2003, 78쪽.

85 아리랑 보이즈는 김해송, 박시춘, 송희선, 이복본 등 남성 4인조로 구성된 일종의 유닛으로 노래와 악기 연주뿐 아니라 마임이나 촌극 등 다양한 구성의 어트랙션을 선보였다(이화진, 앞의 글, 2015, 389쪽).

'조선성'을 강조하는 조선악극단의 오사카 나니와자[浪花座] 공연 광고지
출처: 대한민국역사박물관.

9월 부민관 공연에서 첫 선을 보였다.[86] 1939년 11월에는 다시 일본으로 건너가 이듬해 2월까지 270회의 순회공연을 강행했는데,[87] 이때 큰 인기를 얻었던 '저고리 시스터즈'의 무대를 1940년 4월 부민관에서 개최된 공연에서도 선보였다. 또한 1940년 6월에는 '오케싱잉팀(오케가요단)'의 무대를 선보이는 등 다양한 형태의 산하조직을 운영했다. 오케싱잉팀은 조선악극단의 인기가 높아지면서 일정을 모두 소화하기 힘들어지자 대중가요 위주의 공연을 선보이기 위해 구성된 조직으로, 1941년까지 활동하다가 한동안 휴면기를 가진 후, 1943년 6월 '신생극단'이라는 이름으로 부민관에서

86 〈오케 樂劇團 卄七日부터 府民館公演〉《매일신보》 1939년 9월 27일; 〈조선 악극단, 악극 아트랙숀에〉《조선일보》 1939년 9월 30일.
87 이화진, 앞의 글, 2015, 387쪽.

〈표 9〉 조선악극단의 주요 공연 목록

일시	장소	프로그램	비고
1938. 12. 19.~	부민관	오케그랜드쇼단	
1940. 9. 15.~17.	부민관	〈歌ふ春香傳〉	조선악극단
1942. 8. 10.~12.	동양극장	〈東洋の曉〉, 〈百濟の劍〉(낭곡극), 〈뻐국새〉(향토악극), 〈眞夏の夜の夢〉(음악무용집)	
1942. 12. 31.	대륙극장	〈山櫻〉, 〈제비나라〉(희가극), 〈華ゃかな舞曲〉	
1943. 6. 2.~4.	부민관	신생악단 창립공연	
1944. 1. 22.~31.	동양극장	〈노예선〉, 〈人情나룻배〉, 〈김삿갓〉	
1944. 12. 12.~14.	동양극장	〈一つの流れ〉, 〈흥보전〉(희가극), 〈歌 のあろ繪葉書〉(관악무용극)	
1945. 3. 15.	명치좌	〈도화만리〉, 〈明朗散鬪記〉	

출처: 김호연, 앞의 글, 2003, 75~78쪽 참조.

창립공연을 갖고 조선악극단의 자매극단으로서 활동을 재개하였다. 조선악극단이 경성과 대도시를 중심으로 활동했다면, 신생극단은 지방 소도시와 만주 등지에서 희극이나 경연극經連劇을 선보였다.[88] 이에 더해, 악극단의 인기가 높아지면서 단원들을 훈련시키기 위해 1940년 9월 '오케음악무용연구소'를 설립했고, 1941년 5월에는 오케음악무용연구소 여성 생도들로 구성된 '아오이[あおい]악극단'을 결성하여 호남선 일대 도시들에서 순회공연을 선보이기도 했다.

이제까지 살펴본 것처럼 조선악극단은 서구적인 버라이어티쇼를 주축으로 하여 조선적 향토색을 드러내는 프로그램을 곁들이는 공연을 주로 구성했다. 일본공연에서는 조선성을 좀 더 부각시켰지만, 이는 조선성을

88 김호연, 앞의 글, 2003, 79쪽.

하나의 이국적 상품으로 소비하고자 하는 일본 청중을 위한 고려에서 기인했다. 그렇기 때문에 조선공연에서는 버라이어티쇼의 성격이 좀 더 강한 구성을 보여주었다. 〈춘향전[歌ふ春香傳]〉이나 '향토악극' 〈뻐국새〉 등을 선보이기는 했지만, 소속 가수들의 레뷰나 일본 작품, 혹은 〈백제의 검劍〉 같은 낭곡극을 함께 공연했다. 다시 말해, 조선악극단이 조선적 프로그램을 선보인 데는 조선 청중과 일본 청중을 모두 만족시키기 위한 상업적 목적이 더 크게 작용했다고 할 수 있다.

(2) 콜럼비아레코드사 전속 라미라가극단

콜럼비아레코드사 전속악극단 '라미라가극단'의 전신인 '콜럼비아가극단'은 음반사 외부 인사들에 의해 결성되었다. 1940년, 동아일보사 편집국장을 지낸 설의식은 학예부장을 역임했던 서항석 등과 함께 조선예흥사朝鮮藝興社를 조직하고 콜럼비아레코드사와 교섭하여 콜럼비아가극단을 결성하였다.[89] 설의식은 조선의 민화를 극화하는 단체를 제안했고 서항석은 전래민화를 극화하되 '가극운동'을 표면에 내세움으로써 일제의 검열을 피해가고자 했다. 이에 따라 설의식과 서항석은 "민중예도의 수립, 건전오락의 제창"이라는 사업목표를 주창하고 조선 민화의 극화를 건전오락의 일환으로 부각시켰다.[90] '건전오락' 담론은 1930년대 초부터 논의되었던 이슈로, '건전'한 오락으로 '불건전한 오락'을 정화하여 민중을 지도해야 한다는 식민지 지식인들의 계몽적 기획으로 시작되었다.[91] 당시만 해도 취미와 오

89 김호연, 앞의 글, 2003, 63쪽.

90 유인경, 〈근대 '향토가극'의 형성과 특질 연구-안기영 작곡 가극 작품을 중심으로〉 《공연문화연구》 19, 2009, 238쪽.

91 이화진, 〈전시기 오락담론과 이동연극〉 《상허학보》 23, 2008, 91쪽.

락은 "노동하는 인간에게 필수적인 보양保養, recreation의 요소"[92]로 인식되었으나, '신체제'의 시행(1940) 이후 국민화의 기제로 포섭되었다.[93] 이에 따라 건전오락 담론의 성격도 변화하여 시국적 내용을 쉽고 경쾌하게 전달하는 것을 의미하게 되었고, 이러한 정책적 지향을 구현하는 방편으로 '향토오락', '농촌오락'이라는 개념이 제기되었다.[94] 일본어를 모르는 민중에게 시국적 내용을 쉽게 전달하기 위해서는 조선어로 진행되는 공연물이 필요했고, 시국적 내용을 경쾌하게 전달하기 위한 방편으로 당대에 가장 대중적인 공연 장르였던 악극이 유용하게 활용될 수 있었다. 즉 설의식과 서항석은 이러한 일제의 건전오락 정책을 전용하여 조선어 공연이 가능한 장르를 모색했던 것이다.

조선예흥사는 설립초기부터 '조선음악곡의 밤'(1940)을 개최하는 등 조선적인 음악을 지향하는 단체임을 표방했고,[95] 콜럼비아가극단 역시 그 목적에 부합한 행보를 보여주었다. 콜럼비아가극단의 창립공연에서는 유치진의 〈목단등기牧丹燈記〉를 선보였지만,[96] 1941년 '라미라가극단'으로 명칭을 바꾼 후에는 고전 설화를 바탕으로 한 서사적 가극을 지향했다. 실제로 서항석은 "시류의 재즈풍에 흐르지 않고 전래민요곡을 주조로 하도록" 안기영에게 작곡을 의뢰했고, 안기영의 조언에 따라 가극단의 명칭을 '라미라가극단'으로 변경했다.

안기영은 서항석과 함께 〈콩쥐팥쥐〉(1941), 〈견우직녀〉(1941), 〈은하수〉(1942) 등 고전 설화와 민요를 활용한 작품을 선보였는데, 이 작품들은

92 문경연, 〈일제말기 총력전과 취미의 재영토화〉《동악어문학》70, 2017, 202쪽.
93 문경연, 앞의 글, 2017, 201쪽.
94 이화진, 앞의 글, 2008, 88~105쪽.
95 이화진, 앞의 글, 2015, 378~379쪽.
96 김호연, 앞의 글, 2003, 63쪽.

레뷰식 구성이 아니라 하나의 서사를 중심으로 한 본격적인 가극이었다. 단원 역시 음악학교 출신들을 대거 기용하여, 바리톤의 박용구, 테너의 송진혁, 소프라노 성애라, 메조소프라노 이성운과 정희자 등 성악가들이 참가했고, 그 외에도 안기영의 제자인 황문평, 윤부길, 김형래, 이순옥, 민인식, 임천수, 정철 등이 참가했다.[97] 즉 라미라가극단은 대중가수 중심의 버라이어티쇼를 기반으로 한 조선악극단과 여러 가지 측면에서 차별화를 꾀했던 것이다.

〈콩쥐팥쥐〉와 〈견우직녀〉는 전통적 서사와 음악을 사용했다는 점에서도 의의가 있지만, 대중적으로도 큰 주목을 받았다. 두 작품은 경성중앙방속국 라디오로 중계될 만큼 화제성이 있었다. 특히 〈견우직녀〉는 총독부의 방송통제가 극심했던 1944년 11월에도 전 조선에 50분간 방송될 정도였다.[98]

라미라가극단은 1942년 1월 일본에서 공연을 개최하는 등 해외진출을 꾀했지만, 일본대중들의 호응을 기대만큼 받지 못하면서 재정난에 시달리게 되었다.[99] 그리하여 1943년부터 김윤주가 경영권을 맡고 최일이 기획과 운영을 맡게 되면서 가요극을 함께 편성하는 등 보다 대중적인 레퍼토리에도 눈을 돌리게 되었다.[100] 이때부터 서항석과 안기영 대신 이부풍이 대본을 맡고 김용환이 작곡을 맡았다. 출연진도 기존의 클래식 음악전공자들이 대부분 탈퇴하고, 김용환 · 전옥 · 강남춘 · 서해림 · 김덕심 · 박

97 백현미, 앞의 글, 2005, 175쪽.

98 유인경, 앞의 글, 2009, 246쪽.

99 출연진 대부분이 클래식 음악전공자로 구성된 본격적인 가극이 당시의 대중들에게 친숙하지 않았던 것을 원인으로 분석하기도 한다(김호연, 앞의 글, 2003, 65~66쪽).

100 백현미, 앞의 글, 2005, 175쪽.

〈표 10〉 라미라악극단의 주요 공연 목록

일시	장소	프로그램	비고
1941. 8. 28.~31.	부민관	〈견우직녀〉, 〈신생제1과〉	안기영 작곡
1941. 9. 16.~	신부좌	〈콩쥐팥쥐〉, 〈명랑색시대〉, 〈八紘一宇〉	일본원작 포함
1942. 1. 15.	부민관	가극 〈은하수〉	〈견우직녀〉 2부
1943. 6. 19.~21.	신부좌	가요극 〈파고다공원(パゴダ公園)〉	
1943. 9. 18.~22.	대륙극장	〈아리랑〉	김용환 작곡
1944. 1. 25.~30.	제일극장	〈방아타령〉, 〈희망열차〉, 〈신춘교향악대〉	김용환 작곡
1944. 6. 23.~27.	제일극장	〈오동나무〉, 〈戰ふ工場〉	김용환 작곡
1945. 4. 6.~	동양극장	〈북두칠성〉	송희선 작곡
1945. 6. 27.~	제일극장	〈娘の願ひは只一つ〉, 〈북두칠성〉	일본원작 포함

출처: 김호연, 앞의 글, 2003, 63~64쪽 참조.

광욱·박옥초 등 가수와 배우 위주로 재구성되었다. 레퍼토리 역시 기존에 선보인 향토적 악극과 함께 〈파고다공원〉·〈아리랑〉·〈북두칠성〉·〈오동나무〉·〈뻐꾹새〉·〈바보용칠〉 등 유행가를 중심으로 편성한 악극을 무대에 올렸다.[101]

서항석과 안기영이 지향했던 '향토적' 악극은 서사의 소재로 고전 설화를 사용했을 뿐 아니라, 음악적인 면에서도 '향토성'을 강조하고 있다. 민요를 수집하여 악보화하고 합창으로 편곡하기도 했던[102] 안기영은 '향토적 악극'을 통해 자신이 추구했던 조선적 오페라에 대한 열망을 실현하고

101 김호연, 앞의 글, 2003, 66쪽.

102 "조선민요라 하면 조선 사람들이 오래동안 두고 부르든, 또 부르는, 불을 노래이다. (중략) 이 조선 내음새 나는 노래들을 (중략) 아모리 退化되고 惡化되엇을지라도 조선의 민요는 우리의 노래니 우리가 救援해야 한다."(안기영, 〈조선민요와 그 악보화〉 《동광》 21, 1931년 5월, 68쪽).

자 했다.[103] 안기영은 전통음악적 요소를 차용함으로써 모던한 음향을 지향했던 조선악극단과 차별화를 꾀하면서도, 다양한 양식의 음악을 사용하여 창극과도 거리를 두었다. 안기영은 민요풍·명곡풍·리듬풍·재즈풍·사설풍·동요풍·창극조·단가풍·덕담풍·대화풍 등 다양한 음악양식을 활용하였으며, 〈육자배기〉·〈아리랑〉·〈영산회상〉 등 실제 전통음악을 가져와 쓰기도 했다. 민요풍 음악은 주로 3박자 계열의 악곡으로 신민요 양식과 유사하며, 명곡풍 음악은 서양음악양식의 초기 가곡과 유사한 양식을 보여준다. 창극조라고 지시한 악곡에서는 배역을 맡은 배우가 아닌 국악인이 직접 창으로 노래한다는 점에서 특기할 만하다.[104]

라미라가극단의 초기 활동을 이끌었던 서항석, 그리고 특히 안기영이 지향한 향토적 악극은 일본의 일부로서의 '향토성'이라기보다는 민족주의적인 성격의 조선성에 가까웠던 것으로 보인다. 하지만 라미라가극단의 향토적 악극이 탄생하게 된 데에는 이러한 민족주의적 의도와 더불어 본격적인 가극 작품을 지향했던 안기영의 음악적 열망도 중요한 동인으로 작용했다. 이와 더불어 당시 대중문화계에서 '조선성'이 가지고 있던 상품성에 대한 고려, 악극의 선두주자로서 가요극과 레뷰에 특화되어 있던 조선악극단과의 차별화 같은 상업적 요인도 작용했을 것이다. 현재 민족 가극의 창시로 여겨지는 라미라가극단이 시도한 소위 '향토가극'은 일본어공연을 강제하는 동시에 일본어를 모르는 조선민중에게 국책을 선전해야 했

103 "조선적 오페라를 창시해볼 기획입니다. 일반 대중이 성악을 감상하는 좋은 방법으로는 물론이고, 성악가 제씨의 연구, 또는 우리들의 음악을 창작하는데는 歌劇박게 업다고 잇씁니다. 서양의 고상한 오페라보다 위선 조선민요를 토대로 하는 오페라를 하여 볼가 합니다."(안기영, 〈아라베스크〉《音樂評論》 1-1, 1936년 4월, 32쪽(유인경, 앞의 글, 2009, 257쪽에서 재인용)).

104 전정임, 〈작곡가 안기영의 향토가극 연구〉《음악과 민족》 30, 2005, 174~185쪽.

던 일제의 정책, 조선어 공연의 지속과 조선적 오페라의 창작을 지향했던 창작자의 열망, 그리고 상업적 고려가 서로 교섭하는 과정에서 탄생했던 것이다. 라미라가극단의 '향토가극'은 서항석과 안기영이 떠나면서 가요극 형태로 변화되었지만, 반도가극단으로 옮겨간 서항석을 통해 조선적 악극의 제작은 계속 이어질 수 있었다.

(3) 빅타레코드사 전속 반도가극단

빅타레코드사는 1938년 4월 '빅타 대연주회'를 선보인 후, 이듬해에는 '빅타 스프링콘서트'라는 이름으로 보다 확대된 버라이어티쇼를 선보였다. '빅타 스프링콘서트'에서는 전수린과 이면상이 음악을 맡았고, 임생원, 신카나리아가 촌극을 선보였다.[105] 즉 오케레코드사의 오케그랜드쇼단의 공연 구성을 참조로 하였음을 알 수 있다. 그러나 빅타 스프링콘서트는 활동을 지속하지 못하고 와해되었고, 이를 부활시키고자 했던 빅타레코드 소속 김용환과 송달협이 1940년 3월 빅타레코드의 전속가수들을 모아 '반도악극좌'를 조직하여 공연을 선보였지만, 1회 공연 이후 활동을 지속하지 못했다. 뒤이어 1941년 빅타레코드사는 '빅타가극단'을 결성하고 1941년 2월 2일부터 3일간 부민관에서 창립공연을 선보이게 된다. 빅타가극단의 창립공연은 오케그랜드쇼 의 구성을 참조하여, 1부에서는 악극, 2부에서는 유행가, 만요, 희가극으로 구성한 버라이어티쇼를 편성했으며, 3부에서는 12곡의 노래로 이루어진 〈청춘송〉으로 무대를 꾸몄다.[106]

1942년 1월 서민호와 김광수가 빅타가극단을 인수하면서 반도흥업사를 설립하고 가극단의 명칭도 '반도가극단'으로 바꾸어, 성태삼의 〈군국

105 김호연, 앞의 글, 2003, 68쪽.
106 김호연, 앞의 글, 2003, 69쪽.

의 춘[軍國の春]〉으로 약초극장에서 개칭기념 공연을 선보였다. 반도흥업사는 악극 공연을 통해 '민족정신 진작'과 '자금조달'이라는 목적을 달성하기를 원했다.[107] 그러나 같은 해 서민호가 조선어학회 사건으로 검거된 후 재즈 오케스트라 '히비키'를 운영했던 박구가 경영을 맡게 되었다. 1942년 신세기악극단과의 합동공연으로 가극 〈춘향전〉(김승구 각색, 이면상 작곡)을 초연했고, 1943년에는 가극 〈심청〉(서항석 각색, 형석기 작곡)을 초연했다. 또한 1943년부터 1945년까지는 라미라가극단에서 공연했던 〈콩쥐팥쥐〉, 〈견우직녀〉, 〈은하수〉[108]와 성보악극단이 공연했던 〈에밀레종〉[109]을 공연했다.[110] 즉 반도가극단은 빅타가극단을 전신으로 하지만 지향하는 바가 전혀 달랐음을 알 수 있다. 빅타가극단이 버라이어티쇼 혹은 어트랙션의 성격에 가까운 프로그램을 선보였다면, 반도가극단은 처음부터 서사를 중심으로 한 음악극, 특히 전통을 소재로 한 작품을 지향했다고 볼 수 있다. 실제로 반도가극단은 일제 말기까지 가장 활발하게 공연활동을 이어갔는데, 일본어 공연을 강제했던 일제의 정책을 따르면서도 조선어 공연이 허용되었던 전통소재 작품을 계속 무대에 올림으로써 일본어 공연과 조선어 공연의 비중을 거의 대등하게 유지했다.[111]

107 정명문, 〈반도가극단의 후기 가극 연구: 〈숙향전〉의 극작전략을 중심으로〉 《한국극예술연구》 40, 2013, 94쪽.

108 서항석은 라미라가극단에서 공연했던 〈은하수〉를 수정하여 반도가극단에서 공연했다.

109 1944년 2월 제일극장에서 상연된 〈에밀레종〉은 원래 함세덕이 극본을 쓰고 서항석이 연출을 맡아 1943년 4월 보총극장에서 성보악극단에 의해 초연된 작품이다. 함세덕의 극본은 친일적 목적의식을 다분히 담고 있었지만, 반도가극단의 〈에밀레종〉은 서항석이 대본을 수정하고 안기영이 음악을 맡으면서 친일적 성격이 감소되었다고 할 수 있다(유인경, 앞의 글, 2009, 254쪽).

110 백현미, 앞의 글, 2005, 176쪽.

111 백현미, 앞의 글, 2005, 176쪽.

〈표 11〉 반도가극단의 주요 공연 목록

일시	장소	프로그램	비고
1941. 2. 2.~4.	부민관	〈海陸日本〉, 〈청춘제〉, 〈마음의 고향〉, 〈결혼 명랑보〉, 〈상사천리〉, 만요 〈滿洲娘〉, 〈항구마다 이별은 싫다〉, 희가극 〈순정〉, 〈청춘송〉 (12곡)	빅타가극단 창단공연
1942. 1. 18.~	약초극장	〈軍國の春〉, 〈希望の青空〉	반도가극단 창단공연
1942. 9. 25.~28.	부민관	가극 〈춘향전〉	극단 신세기 합동공연
1943. 2. 25.~28.	약초극장	음악희극 〈青空日記〉, 명랑가극 〈南風夢な乘せこ〉, 가무극 〈僧舞祭〉	
1943. 10. 23.~31.	제일극장	가극 〈심청〉, 〈青い五線紙〉	서항석 대본
1944. 1. 11.~16.	제일극장	〈姉妹花〉(장화홍련전), 가극 〈誓ひの合唱〉	
1944. 2. 19.	제일극장	〈어밀레종〉	서항석 각색, 안기영 작곡
1944. 10. 7.	중앙극장	〈ふるさとの山〉, 〈女性の道〉, 〈コソチペッチ〉, 〈誓ひの合唱〉	
1945. 7. 14.	중앙극장	〈견우직녀〉, 〈은하수〉, 〈結婚の生態〉	

출처: 김호연, 앞의 글, 2003, 69~71쪽 참조.

반도가극단이 창작하여 무대에 올린 작품 중 전통 설화를 소재로 한 〈춘향전〉과 〈심청〉은 빅타레코드에서 활동하던 대중가요 작곡가 이면상과 형석기가 음악을 맡았으므로 전통적인 조선적 음악으로 구성된 것은 아닐 것으로 보인다. 다만 이면상과 형석기가 신민요를 주로 작곡했던 작곡가라는 점을 생각하면 가극에서 사용한 음악 역시 신민요 양식을 활용했으리라 짐작된다. 특히 〈심청〉은 서항석이 라미라가극단을 떠나 반도가극단에 합류하여 발표한 첫 작품으로, 이 작품이 대성공을 거두면서 서항석은 민화의 극화라는 작업을 반도가극단에서 계속 이어갈 수 있

었다.[112]

이처럼 반도가극단과 라미라가극단은 유사한 공연 프로그램을 선보이며 활동을 이어갔지만, 1944년 결전통제 정책에 의해 악극단이 대거 정리되면서 서로 다른 운명을 맞게 되었다. 두 단체는 1942년 12월 한 차례 악극단의 통폐합이 실시되었을 때는 살아남았지만,[113] 1944년의 통폐합과정에서는 재정적으로 불안정했던 라미라가극단은 이동연예반으로 전환되어 지방순회공연에 주력하게 되고 안정적인 운영을 유지하고 있었던 반도가극단은 중앙에서 공연을 유지할 수 있었다.[114]

전시체제기인 1940년대에 조선성을 내세운 '향토가극'이 허용된 것은 일제 당국이 국책 선전을 위한 도구로서 향토적 가극이 효과적으로 기능할 수 있다고 판단했음을 보여준다. '건전오락'이라는 측면에서 조선어를 사용하는 향토가극은 "경조부박"한 미국식 버라이어티쇼보다 민중을 계몽하는 데 효과적이었고, 향토가극과 함께 국책극을 공연하도록 함으로써 국책 선전에 이용하기에도 용이했기 때문이다. 이처럼 향토가극은 일제의 정치적 목적에서 적극적으로 용인된 한편, 창작자들은 이러한 정책을 교묘히 활용함으로써 민족적 가극에 대한 욕망을 충족시킬 수 있었다.

4) 군국주의와 상업성의 교차: 극장 전속 악극단과 어트랙션

악극단의 인기가 높아지면서, 각 극장들에서도 전속악극단을 운영하기 시작했다. 가장 먼저 전속악극단을 설치하여 운영한 것은 동양극장으로, 일본 공연에 주력하기 시작한 배구자악극단을 대체할 주자로서

112 유인경, 앞의 글, 2009, 254쪽.
113 이승희, 앞의 글, 2021, 137쪽.
114 정명문, 앞의 글, 2013, 95쪽.

1936년 결성된 전속극단[115] '호화선'이 '오페렛타-쑈'를 공연하기 시작했다. 공연의 제목에서 알 수 있듯이 호화선의 공연 레퍼토리는 서구적 음악과 이국적 춤, 희극적 서사를 선보이는 레뷰에 가까운 형태였다. 호화선은 1936년과 1937년에 걸쳐 오페렛타 쑈 〈스타가 될 때까지〉, 〈멕시코 장미〉, 〈오전 2시부터 9시까지〉, 쑈쇼트 〈최멍텅구리와 킹콩〉 등을 선보였다.[116] 단성사도 1938년 화랑악극단을 전속악극단으로 창립하고 동양극장에서 〈사랑은 특급을 타고〉, 〈바라에테〉, 〈금제무용禁制無用〉 등의 프로그램으로 창립공연을 가졌다. 화랑악극단은 "낭자군 20명과 밴드 8명" 등으로 구성된, 소녀가극단과 유사한 형태의 악극단이었다.[117]

한편 주로 일본 악극을 수입하여 공연한 전속악극단들도 있었다. 경성보총극장의 전속악극단인 성보악극단은 1940년 황금좌가 경성보총극장으로 명칭을 바꾸면서 창설한 악극단으로, 일본 요시모토흥행주식회사 계열에서 창작한 작품을 주로 공연했다. 그러나 1943년에는 함세덕 대본의 〈에밀레종〉을 공연하면서 전통적 소재의 작품을 선보이기도 했다.[118] 1943년에 창립된 약초극장 전속 약초가극단 역시 일본의 작품을 수입해 일본어로 공연하는 것이 주된 레퍼토리였다. 그러나 1944년 오케레코드와 조선악극단에서 활약한 김해송이 합류하면서 〈춘향전踊る春香傳〉 같은 전통 소재의 악극을 선보이기도 했다.[119]

115 동양극장은 신파극 중심의 청춘좌, 시대극 중심의 동극좌, 희극 중심의 희극좌를 전속극단으로 운영했는데, 동극좌와 희극좌의 인기가 줄어들자 이 두 극단을 해산하고 1936년 9월 호화선을 결성하였다(한국영화데이터베이스(www.kmdb.or.kr) 참조).

116 백현미, 앞의 글, 2012, 105~106쪽.

117 《매일신보》 1938년 4월 3일.

118 백현미, 앞의 글, 2005, 174쪽.

119 〈踊る春香傳〉의 작곡을 담당한 박시춘은 유행가 양식의 음악을 주로 사용했는데, 그중에서 〈눈물의 오리정〉은 음반으로 취입되어 대중가요로 인기를 얻기도 했다(박

그밖에도 악극의 인기에 힘입어 1940년대에 들어서면서 새로운 악극단들이 우후죽순으로 창립되기 시작했다. '우라타[浦田]악극단'은 박시춘이 1941년에 결성한 악극단으로 70여 명의 단원으로 구성된 대규모 악극단이었다. 우라타악극단은 1941년 8월 신부좌에서 가진 창립공연에서 희가극 〈人生刪述〉, 〈南進日本の歌〉, 〈바라에티〉 등의 레퍼토리를 선보이면서 버라이어티쇼 중심의 악극단임을 표방하였다.[120] 빅타레코드에서 활동했던 김용환[121]은 1941년 '아세아악극단'을 창단하고 악극 〈심청전〉[122]으로 부민관에서 창립공연을 가졌다. 아세아악극단은 다른 악극단과는 달리 하나의 작품만을 무대에 올리면서 본격적인 악극을 지향하는 악극단임을 표방했다.[123] 이밖에도 오케레코드에서 활동했던 손목인을 중심으로 결성된[124] 신향악극단,[125] 경성악극단, 낙랑악극단, 금희악극단 등 다양한 악극단이 창단되었다.

이처럼 1940년대에 수많은 악극단이 새롭게 등장한 것은 전시체제에

희정, 앞의 글, 1996, 63~64쪽).

120 김호연, 앞의 글, 2003, 88쪽.

121 김용환은 빅타레코드사 가수들과 함께 1940년 '반도악극좌'를 조직해서 김성집 각색, 김용환 작곡의 〈춘향전〉을 공연하기도 했다(정명문, 앞의 글, 2013, 93~94쪽).

122 아세아악극단에서 공연한 〈심청전〉은 반도가극단이 공연한 〈심청〉과는 다른 작품으로, 1939년 빅타에서 발매한 〈심청의 노래〉(김성집 사, 이면상 곡, 황금심 노래, VictorKJ1360A)와 〈심봉사의 탄식〉(이부풍 사, 김양촌 곡, 김용환 노래, VictorKJ1360B)을 기반으로 한 작품으로 추정된다.

123 백현미, 앞의 글, 2005, 174쪽.

124 〈신향악극단 손목인 중심으로 결성〉《매일신보》 1941년 3월 23일.

125 신향악극단은 "신체제하 건전한 국민오락의 明朗淸新化"를 목표로 해서 조직된 악극단으로, 그 산하에 '경음악단', '신향가요대', '신향무용대', '재즈송 여인대'를 둔 음악과 무용 중심의 대규모 악극단이었으며 주로 지방을 순회하며 활동했다(이진아, 〈전시되는 여성성-전시체제기 만주국의 위문대와 젠더정치 II〉《만주연구》 28, 2019, 264쪽).

돌입한 일제의 정책과도 부합하는 것이었다. 전시체제에서는 '건전한 국민오락'을 제공하여 사기를 진작시킬 수 있는 위문연예대가 필요했고, 다양한 레퍼토리로 인기를 끌고 있던 악극단은 위문대의 역할을 담당하기에 매우 적절한 공연 단체였기 때문이다. 악극의 상업성에 대해 비판[126]하던 연극계 인사들도 이러한 정책적 기조에 따라 악극에 대한 변화된 관점을 제시하기도 했다. 일례로 유치진은 "레뷰건 신극이건 앞으로는 신체제극이 국가이상에 봉사하는 한 예술양식에 불과하다."라고 강조하며 조선연극협회에 악극단을 포함하자는 견해를 피력했다.[127] 악극의 활용가능성을 간파한 총독부는 기존의 조선연극협회와 조선연예협회를 통합하여 1942년 12월 조선연극문화협회를 창설하고, 기존의 극단과 악극단을 정리하여 그 산하에 이동극단 2개, 극단 13개, 악극단 7개를 두었다. 이 과정에서 지방순회공연을 주로 하던 신향악극단, 경성악극단, 낙랑악극단은 제일第一악극단으로 통합되었고, 군소 악극단들은 점차 사라지게 되었다.[128]

이 악극단들이 위문대로 순회공연을 펼치면서 선보인 프로그램은 악극, 노래, 춤, 만담, 난센스 등 다양한 장르의 레퍼토리가 빠르게 전환되는 버라이어티쇼의 형태였고, 여기에는 정책을 선전할 수 있는 내용의 악극

126 임건이는 "연극, 레뷰, 댄스, 유행가, 재즈, 종합했다는 데 그 매력이 있겠지만 사실은 연극도 아니고 레뷰도 아니고, 그 무엇인지 알 수 없다. (중략) 무대에서 그야말로 듣기 거북한 육성으로 관중을 유혹하려는 이런 건전치 못한 오락은 하루바삐 배격해야 하다."고 하면서, "樂劇團이 잘 못하면 惡劇團"이 될 것이라고 덧붙였다(임건이, 〈만화만문-수첩〉《신시대》 1941년 5월).

127 유치진, 〈신체제하의 연극-조선연극협회에 관련하여〉《춘추》 1, 1941년 2월(김호연, 앞의 글, 2003, 89쪽에서 재인용).

128 김호연, 앞의 글, 2003, 90~92쪽.

과 군국가요, 일본 전통극 등이 포함되어 있었다.[129] 이와 함께 '조선성'을 부각시킨 전통적 소재의 레퍼토리와 재즈풍 음악이 공존하고 있었다.[130] 즉 적성국가인 미국식 음악을 배격해야 한다는 당국의 정책은 위문대의 공연에서 엄격하게 적용되지 않았던 것으로 보인다. 이는 친숙하고 인기 있는 레퍼토리와 정책선전물을 함께 공연함으로써 관객이 정책선전물을 거부감 없이 받아들일 수 있도록 의도했기 때문이다.

한편 전시체제 정책에 위배되는 서구적 버라이어티쇼는 어트랙션이라는 형태로 극장에서 큰 인기를 얻었다. '애트랙숀', '아도로크' 등으로 불렸던 어트랙션은 영화 상영 전후나 막간에 선보이던 실연實演, stage show으로, 무성영화시기부터 영화상설관에서 행해지던 공연의 한 형태였다. 그런데 전시체제기에는 상영이 허용된 외화가 제한되어 있었고 상영시간 역시 이전보다 제한되면서 어트랙션의 공연 시간이 영화 상영 시간 이상으로 확대되어 그 비중이 매우 커졌다.[131] 즉 전시체제기에 정책에 위배되는 서구적인 어트랙션의 인기가 특히 높아진 것은 바로 그 전시체제 정책으로 인한 것이었다. 당시 어트랙션의 인기는 "방화邦畵의 제작 제한과 상영 시간의 제한 등에 의해 흥행장의 상영물 순서 편성은 상당히 고로苦勞가 요

129 일례로 1945년 3월 일본군 육군병원에서 이루어진 '백의용사위문연예대'의 공연에서 약초가극단은 악극 〈필승의 노래〉, 홍청자의 춤, 옥잠화의 민요, 윤부길의 노래, 나니와부시 등을 선보였다(이진아, 앞의 글, 2019, 277쪽).

130 일례로 1940년 조선악극단의 '북지황군위문공연'은 "아리랑뽀이스, 저고리씨스터, 군가, 가요곡, 무용, 경음악"의 프로그램으로 구성되었으며, 이에는 조선민요, 향토적 춤, 이난영의 〈御國의 어머니〉, 장세정의 〈軍國의 어머니〉, 김정구의 〈왕서방연가〉 등이 포함되어 있었다. 아리랑보이스와 저고리시스터가 민요를 부르고, "고조된 장구의 리듬을 드럼이 이어 받아 스윙으로 전개해 나가면, 그때 저고리시스터가 등장해 재즈를 부르는 식"으로 공연이 이루어졌다(〈조선악극단 황군위문회고 좌담회〉《신시대》 1941년 7월).

131 이화진, 앞의 글, 2015, 356쪽.

하게 되었을 뿐만 아니라 적정한 양화의 품부족으로 조선에서도 애트랙슌 연예물 상연이 유행되어 있는 것이 사실이다. 1개월에 2회 평균의 상연을 각 관에서 보편으로 하는 상태로 되어 있는 터인데 이로 인해 비속 저조한 애트랙슌물도 무난히 상연되어 … 이리하여 영화령과 병행하여 상설관에서 실연하는 그와 같은 애트랙슌의 일정한 제한은 절대 필요"[132]하다는 사설이 게재될 정도로 선풍적이었다.

이처럼 어트랙션의 규모가 커지면서, 어트랙션은 연극의 막간이 그러했던 것처럼 버라이어티쇼, 난센스, 낭곡극, 마술 등 레뷰와 유사한 다양한 볼거리를 제공하는 형태로 자리 잡았다.[133] 또한 영화사 부설 악극단 뿐 아니라 기존의 악극단과 일본의 쇼단,[134] 인기 있는 무용가[135]와 배우[136] 등이 출연하는 등 어트랙션의 흥행 비중이 매우 커졌음을 알 수 있다. 당시 어트랙션은 극장의 흥행을 좌우할 만큼 큰 비중을 차지하고 있었기에 극장 운영을 대부분 장악하고 있던 일본인의 자산을 보호하고 입장세를 통한 전쟁자금을 확보할 필요가 있었던 총독부는 이를 크게 제재하지 않았고,[137] 사실상 영화와는 달리 어트랙션의 내용에 대해 제한하는 법령도 제

132 〈건전오락은 고상화로- 저급 '어트랙슌' 순화〉《매일신보》 1941년 5월 29일.

133 이 시기의 어트랙션은 "이미 연극영역에서는 청산된 지 오랜 막간 여흥 — 쇼, 바라에티, 넌센스 또는 기타 낭곡극, 기술 등등 — 을 글거모아 그야말로 연예적이고 통속적인 것을 아무런 獨創도 없이 연출되어 관객의 저급한 기호에 영합함을 주안으로 한" 것이었으며, "低級한 流行歌調와 野卑한 에로티슴을 상품으로 관객의 이목을 현혹"시키는 것이었다(오정민, 〈가극의 장래 (1)〉《매일신보》 1942년 11월 7일).

134 〈『엔다쓰』 실연〉《조선일보》 1940년 6월 19일.

135 〈무용가 조택원씨 경보(京寶) 애트랙슌에〉《조선일보》 1940년 6월 28일.

136 1941년 2월 이향란이 어트랙션 무대를 선보였고, 이에 대해 "경박하고 속된 오락"이라고 비판한 사설이 게재되기도 했다(이숙종, 〈건전한 가정오락 그것이 향락을 구하는 길〉《매일신보》 1941년 3월 26일).

137 유선영, 〈황색식민지의 서양영화 관람과 소비의 정치, 1934-1942〉《식민지의 일상:

정되지 않은 상태였다. 이러한 정책적 틈새에서 어트랙션은 서구적(미국적) 음향과 볼거리에 익숙해져 있던 관객의 취향을 만족시킬 수 있는 모던한 음악과 스펙터클을 연출할 수 있었다. 즉 상영이 금지된 미국 영화의 빈자리를 어트랙션이 대신함으로써 서구적 모던함과 스펙터클에 익숙해져 있던 관객들의 갈증을 채워줄 수 있었던 것이다.

4. 맺음말: 통제권력과 다층적 균열

이제까지 살펴본 것처럼 일제강점기 경성에서 극장이라는 공간은 일제당국의 검열과 통제가 끊임없이 이루어지는 공간이면서도 동시에 다양한 방식으로 그 권력체제에 균열을 만들어내는 공간이기도 했다. 먼저, 경성의 극장 공간은 20세기 초만 하더라도 일본인 대상과 조선인 대상으로 분리되어 있었지만, 일제가 외화를 규제하기 시작한 1934년부터 민족에 따른 분리보다는 공통된 취향에 따라 선택할 수 있는 공간으로 변화했다. 이는 외화를 선호하는 조선 대중들의 취향[138]에 따라 외화 상영에 주력했던 북촌 극장만의 강점이 사라지면서, 조선 대중들은 좀 더 나은 시설을 갖춘 극장을 선택하게 되었기 때문이다. 또한 영미 영화의 상영을 엄격하게 금지한 1942년 이후로는 오히려 적성국가인 미국의 영향을 받은 버라이어

지배와 균열》, 문학과학사, 2006a, 470~473쪽.

138 조선 관객들이 외화, 특히 서양영화를 선호했던 현상에 대해 유선영은 "미국을 궁극적 타자로 설정한 근대화에 대한 열망은 일본을 아시아 후발국으로 간주하면서 실질적 제국으로서 일본의 도덕적, 문화적, 정신적 지배를 인정하지 않으려는 집단심리를 갖게 했기 때문"이라고 설명하면서 이를 "식민지 대중의 '제국의 지위'에 대한 문화적 거세 혹은 부인의 실천"으로 해석했다(유선영, 앞의 글, 2006a, 437쪽).

티쇼를 어트랙션이라는 형태로 홍행하게 하는 결과를 낳았다. 홍행업계를 주도하고 있던 일본인 자본을 보호하고 극장의 입장세를 통해 전쟁자금을 충당하고자 했던 총독부는 극장의 홍행을 크게 좌우했던 어트랙션을 적극적으로 제재하지 않았고, 이러한 정책적 틈새를 활용한 극장가는 수입이 금지된 미국 영화 대신 미국식 버라이어티쇼를 제공하는 어트랙션을 통해 대중의 호응을 유도했다. 마찬가지로, 국책을 선전하는 데 효과적이라는 이유로 악극단과 위문연예대에서도 재즈풍 음악과 서구적 스펙터클을 제공하는 레퍼토리를 유지할 수 있었다. 즉 국책선전을 위해서는 관객의 호응을 유도할 필요가 있었기에 재즈풍 음악에 친숙한 대중의 취향을 완전히 무시할 수는 없었던 것이다. 그리하여 일제는 “일본화된 째즈 경음악단”[139]을 조직하여 표면적으로는 재즈음악을 금지하면서도 대중이 선호하는 재즈풍 음악을 활용할 수 있었다. 조선 대중들의 외화, 특히 미국 영화에 대한 선호, 그리고 미국적인 음악과 버라이어티쇼에 대한 취향은 미국으로 표상되는 서구적 근대성에 대한 선망[140]에서 비롯된 것이었다. 특히 공연문화에서 미국적 취향이 형성된 데에는 1920년대에 활약한 소녀가극단의 레뷰와 1930년대의 악극 문화를 이끌었던 조선악극단의 버라이어티쇼가 크게 작용했다는 사실을 본문을 통해 고찰하였다.

한편, 일제 말기에는 내선일체를 내세운 일제 당국이 동화정책을 강화하면서 조선어 사용을 금지했지만, 전통 설화와 음악을 기반으로 한 소위 ‘향토가극’은 조선어로 공연될 수 있었고 이 역시 정책적 기반, 상업적 고려, 대중적 취향이 함께 작용한 결과였다. 1929년의 조선박람회에서도

139 유선영, 앞의 글, 2006a, 480쪽.

140 유선영은 이를 “아메리카나이제이션”으로 명명했다(유선영, 〈황색식민지의 근대성과 아메리카나이제이션〉《한국 근대성 연구의 길을 묻다》, 돌베개, 2006b, 254~292쪽).

볼 수 있듯 일제는 '조선성'을 일본제국에 속한 지방으로서의 향토성으로 간주했고 그 상업적 가치를 인식하고 있었다. 배구자악극단과 조선악극단은 향토성으로서의 '조선성'이 가진 상업적 가치를 십분 활용한 단체로, 특히 일본 공연에서 이국적인 스펙터클의 일환으로서 조선적인 춤과 노래를 선보였다. 조선성을 이국적 볼거리, 혹은 향토적 볼거리로 소비하는 것은 일본 중심적으로 왜곡된 오리엔탈리즘에서 기인한 현상이었다. 일본은 서구에 대한 선망을 지니고 있으면서도 스스로를 서구의 위치에 두고 제국의 시각에서 '동양'을 타자화함으로써 일본적인 오리엔탈리즘을 형성해 갔다.[141]

이러한 일본적 오리엔탈리즘은 "아시아를 대변하는 맹주로서" 스스로를 규정함으로써 그들의 침략전쟁을 정당화하기 위한 것인 동시에[142] 아시아의 후진성을 암묵적으로 인정함으로써 "열등한 아시아라는 의식에 괴로워하면서도 동시에 아시아를 깔보는"[143] 분열된 의식을 드러내며, 결국 '대동아공영권'이라는 이데올로기로 귀결되기에 이른다. 문제는 조선인들도 이러한 일본형 오리엔탈리즘의 영향에서 자유롭지 않아서, 서구에 대한 선망과 동경을 품고 서구적 오리엔탈리즘을 내면화하는 동시에 일본형 오리엔탈리즘 역시 부분적으로나마 내면화하게 되었다는 것이다. 일례로 배구자악극단이나 조선악극단이 일본 공연에서 중국이나 동남아시아를 소재로 한 레퍼토리를 공연한 것은, 일본에서 유행하기 시작한 대중가

141 정용화, 〈한국인의 근대적 자아 형성과 오리엔탈리즘〉《정치사상연구》 10-1, 2004, 34쪽.

142 이은진, 〈근대적 여성성의 구성과 훈육: 일제강점기 대중가요의 여성 이미지를 중심으로〉, 이화여자대학교 박사학위논문, 2016, 182쪽.

143 홍영두, 〈1930년대 서양철학 수용과 일본형 오리엔탈리즘 문제〉《사회와 철학》 27, 2014, 358쪽.

요의 하위장르인 '대륙물', '상해물', '남방물'이 조선에서도 제작되어 유행했다는 사실과 맥을 같이 한다. 이는 당시의 식민지 조선인들도 일본형 오리엔탈리즘을 부분적으로 수용하고 조선 외의 아시아를 오리엔탈리즘적으로 재현했음을 보여준다.[144]

한편, 중일전쟁 이후 일제는 만주국에서 '대동아공영권'과 '오족협화'라는 이데올로기를 내세우면서 '민족적 특수성'을 용인했고, 만주국에 파견된 위문연예대는 이러한 정책을 활용하여 조선적인 레퍼토리를 공연할 수 있었다. 이에 더해 태평양전쟁 발발 이후 일본어 사용이 의무화된 상황에서도, 조선어로 공연되는 향토가극은 미국식 악극과 차별화된 '건전오락'으로 인식되어 오히려 장려되었고 라미라가극단과 반도가극단은 이 틈새를 적극적으로 활용함으로써 조선어 악극의 공연을 지속할 수 있었다.

이처럼 일제강점기에 활동한 악극단이 일제 당국의 통치 권력에 타협하면서도 그 틈새에서 균열을 만들어낼 수 있었던 데에는 창작자들의 의지도 크게 작용했겠지만, 대중들의 욕망과 취향 강력하게 작용했다. 사실상 대중들의 욕망과 취향은 일제당국의 정책에 대한 순응과 반항, 창작자의 의도에 대한 공감과 반감이 교차하는 지점이었다. 피식민 상태에 있던 조선 대중은 각자 조선성에 대한 열망, 서구적 근대성에 대한 선망, '국민화'된 건전오락에 대한 의무감 등을 갖고 있었고, 이러한 다층적인 욕망이 교차하면서 대중적 취향이 형성되었다. 그리고 일제강점기 공연문화에서 큰 비중을 차지했던 악극은 이러한 대중의 취향을 형성한 정치적, 상업적, 민족적, 근대적 욕망들이 충돌하고 타협하고 교섭했던 장르였던 만큼 다양한 형태로 전개되었던 것이다.

일제 당국은 정치적 상황에 따라 극장 공간과 공연 문화에 대한 다양

144 이은진, 앞의 글, 2016, 180~212쪽.

한 통제 정책을 시도했지만, 상업적 이윤을 목적으로 하는 극장 공간에서 대중의 취향과 동떨어진 공연 문화를 강제할 수는 없었다. 정치적 목적과 자본주의적 욕망을 모두 충족시켜야 했던 일제 당국과 재조 일본인들은 정치적 상황과 더불어 상업적 논리를 고려하지 않을 수 없었고, 이 상업적 논리는 일제의 통제정책에 위배되는 대중의 취향도 일부분 용인해주는 결과를 낳은 것이다.

찾아보기

서울역사중점연구 13

경성의 소리문화와 음악공간

발행인	서울역사편찬원장 이상배
발행처	서울역사편찬원(history.seoul.go.kr)
	서울특별시 송파구 올림픽로 424 올림픽공원 내(전화 02-413-9622)
기획 · 편집	박명호(시사편찬과장), 김윤정, 심예인, 조범성
발행일	2022년 6월 30일
판매가	10,000원
편집 · 인쇄	역사공간 (02-725-8806)

발간등록번호 51-6113542-000076-01

ISBN 979-11-6071-141-7 94910
979-11-6071-023-6 (세트)